執 行 文 講 義 案

(改訂再訂版)

はしがき

　本教材は，裁判所書記官研修所において，平成13年3月に従来，民事実務講義案に含まれていた「執行文」に関する部分を独立させ，書き改めて刊行したものについて，当研修所においてその後の法令等の改正に伴い，加筆補正を行ったものである。
　なお，平成16年4月に裁判所書記官研修所と家庭裁判所調査官研修所との統合によって，裁判所職員総合研修所が創設されたことに伴い，新たな研修教材番号を付した。

平成17年3月
裁判所職員総合研修所

　上記改訂後，会社法（平成17年法律第86号）や犯罪被害者等の権利利益の保護を図るための刑事手続に付随する措置に関する法律の改正（平成19年法律第95号）に伴う民事執行法の改正等が施行されたことによる加筆修正と，改訂後，平成22年6月までに出された最高裁判例を補って解説を加えた。

平成23年3月
裁判所職員総合研修所

　上記改訂後，非訟事件手続法（平成23年法律第51号）や家事事件手続法（平成23年法律第52号）等の施行に伴う民事執行法の改正等が施行されたことによる加筆修正を行った。

平成26年10月
裁判所職員総合研修所

凡　　例

1　判　例

　　判例及び裁判例については，一般の例により略記した。

2　規程，通達等

　　受付分配通達　　　　：平成4年8月21日付け最高裁総三第26号事務総長通達「事件の受付及び分配に関する事務の取扱いについて」

　　記録保存規程　　　　：事件記録等保存規程（昭和39年最高裁判所規程第8号）

　　記録保存通達　　　　：平成4年2月7日付け最高裁総三第8号事務総長依命通達「事件記録等保存規程の運用について」

3　文　献

　　執行文研究上，下　　：大山涼一郎＝城所淳司＝福永浩之・執行文に関する書記官事務の研究上，下（平成2年度書記官実務研究報告書）

　　民事実務講義案Ⅰ～Ⅲ：裁判所職員総合研修所・民事実務講義案Ⅰ～Ⅲ（研修教材5～7号）

　　新民訴実務研究Ⅰ～Ⅲ：大塚啓志＝小松貢＝近藤基＝安村義弘＝原田明＝定久朋宏・新民事訴訟法における書記官事務の研究Ⅰ～Ⅲ（平成9年度書記官実務研究報告書）

　　民訴法講義案　　　　：裁判所職員総合研修所・民事訴訟法講義案（研修教材19号）

　　中野・民事執行法　　：中野貞一郎・民事執行法（増補新訂5版）

　　条解民執規則　　　　：最高裁判所民事局監修・条解民事執行規則（改訂版）（民事裁判資料220号）

　　和解条項研究　　　　：小川弘喜＝渡辺昭二・書記官事務を中心とした和解条項に関する実証的研究（昭和55年度書記官実務研究報告書）

　　（旧）民実講義案　　：裁判所書記官研修所・新民事実務講義案Ⅰ～Ⅲ（三訂版）

目　次

はじめに …………………………………… 1
第1　強制執行，債務名義，執行文 …… 3
1　強制執行を行うための債務名義，執行文 ……………………………… 3
2　執行，民事執行，強制執行 ………… 3
(1) 執　行　3
(2) 民事執行　3
(3) 保全執行　6
(4) 強制執行　6
3　強制執行 ………………………………… 6
(1) 請求権の強制的満足のために個別の債務名義に基づいてされる執行　6
(2) 請求権　7
(3) 請求権を表示する債務名義　10
4　債務名義 ………………………………… 10
(1) 債務名義の意義　10
(2) 債務名義の要件　11
(3) 債務名義の具体的機能　12
(4) 債務名義の執行力　13
　ア　意　義　13
　イ　客観的範囲　13
　ウ　主観的範囲　13
(5) 債務名義の種類　14
　研究問題1-1　14
　ア　確定判決　14
　イ　仮執行宣言付判決　15
　ウ　抗告によらなければ不服を申し立てることができない裁判　16
　エ　仮執行の宣言を付した損害賠償命令　17
　オ　仮執行宣言付支払督促　17
　カ　訴訟費用額確定処分　18
　キ　執行証書　18
　ク　確定した執行判決のある外国裁判所の判決　19
　ケ　確定した執行決定のある仲裁判断　19
　コ　確定判決と同一の効力を有するもの　19
　サ　執行力ある債務名義と同一の効力を有するもの　19
5　執行文 …………………………………… 20
(1) 執行文の意義と機能　20
　ア　執行文の意義　20
　イ　執行文の付された債務名義の正本　20
　ウ　執行文の機能　20
　　(ｱ)　強制執行の実体的正当性を支える　21
　　(ｲ)　執行当事者を確定する　22
　　(ｳ)　債務名義の内容を補充する　22
　　(ｴ)　拡張される債務名義の効力の範囲を明示する　23
(2) 執行文の種類と方式　23
(3) 執行文の必要　24
　研究問題1-2　25

第2　執行文付与手続 ……………………… 26
1　付与機関 ………………………………… 26
2　申立債権者 ……………………………… 26
3　執行文付与の申立て …………………… 26
(1) 書面主義　26
　ア　申立書の記載事項　26
　イ　申立書の添付書類　27
(2) 提出文書　27
　ア　債務名義の正本　27
　イ　特殊執行文付与申立てにあっての証明文書　27
(3) 手数料等　28

研究問題2-1（執行文付与手数料）　28
　4　付与機関が審査すべき事項……………29
　(1)　法律の定める文書であること　29
　　　研究問題2-2（判決の確定）　29
　　　研究問題2-3（判決の確定）　29
　　　研究問題2-4（判決の確定）　30
　　　研究問題2-5（公示送達と判決の確定）　30
　(2)　単純執行文付与申立てにあっては単純執行文不要の債務名義でないこと　30
　(3)　一定内容の特定された給付が定められていること　30
　(4)　給付請求権の実現につき強制執行手続が定められていること　31
　　　研究問題2-6（建物明渡し）　31
　　　研究問題2-7（建物収去土地明渡し）　31
　　　研究問題2-8（通行妨害禁止）　32
　　　研究問題2-9（面会等禁止）　33
　(5)　債務名義の効力が失われていないこと　34
　(6)　執行力の排除又は停止と執行文付与　35
　　ア　請求異議の認容判決　35
　　　研究問題2-10（請求異議の認容判決）　36
　　イ　執行停止の裁判　36
　　　研究問題2-11（執行停止）　37
　　ウ　仮執行免脱担保の提供　38
　　　研究問題2-12（仮執行免脱担保の提供）　38
　　エ　即時抗告の提起等　38
　5　執行文の付与………………………………39
　(1)　審査　39
　(2)　付与の方式　39
　6　執行文の再度・数通付与………………40
　(1)　再度・数通付与の意義　40
　(2)　再度・数通付与の基準　40
　　　研究問題2-13（再度・数通付与）　40

　(3)　再度・数通付与の要件　40
　　ア　債権の完全な弁済を得るため　40
　　イ　執行文付き債務名義正本の滅失　41
　　ウ　再度・数通付与申立て　41
　(4)　執行文の再度・数通付与　41
　(5)　債務名義正本の再度・数通交付　41
　(6)　通数等の原本記入　42
　7　執行文付与に付随する事務……………42
　(1)　債務名義原本記入　42
　　ア　意味・目的　42
　　イ　記入すべき事項等　42
　(2)　再度・数通付与に付随する事務　43
　(3)　特殊執行文付与の執行文謄本及び証明文書謄本の送達　44
　(4)　執行文の付与された債務名義正本の交付　44
　　　研究問題2-14（付与異議）　44
　8　執行文付与の拒絶………………………44
　(1)　拒絶の方式　44
　(2)　付与拒絶に伴う手数料の還付　45
　　　研究問題2-15（異議と付与の訴え）　45
　9　裁判に基づく執行文の付与……………45
　(1)　執行文付与を命じる裁判　45
　(2)　執行文付与等に関する異議の裁判　45
　(3)　執行文付与の訴えの裁判　45
執行文様式について……………………………47

第3　事実到来（条件成就）執行文 ……52
　1　事実到来（条件成就）執行文総論……52
　(1)　意義　52
　(2)　「請求が債権者の証明すべき事実の到来に係る場合」の分析　53
　　ア　「請求」が一定の事実の到来に係ること　53
　　　基礎研究1　53
　　　基礎研究2　53

イ　一定の「事実の到来」　55
　　　研究問題3-1（条件と期限）　55
　　ウ　「債権者の証明すべき」事実　56
　　　研究問題3-2（到来すべき事実）　57
　　エ　執行開始要件である事実（到来）の除外　58
　　オ　まとめ　60
　(3)　債権者の証明すべき事実到来の「証明」　61
　　ア　証明文書の提出　61
　　イ　裁判所書記官に顕著な事実　61
　(4)　事実到来執行文付与の申立て　62
　　ア　申立書の記載事項等　62
　　イ　証明文書　63
　　ウ　証明文書を提出することができないとき　63
　(5)　裁判所書記官の措置　63
　　ア　執行文付与のための一般的要件の調査　63
　　イ　事実到来の審査等　63
　　ウ　執行文の付与等　64
　　エ　執行文付与の拒絶処分　65
　　オ　裁判所書記官固有の権限としての執行文付与　65
2　事実到来（条件成就）執行文各論……66
　(1)　確定期限　66
　　　研究問題3-3（確定期限）　66
　　　研究問題3-4（確定期限の到来）　67
　　　研究問題3-5（分割払の給付条項）　70
　(2)　引換給付　71
　　　研究問題3-6（引換給付）　72
　(3)　不確定期限　72
　(4)　先給付　72
　　ア　意　義　73
　　イ　第三者による先給付　73
　　ウ　先給付の現実の履行　73
　　　研究問題3-7（先給付＋期限）　74
　　　研究問題3-8（元金及び損害金の先給付）　76
　(5)　事実到来とその後の一定期間の経過　77
　　ア　意　義　77
　　イ　執行文付与手続　78
　　　研究問題3-9（条件成就後の一定期間の経過）　78
　　ウ　いくつかの類型　79
　(6)　当然解除　80
　　　研究問題3-10（当然解除）　80
　(7)　解除権の発生と解除　82
　　ア　意　義　82
　　イ　契約の解除による請求権の発生等　82
　　ウ　契約解除の要件　82
　　　研究問題3-11（契約解除＋一定期間の経過）　83
　　　研究問題3-12（契約解除＋一定期間の経過）　87
　(8)　過怠特約（過怠約款）　88
　　ア　意　義　88
　　イ　期限の利益喪失特約　89
　　　研究問題3-13（期限の利益喪失条項）　90
　　　研究問題3-14（期限の利益喪失後の遅延損害金支払）　93
　　ウ　無催告解除特約　95
　　エ　失権特約　95
　　オ　違約金特約　95
　(9)　「債権者の証明すべき事実の到来」に関する総合的研究　97
　　　研究問題3-15　97
　　　研究問題3-16　101

第4　承継執行文……………………108
　1　承継執行文の意義……………108
　2　執行力の主観的（人的）範囲…………108
　(1)　当事者　109
　(2)　第三者の訴訟担当の場合の利益

　　　　帰属主体　109
　(3)　債務名義成立後（口頭弁論終結
　　　後）の承継人　109
　　ア　実体上の承継人　110
　　イ　実体上の承継以外の事由によ
　　　る承継人　110
　(4)　請求の目的物の所持者　111
3　既判力拡張と執行力拡張との類似と
　　相違 ……………………………………111
　(1)　既判力及び執行力はともに原則
　　　として確定判決の効力　111
　(2)　主観的範囲に関する規定の類似
　　　性　112
　(3)　拡張される意味の相違　112
　(4)　まとめ　113
4　実体上の権利義務自体を承継してい
　　ない者が承継人となる根拠 …………113
　(1)　経　緯　113
　(2)　承継人概念の整理　114
5　承継執行文付与手続概論 ……………114
　(1)　承継執行文付与申立て　114
　(2)　承継原因事実の証明　116
　(3)　承継人として執行力が拡張される
　　　基準時　116
　(4)　執行文付与機関による処分に対す
　　　る不服等　117
6　承継執行文付与各論1 …………………118
　(1)　相続による承継　118
　　ア　相続による承継において一般
　　　的に検討すべき事項　118
　　イ　相続による権利義務の移転に
　　　関するケース　121
　　研究問題4－1（金銭債権・債務の相続）121
　(2)　不可分給付と共同相続　122
　　ア　はじめに　122
　　イ　不可分債権関係の意義と効力　122
　　ウ　賃貸人側の相続　123
　　エ　賃借人側の相続　124

　　オ　共同賃貸借の解除についての
　　　特殊問題　126
　　研究問題4－2（賃料等と相続）126
　(3)　相続人の限定承認　133
　(4)　法人の合併　134
　(5)　給付請求権の債権譲渡　134
　(6)　弁済による代位　135
　(7)　債務名義表示債権の差押え　136
7　承継執行文付与各論2 …………………137
　(1)　係争物の所有権の承継取得　137
　(2)　係争物の占有の承継的取得　137
　　ア　目的物についての占有の承継
　　　取得　138
　　イ　地上建物所有権承継取得　139
　　ウ　地上建物賃借権（占有使用）
　　　取得　140
　(3)　占有移転禁止仮処分執行後の目
　　　的物の占有取得者　141
　　ア　占有移転禁止仮処分　142
　　イ　当事者恒定効　142
　　ウ　当事者恒定効の範囲　143
　　エ　悪意の推定とその機能　143
　　オ　執行文付与手続における審査
　　　事項　144
　　カ　執行文の付与　144
　　キ　執行文付与を争う方法　145
8　承継執行文付与各論3 …………………145
　(1)　手続担当者と利益帰属主体　145
　(2)　目的物の所持者　145
　(3)　その他　146
9　承継執行文付与に関する裁判所書
　　記官の措置 ……………………………146
　(1)　承継執行文付与の申立て　146
　(2)　承継執行文付与要件の調査認定　146
　(3)　承継執行文の付与　147
　(4)　承継執行文付与に付随する事務　147
　(5)　内容を誤った執行文の是正方法　148
　　研究問題4－3（相続分の誤り）　149

 10　強制執行開始後の承継 …………149
  (1)　債務者の死亡　149
  (2)　債権者側の承継　150

第5　意思表示擬制のための執行文 …153
はじめに……………………………………153
 1　意思表示擬制とは何か ……………153
  (1)　実定法の規整　153
  (2)　実定法規整の意味するもの　153
  (3)　適用範囲　155
 2　不動産登記制度の概説 ……………156
  (1)　不動産登記の意義　156
  (2)　登記申請行為　157
 3　登記請求権の強制的実現方法 ………157
  (1)　前提＝通常の登記手続はどのよう
   　にして行われるか　157
  (2)　売主が登記手続に協力しない場
   　合に買主はどうするのか　158
  ア　訴えの提起　159
  イ　原告勝訴判決の確定　159
  ウ　勝訴判決確定による意思表示
   　の擬制　160
  エ　判決による登記申請　160
 4　意思表示の擬制と執行文総論 ………163
  (1)　原理　163
  (2)　執行文付与時点での意思表示の
   　擬制　163
  ア　制度の趣旨　163
  イ　異質の執行文（執行文の借
   　用）　164
  ウ　執行文付与を要する類型の概
   　要　165
 5　意思表示擬制のための執行文各論 …168
  (1)　単純に意思表示を命じる債務名
   　義　168
   類型(1)-1（所有権移転登記）　168
   類型(1)-2（所有権移転登記抹消
     登記）　169
   類型(1)-3（真正名義回復移転登
     記）　169
   類型(1)-4（抵当権設定登記）　169
   仮登記概説1　仮登記の種類　170
   類型(1)-5（条件不備仮登記）　171
   類型(1)-6（請求権保全仮登記）　171
   類型(1)-7（停止条件附請求権保全仮
     登記）　171
   類型(1)-8（条件附権利の仮登記）　172
   仮登記概説2　仮登記の手続　172
   仮登記概説3　仮登記の効力等　173
  (2)　確定期限の到来に係る場合　174
  (3)　債権者の証明すべき事実の到来に
   　係る場合　175
  ア　登記手続の意思表示が一定の先給
   　付に係る場合　176
   研究問題5-1（先給付）　176
   研究問題5-2（先給付＋当然解除）　176
   研究問題5-3（先給付＋無催告解
     除）　177
   研究問題5-4（先給付＋仮登記に基
     づく本登記）　179
  イ　登記手続を行うべきことが第
   　三者の許可に係る場合　183
   研究問題5-5（農地法上の許可）　183
  ウ　事実到来とその後の一定期間
   　の経過　185
  (4)　反対給付との引換えに係る場合　185
  ア　執行文の必要　185
  イ　反対給付の履行又はその提供　185
  ウ　執行文の付与　186
   研究問題5-6（引換給付）　186
  (5)　債務者の証明すべき事実のない
   　ことに係る場合　187
   研究問題5-7（代物弁済と登記手続）　188
   研究問題5-8（代金過怠→解除→
     抹消）　189
 6　意思表示擬制のための執行文付与 …191

手続とそれに伴う事務 …………191
　　(1) 申立ての特別要件　191
　　(2) 民執法174条3項の規定による
　　　　催告手続　191
　　(3) 付与又は拒絶の処分　192
　　(4) 付与後の手続　193
　　(5) 意思表示擬制の強制執行と執行
　　　　停止　194
　　(6) 意思表示擬制のための執行文付
　　　　与を争う方法　194
　　(7) 執行文付与を命じる裁判　194

第6　意思表示の擬制と承継人…………196
はじめに…………………………………196
　1　意思表示の擬制と承継執行文総論…196
　　(1) 意思表示擬制の債務名義に承継
　　　　執行文を付与する意味　196
　　(2) 民事執行法の規整　197
　　(3) 意思表示擬制の債務名義と承継
　　　　執行についての考え方　197
　　　ア　意思表示擬制の承継執行　197
　　　イ　執行文の必要と機能　199
　　(4) 事実到来に係る意思表示と当事
　　　　者の承継　199
　　　ア　問題の所在　199
　　　イ　基本的な考え方　199
　2　意思表示の擬制と承継執行文各論…201
　　(前提)　検討・整理のための場合分
　　　　　　けの基準と留意点　201
　　　ア　場合分けの基準　201
　　　イ　留意点　201
　　(1) 債権者側の一般承継　202
　　　ア　意思表示擬制後の債権者側の
　　　　　一般承継　202
　　　　(ア)　移転登記のケース　202
　　　　(イ)　抹消登記のケース　203
　　　イ　意思表示擬制前の債権者側の
　　　　　一般承継　204

　　　　(ア)　口頭弁論終結後判決確定ま
　　　　　　での間の当事者の死亡によ
　　　　　　る訴訟承継　204
　　　　(イ)　移転登記のケース　204
　　　　(ウ)　抹消登記のケース　204
　　　ウ　一定の事実到来に係る場合　205
　　　　(ア)　執行文の必要性とその形式　205
　　　　(イ)　付与された執行文の意味　205
　　(2) 債務者側の一般承継　206
　　　ア　登記先例の取扱い　206
　　　　(ア)　相続登記未了の場合　206
　　　　(イ)　相続登記経由の場合　206
　　　　　a　移転登記手続請求のケー
　　　　　　ス　206
　　　　　b　抹消登記手続請求のケー
　　　　　　ス　207
　　　イ　整理・検討　208
　　　　(ア)　意思表示擬制後の一般承継　208
　　　　　a　相続登記未了の場合　208
　　　　　b　相続登記経由の場合　209
　　　　　　(a)　移転登記のケース　209
　　　　　　(b)　抹消登記のケース　211
　　　　(イ)　意思表示擬制前の一般承継　211
　　　　　a　口頭弁論終結後判決確定
　　　　　　までの間の当事者の死亡
　　　　　　による訴訟承継　211
　　　　　b　相続登記未了の場合　212
　　　　　c　相続登記経由の場合　212
　　　　　　(a)　移転登記手続請求の場
　　　　　　　　合　212
　　　　　　(b)　抹消登記手続請求の場
　　　　　　　　合　213
　　　　(ウ)　一定の事実到来に係る場合　214
　　　　　a　執行文の必要性とその形
　　　　　　式　214
　　　　　b　付与された執行文の意味　215
　　(3) 債権者側の特定承継　215
　　　ア　登記先例とその評価　216

イ　整理・検討　216
　　　㈠　債権者代位権による登記　216
　　　㈡　承継執行文の付与を得る方
　　　　　法　217
　　　㈢　一定の事実到来に係る場合　218
　　　　a　執行文の必要性　218
　　　　　(a)　前提としての既判力拡
　　　　　　　張　219
　　　　　(b)　民執法23条1項3号の
　　　　　　　「承継人」該当性　219
　　　　b　譲受人を申立人とする執
　　　　　　行文付与　219
　　　　c　登記手続　220
　　　㈣　抹消登記請求の債権者側の
　　　　　特定承継　221
　(4)　債務者側の特定承継　221
　　ア　移転登記手続請求のケース　221
　　　㈠　学説・先例　222
　　　㈡　検　討　222
　　イ　抹消登記手続請求のケース　222
　　　㈠　判例・登記先例　223
　　　　a　抹消登記原因が「絶対的
　　　　　　無効」の場合　223
　　　　b　無効につき第三者保護規
　　　　　　定が存する場合　224
　　　　　(a)　虚偽表示による無効　224
　　　　　(b)　詐欺取消しによる無効　224
　　　　　(c)　契約解除　224
　　　㈡　検　討　224
　(5)　処分禁止の仮処分に後れる登記　225
　　ア　民事保全法の規定の概要　226
　　イ　仮処分の効力の実現方法　227
　　ウ　仮処分の効力の実現方法の理
　　　　論的根拠　228

は じ め に

　執行文を学ぶ最終目的が，具体的な判決や和解調書等を前にして，執行文を付与すべきか付与を拒絶すべきかの適切な結論を得ることにあることは，言うまでもない。これが執行文を学ぶ第1の目的であり，正当な結論を導き出すために，執行文制度及び強制執行制度を学習することになる。
　ところで，ここで少し目を転じて考えてみると，裁判所書記官は，和解調書を作成する場合，当事者間で合意されたところに従って，合意全体の趣旨やこれまでの事件の進行経過，和解交渉過程で顕れた事情等も考慮しながら，ひとつひとつの条項について，確認条項か給付条項かを意識して，それぞれの基本スタイルに倣って具体的な条項を構成するはずである。
　これに対して，執行文又は執行文付与事務は，裁判所が作成した判決，裁判所書記官が作成した和解調書等（時として自らが作成した和解調書もあろうが）について，それに含まれる主文や和解条項を実質的基礎として強制執行を実施することができるか否かを検討・評価する作業といえる。判決主文は，そう複雑なものが日常的にあるわけではないが，和解条項は十数項に及ぶものがままあり，しかも各条項が密接に関連しあっているケースも少なくない。このような和解調書にあっては，個別の和解条項の記載の性質，意味を正確に理解すべきは当然のことながら，和解の構造ともいうべき合意全体の趣旨及び意図を読み取り，その読み取った結果に基づいて再度個別の条項の意味を考え直してみるという作業も必要になる。それが，和解条項の解釈ということになる。
　もちろん，この解釈は，恣意的なものであってはならず，客観性のある論理的かつ合理的な解釈でなければならない。和解条項が，裁判の結論に相当し，当事者の権利義務又は法律関係を端的に示し，かつ規整する性質のものである以上，当事者にとって和解条項は，民法等の実体法に規定されている法律要件とその効果を示していると言えよう。そして，このような和解条項の解釈にあたっては，実体法に関する正確な知識も必要である。特に，和解条項に表示された請求が一定の事実の到来に係る場合（民執法27Ⅰ），その事実が債権者の証明すべき事実であるか否かを正確に認識しなければならず，証明責任分配の原則に関する正確かつ確実な知識が要求される。和解条項の合理的解釈もこの証明責任分配の原則と無縁ではなく，むしろこの証明責任分配の原則を当てはめて解釈することが，まさに合理的解釈の意味であると理解すべきである（この点については，後出の第3「事実到来（条件成就）執行文」の項において，詳細に述べる。）。
　このような，完成された和解調書の和解条項等の意味を正確に認識し，解釈する手法を身に付けることができれば，それは，裁判所書記官の和解条項を構成する能力を向上させ，和解条項の意味が後日問われ，解釈される場合を考えながら和解条項を組み立てることにつながるはずである。裁判所の関与の下において当事者間で和解の合意をするに際しても，「和解条項のこの表現は，こういう意味です。」とか，「この和解条項の内容を強制的に実現しようとする場合には，こういうことをしなければなりません。」などとアドバイスすることにより，当事者の誤解を避け，より確実で安定した紛争解決を実現することになると考えられる。
　このいわば，**「和解条項を構成する作業へのフィードバック」**が，執行文を学習する第2の目的である。
　紛争解決制度全体における執行文の位置は，訴訟手続に代表される紛争解決の規準を提示するま

はじめに

での過程（権利の観念的形成手続）と提示された紛争解決規準に従ってその利益状態を実現する過程（権利の事実的実現手続）との中間に在り，この二つの過程をまさに架橋する役割を担っている。そのため，和解調書等の債務名義の正本に執行文を付与するに当たっては，執行文が付与された債務名義の正本が，後に実施されるであろう強制執行手続においてどのような役割を果たすのかを常に意識しなければならない。そして，そのためには，強制執行を中心とした民事執行制度全体についての十分にして正確な知識が要求される。「あとのことは執行部で聞いてください。」という姿勢は，債務名義を作成すべき権限と責任を有する裁判所書記官としては不誠実であり，当事者からの信頼を得ることもできない。

　裁判所書記官が日常的に行う事務にあって，執行文付与に関する事務が占める量的な割合は，それほど大きくはないと考えられる。しかし，これまでに述べてきたように，執行文の領域は，実体法と手続法とが交錯する場であって，実体法と手続法の分野の知識を総合することが要求される。それだけに，執行文を学習することは，反面として実体法と手続法の実践的な学習にもなり，これらの知識を身に付けたことを検証しながら，そして，不足している場合にはこれを補いながら，応用力を養うことができると考える。

　執行文の学習を行い，その問題を考えるに当たっては，その結論を急ぐことなく，むしろ，思考過程を楽しみながら論理構成を行うことを勧めたい。その思考過程をマスターすることよって，様々なバリエーションの事案についても，戸惑うことなく，柔軟に，しかも適切に対処できるはずである。その姿勢は，執行文付与に関する適切な事務処理の実現にとどまらず，民事書記官事務全般にも有益な成果をもたらすであろうことを確信している。

第1 強制執行, 債務名義, 執行文

1 強制執行を行うための債務名義, 執行文
① 強制執行は, 法が定める債務名義により行う（民執法22）。
② 強制執行は, 執行文の付された債務名義の正本に基づいて実施する（民執法25）。
③ 執行文の付与は, 債権者が債務者に対しその債務名義により強制執行をすることができる場合に, その旨を債務名義の正本の末尾に付記する方法によって行う（民執法26Ⅱ）。

これが, 民事執行法が定める強制執行をするための手続的規整のうち, 債務名義及び執行文に関する基本的なものである。権利を強制的に実現するには, 債務名義という法定の文書が必要であり, その債務名義によって強制執行をすることができる旨を記載した執行文が付された債務名義の正本に基づいて実施することが定められている。

以下では, 強制執行手続についての基本的な概念を整理し, 執行文の意義及び機能について述べる。

2 執行, 民事執行, 強制執行
(1) 執 行
およそ法が予定し又は要求するところを実現する国家作用を「執行」と称している。例えば, 「予算の執行」,「刑罰の執行」と言われるのがその例である。
(2) 民事執行
ア 意義及び類型
国家作用としての執行が, 民事上の権利の強制的実現としてされる場合を「民事執行」という。この民事執行には, 民事執行法が規定する次の4種のものが存在する。

① 強制執行（民執法22～174）
② 担保執行（＝担保権実行）（民執法180～194）
③ 形式的競売（民執法195）
④ 財産開示（民執法196～203）

【財産開示】
　財産開示は民事執行のひとつとされているが（民執法1）, 財産開示によって民事上の権利が強制的に実現されるわけではなく, 金銭執行の権利実現の実効性を確保するために設けられた準備的な執行手続である。

イ 民事訴訟手続（判決手続）と民事執行手続（強制執行）
(ア) 手続を規整する法律
① 民事訴訟手続つまり判決手続は「民事訴訟法」が,
② 民事執行手続つまり強制執行手続は「民事執行法」が
それぞれ規整している。
(イ) 手続の主宰者
① 民事訴訟手続は, 受訴裁判所が,
② 民事執行手続は, 執行裁判所又は執行官が
手続を主宰する。

第1 強制執行，債務名義，執行文

(ウ) 両者の関係を平たく言えば
例えば，乙が甲から100万円を借り受けたが，それを返済しない場合に，
① 甲が裁判所に対して，乙を被告として「貸金100万円を支払え」との判決を求めることによって開始され，甲に100万円の貸金返還請求権が存在するか否かを審理する手続が，民事訴訟手続（判決手続）である。
その結論として得られるのが，判決である。
② ①において，原告である甲勝訴の判決がされたことを受けて（判決主文＝「被告は，原告に対し，100万円を支払え。」），甲が同判決の内容の実現を国家機関（例えば，裁判所）に求めることによって開始される手続，つまり，現実に甲に100万円の利益を享受させるための手続が，民事執行手続である。

| 訴　え | ……紛争解決を求める申立て
↓
| 審　理 | ……申立ての当否の攻防過程
↓
| 判　決 | ……紛争解決規準の提示……≪権利の観念的形成手続≫
↓
判決原本＝判決正本（民訴法255，民訴規33）
⇒ 債務名義（民執法22）の正本＋執行文（民執法25）
※ 後述するように，「債務名義」とは，給付を命じた判決（原本）又は和解調書（原本）等それ自体を指称し，その正本に「執行文」と呼ばれる文言を付記する。
↓
| 差 押 え | ……債権に相応する債務者財産の確保
↓
| 換　　価 | ……差し押えた財産の現金化（適切な評価と市場における換価）
↓
| 配当（満足） | ……現金を債権者に分配し，弁済されたのと同じ状態を作出
……≪権利の実現（満足を得る）手続≫

「金を払え」という金銭債権実現目的の強制執行を一言で言うならば，
『押えて!!，売って（お金に換えて）!!，配る!!』
ということになる。

ウ　執行名義
『執行名義』とは，執行債権の存在を一定の蓋然性をもって証明する文書であって，同文書に基づいて執行機関が民事執行の手続を開始し実施するところの，法定の文書である。民事執行の一つの手続類型である強制執行を実施するために必要とされるものが債務名義であり，債務名義は執行名義の一種である。
前記ア①～③の手続類型に従えば，執行名義は次のとおりである。

① **強制執行**→→債務名義（民執法22）
② **担保執行**（担保権実行）→→担保権の存在を証する文書等（民執法181）
③ **形式的競売**（留置権による競売，換価のための競売（共有物分割訴訟における「競売判決」による競売がその例））→→**競売権の存在を証する文書**（民執法195→181）

エ 制度としての執行名義
　(ア) 理念型
　　民事執行が，私人の生活圏に（強制的に）介入して一定の利益を制限したり剥奪したりする性質のものである以上，執行を実施する国家としても，その**介入，剥奪等を正当化する実体的な権利の存在**が確定されている必要がある。
　　このような執行手続が開始される前に権利判定手続が必要的に先行し，かつ，その権利判定の結果を受けて，その権利判定を担当した機関がそのまま執行手続を担当する機関となることが，この正当性に忠実な手続制度の理念型であろう。

【自力救済の禁止】
　仮に，実体法上正当な権利が存在するとしても，その権利者による自力救済（執行）を肯定すると，「力」ある者の利益だけが実現される事態となりかねない。「力あるところに必ずしも正義がなく，正義は必ずしも力に支えられてはいない。」のである。また，自由な市場経済の発展も，私人による自力救済を望まなかった。
　権利を実現する過程についての法体系の整備は，「**国家による執行の全面的支配**」を実現したのである。

　(イ) 執行機関の特性
　　しかし，理念型は(ア)のとおりであるとしても，執行の各種態様を考えた場合，権利判定機関である裁判所が常に執行機関としてふさわしいとは限らない。例えば，敏活かつ現実的な行動性を特徴とする執行官が，執行機関としてふさわしい場合がある（権利の実現過程においては，一刻を争うような敏活さや，時に臨んでの機動力が要求される場面が十分考えられる。裁判所という機構がそのような要請に必要にして十分に応えられるか!?）。そして，執行官の制度を採用する以上，理念型のように，権利判定機関がそのまま執行機関となることは困難である。

【執行機関】
　『執行裁判所は，「執行部」だけではない』
　執行機関とは，国家の「民事執行権」に基づいて現実に民事執行を実施する国家機関である。現在の法制においては，具体的には，**裁判所（執行裁判所）と執行官**である（民執法2）。
　執行裁判所に関しては，一般的には，地方裁判所が執行裁判所になる場面が多いが，簡易裁判所はもちろん，<u>家庭裁判所も執行裁判所となる事態もある</u>（例えば，民執法171条2項）。現に，受付分配通達においても，家庭裁判所にあっても執行事件（例：代替執行，間接強制）の申立てを受理すべきことが予定されている。

　　そこで，この執行官制度と併せて，受訴裁判所とは制度的に区別された「執行裁判所」の制度を採用し，執行の迅速と効率を図ることとしたのである。
　(ウ) 執行機関への執行債権提示のための執行名義
　　民事執行の手続を主宰する執行機関（執行裁判所を含めて）は，**自ら改めて執行債権や担保権の存在を確定するための実質的審理をせず**，直ちに権利の実現のための執行手続に着手することとされた。そのために，民事執行を申し立てる者に，その権利の存在を高度の蓋然性をもって証する形式的資料の提出を要求することとし，また，その提出すべき資

第1 強制執行，債務名義，執行文

料については厳格な法定の制限を加えている。例えば，
① 債務名義としての確定判決（民執法22①），執行証書（民執法22⑤）等
② 不動産担保権（抵当権等）実行の場合の担保権の登記のされている登記事項証明書（民執法181Ⅰ③）等

　これらの文書の提出があれば，執行機関は，執行債権や担保権の存在及びその内容については，執行名義の記載に従って手続を開始進行させ，権利の存否について自ら審理することはしないのが大原則である。

(3) **保全執行**

　将来の強制執行の保全を図る目的で実施される仮差押え・仮処分の執行を，特に「保全執行」という（民執法1,2参照）。保全執行は，将来されるであろう強制執行における請求権の満足を保全するために，「仮差押え」又は「仮処分」という保全命令に基づく，現状を維持・確保することを目的とする予防的・暫定的な執行である。この保全執行の手続は，民事保全法が規整するものであって，実定法上は民事執行には属していないものの，民事保全法43条以下の

【保全執行・保全執行機関】
　保全執行は，現在の実定法上は，「民事執行」に属しないものとされているが，「保全執行名義」とも称すべき「保全命令（仮差押決定又は仮処分決定）の正本」に基づいて実施するとされており（民保法43Ⅰ），その性質は，実質的には民事執行と構造において類似する。ただ，**民事執行は「換価」や権利の「満足」の段階へ至るのに対し，保全執行は「暫定性」という性質を有する点において**基本的な相違があるといえる。そのために実定法上区別されたと理解することもできる。
　現在の実定法の保全執行機関は，民事執行と同様に，**裁判所**（保全執行裁判所）と**執行官**である（民保法2Ⅱ）。

規定は，保全執行について，民事執行法の多くの規定を準用している（民保法46等）。

(4) **強制執行**

　請求権の強制的満足のために個別の債務名義に基づいてされる執行であり，民事執行法の第2章に規定されている。

　項を改めて述べる。

3　強制執行

(1) **請求権の強制的満足のために個別の債務名義に基づいてされる執行**

　実体法上の権利として保障された利益（請求権）は，その実体法が定める時期，内容，態様に従って実現され，権利者が享受できなければならない。現実的に利益を享受する制度が完備されていなければ，紛争解決制度全体としては，いわば「画餅」である。

　強制執行は，実体上の請求権の実現可能性を提供する制度としての民事執行の一環である。

　そして，強制執行は，①『**金銭執行**』と②『**非金銭執行**』とに大きく分類される。これは，強制執行によって実現される請求権が，金銭の給付を目的とするものか，金銭以外の給付を目的とするかによる分類である。

　①の『**金銭執行**』は，「100万円を支払え」という金銭の支払（給付）を主題とするものであり，債務者が有する金銭を取り上げて債権者に配分交付するか，債務者が有する財産を取り上げて市場において換価して得た金銭を債権者に配分交付することによって実現できる（直接強制）。

　これに対し，②の『**非金銭執行**』は，「○○の建物を明け渡せ」というように特定物の給付

がその典型であるが，その形態は様々であり（例えば，「通行を妨害してはならない」，「看板を撤去せよ」，「電話をしたり，面会を要求してはならない」，「登記手続をせよ」など），請求権の内容から常に直接強制という手段が適切とは限らない。そのために，民事執行法は，直接強制のほかに，各種の手段を用意している（民執法168以下，研究問題2-6（31頁）以下参照）。

(2) **請求権**

ア 執行力ある請求権

強制執行には，それによって**満足されるべき請求権**が必ず存在する。これを「執行債権」又は「**執行力ある請求権**」と称する。

執行債権は，債権的請求権に限られず，物権その他の支配権や形成権，人格権，社員権等に基づいて発生する請求権を含む。

その意味では，この請求権の強制執行による実現可能性は，実体上の請求権の属性といえる。

イ 実体法上の債権とその効力

※ ここで述べるのは，民法等の実体法の規定に従って発生する『債権』の効力についての整理であり，講学上は民法の「**債権総論**」に属する分野である。

(ア) 債権の意義

債権とは，「特定人（債権者）が**他の特定人（債務者）に対して一定の給付（作為・不作為）を請求することを内容とする権利**」である。この債権は，法律行為（契約等），不法行為，不当利得，事務管理等を原因（＝法律要件）として発生する。……債権は，物権と並ぶ財産権の一つである。

これに対して，『**請求権**』は，主に次のような意味で用いられている。

a 『請求権』が「債権」と同義で用いられる場合

例えば，「不法行為に基づく損害賠償請求権」とか，「不当利得返還請求権」と表現されるとき，これはいずれも，「損害賠償債権」又は「不当利得返還債権」と同義であり，損害賠償を求めうる，又は不当利得の返還を求めうる**実体法上の権利者側の地位**（実体法上の法律関係）のすべてを意味している。

b 『請求権』が債権に基づき請求しうる具体的内容を意味する場合

特定人が債権を有する（債権者たる地位にある）ことから生じる具体的請求権を意味する。つまり，**債権の内容又は効力**というべきものである。「債権に基づき債権者は債務者に対して給付を請求することができる」と言われるが，「債権」は

【物権と物権的請求権】

所有権などの物権は，**物を直接に支配する権利**であり，その物権としての満足を得るためには，基本的には，**他人の行為を必要とはしない性質**のものである（これに対し，債権は，本文においてみたように，その満足を得るためには，本質的に，他人の行為（作為・不作為）を必要とする。）。

ところが，物権者のその支配状態を侵害する者が登場した場合，物権者は，物権の満足を得るために，**その侵害者に対して一定の行為（作為・不作為）を求めうる地位**になければならない。これが，返還請求権や妨害排除請求権であり，これらは「物権に基づき生ずる請求権」であり，「物権的請求権」と称されている。ここでも，「**物権が物権的請求権を生み出している**」関係が認められる。

第1　強制執行，債務名義，執行文

この「**給付請求権**」を生み出す**根拠**であり，債権の内容又は効力と評価できる。例えば，「債権的請求権」と言われる場合，債権を根拠として発生する請求権ということを意味している。

★　例えば，貸金債権を有する者は，その債務者に対し，貸金返還請求権を有することになるが，この貸金返還請求権は，貸金債権に基づいてその作用として生じる性質のものである。

この意味の『請求権』は，訴訟の場面で，訴訟上の請求において原告がその存否を主張する<u>訴訟物としての「特定の実体法上の権利又は法律関係」</u>という場合の『**実体法上の権利**』に相当する。

(イ)　債権の効力総説

法によって債権者に認められた権能又は権限として次のものがある。

A　（**対内的効力**）債務内容実現のために債務者に対する関係において認められる効力

①　任意履行を求める権利＝給付保持力・給付受領権

債権としての**基本的・最小限度の効力**であり，これを欠くものは「債権」とはいえない。給付保持力がないにもかかわらず給付として受領すれば，それは**不当利得**となり返還義務を負うこととなる（民703〜）。

②　債務者に対し，現実的履行を強制する権能

強制履行であって，国家機関の強制力によって債権内容を強制的に実現することである。民法414条がこれを規定し，具体的には，民事執行法がその手続を定める。→次項(ウ)

③　損害賠償

この損害賠償には二つの性質がある。

第1は，本来の履行に代えて損害賠償を求めることであり，債務不履行を契機として転化する効力である。例えば，特定の商品の給付を目的とする債権にあって，債務者がその履行をしない場合に，債権者は，もちろんその商品の引渡しの履行の強制を国家機関に対して求めることもできるが（現実的履行の強制），本来の履行に代えて損害賠償を求めることもできる。これは『**塡補賠償**』といわれるものであり，債権の効力と理解されている。債権者は，この塡補賠償と本来の履行を重ねて求めることは実体法上許されない。

【塡補賠償と契約解除】
　債権者が債務者に対して，この塡補賠償を求めるためには，その要件として債権の発生原因となった契約を解除する必要は理論的にはない。本文において述べたとおり，この塡補賠償も既に存在する債権の効力として認められるものであることから，塡補賠償の論理的前提として契約解除が要件とされるものではない。

第2は，本来の履行が遅延することによって生じる損害の賠償を求めるものであり，『**遅延賠償**』と称される。債務者の履行が遅れたことによって債権者が得ることができたはずの利益を享受できない事態となるのであって，それを賠償する性質のものである。これは，債務不履行を契機として新たに発生する効力と理解できる。

B　（**責任財産保全の効力**）債務者に属する一般財産（責任財産）の維持・回復を図る

権限

この具体的な顕現として，法律上次のものがある。
① 債権者代位権（民423）
② 債権者（詐害行為）取消権（民424）

債権が金銭の給付を目的とする金銭債権はもちろん，それ以外の債権（例えば，特定物の給付を目的とする債権）であっても，その債務不履行を契機として損害賠償債権に転化したり（本来の履行に代わる損害賠償＝填補賠償），新たに損害賠償債権を発生する（遅延賠償）。このように，債権の実現は，最終的には金銭の支払に帰することになるから，債権は債務者の有する一般財産（＝『責任財産』）を引当てとして存続しているのが原則である。その意味で，債権の財産権としての価値を保全するため，この債務者の責任財産が不当に減少・減失されることを防止し（債権者代位権），又はその回復を図る（詐害行為取消権）ことが認められているのである。

C （対外的効力）第三者の違法な侵害に対する法的保護

債権債務関係は，債権者と債務者との間の法律関係であり，人的で観念的なものである。そのため，この債権を債務者以外の第三者が侵害する事態がそもそも起こりうるかが，かつては問題にされていた。しかし，賃借人が賃借する建物を第三者が勝手に占有するなどの方法で債権である賃借権が侵害される事態はあり，その場合に，一定の要件を満たす賃借人は，当該賃借権に基づいて第三者に対する一定の請求を行うことができると理解されている（例えば，賃借権に基づく妨害排除請求）。

(ウ) 債権の効力……(イ)A②

実体法上の債権が，その効力として完全であるためには，債務内容を強制的に実現できるだけの効力が備わっていなければならない。強制的に実現できない債権は，実体法がその存在を承認していても，社会経済的には『画餅』に帰する。

この債権の効力としての債務内容の強制的実現（強制力）は，民事執行法に基づく強制執行によって具体的に実現される。そして，強制執行による具体的実現の前提として，裁判上の請求をして給付判決を得ることが必要とされるのであり，この裁判上の請求も一種の法的強制と理解することができる。したがって，債権の強制力は，

① 訴求可能性（訴求力）
② 執行可能性（強制執行力）

として顕在化する。

ちなみに，①の訴求可能性のない債務が「自然債務」であり，執行可能性のない債務（当事者間における不執行の合意がある場合）が「責任なき債務」であると，一応分類できよう。

第1　強制執行，債務名義，執行文

(3) **請求権を表示する債務名義**

　強制執行によって満足される請求権（執行債権）は，債務名義（民執法22）という法定の文書に表示されていなければならず，その（執行力ある）債務名義の正本に基づいて強制執行が実施される（民執法25）。

　前に述べたように，民事執行法は，**権利判定（確定）機関と執行機関とを制度的に分離し，制度的に分離された機関の間を連携する制度として『債務名義』の制度を採用している**。そして，執行機関においては，請求権の存在及びその内容については，債務名義に記載されているところに従い，執行手続を開始するに当たって改めて独自にその存否や内容を審理・判断はしない。

　強制執行によって実現される又は実現されたところが民法等の実体法上の法律関係に適合するものかという意味での「正当性」を，第1次的に支えるものが債務名義である。

> **【違法執行，不当執行】**
> 1　違法執行
> 　具体的に実施されている執行手続が民事執行法等の手続法規に違背している事態。例えば，執行開始要件（民執法29〜）が充足されていないにもかかわらず強制執行が開始されるなどである。その救済方法は，執行抗告（民執法10）又は執行異議（民執法11）である。
> 2　不当執行
> 　実体上の請求権の存在が確認され，判決という債務名義に表示されても，その後において請求権は実体的には変動しうる。典型が，判決後に弁済され請求権は消滅したにもかかわらず，判決により強制執行がされる場合であり，これは，手続的には何ら違法ではない。しかし，それによって実現されるところは，実体法に適合するものとはいえず，これを「不当執行」と称する。民事執行手続は，民事執行法によって規整されているのであって，同法が要求する手続が履践されている以上，同手続が「違法」との評価を受けるものではあり得ない。
> 　この不当執行の救済は，民事執行法が用意した請求異議訴訟（民執法35）又は第三者異議訴訟（民執法38）によって行われる。そして，この民事執行法が用意した手続によってもその不当性を解消するに至らないときは，強制執行の結果実現されたところを「不当利得」（民703）等として，事後的に救済することになる。

4　債務名義

(1) **債務名義の意義**

　債務名義とは，強制執行において必要とされる執行名義の呼称である（2(2)ウ「執行名義」の項4頁参照）。

　債務名義とは，**強制執行によって実現されるべき実体法上の給付請求権の存在と内容とを表示し，それを基本として強制執行をすることを法律が認めた一定の形式を有する文書**である。債務名義なしには強制執行はなく，強制執行は，債務名義を基礎とし，その記載を規準として実施される。

　具体的にどのような文書を債務名義とするかは，立法政策の問題である。いずれにしても，法が具体的に「債務名義」として認めた文書のみが債務名義で

> **【債務名義】**
> 　「○○名義」という場合，それは，無形のものを表象する有形的なものを指称する。例えば，文書の作成者を表象する有形的なものとして文書上にされている記名・署名など作成者を示すものを「作成名義」と称している。「債務名義」というのも，給付請求権を表象する有形的なものと理解できる。
> 　「債務名義」という場合，給付請求権が表示された判決書や和解調書を意味する。強制執行を実施する際に，執行機関に判決「正本」等を提出するが，原本と同一の効力を有するこの判決等の正本は，「債務名義の正本」である（民執法25）。

ある。現行法では，民執法22条各号（及び民事執行法の特別法）に規定されている（特別法に規定されている場合は，「……は，債務名義と同一の効力を有する。」との規定形式が多い。）。

(2) **債務名義の要件**

民執法22条は，債務名義を列挙しているが，その各号に形式的に該当する文書がすべて債務名義となるわけではない。例えば，同条1号は「確定判決」を債務名義とするが，「原告の請求を棄却する。」との判決や確認請求の原告勝訴判決が，債務名義となるものではない。債務名義は，文書の属性としては民執法22条に規定するものであるとしても，その実質（内容）において次の要素を満たす必要がある。

ア **給付請求権が表示されていること**

(ア) 給付請求権の実現が許容されていること

一般的には，**具体的な「給付命令」又は「給付約束」文言が明示的に記載**されたものであること。

ただし，給付命令又は給付約束が表示されていない債務名義も存在する。例えば，破産債権者表（破221Ⅰ）は，給付命令的文言が表示されていないが，債務名義として認められている。

(イ) 給付請求権の種類，態様，範囲等が直接・具体的に表示されていること

給付の性質（「与える債務」又は「為す債務」）に応じ，「何を，どのような形で，与える又は為す」かが明らかにされている必要がある

(ウ) 債権者及び債務者が特定表示されていること

債務名義が作成される手続上の当事者が表示されているのが一般であり，その手続上の当事者と給付請求権の主体・客体とは通常は一致する。

請求権及びそれに対応する義務というものは，論理的にその人的主体と不可分の関係にある。人的な帰属主体と切り離して権利義務を観念することはできないはずであって，その意味においても，給付請求権の主体が誰であって，その義務主体が誰であるかは，確定されなければならない性質のものである。

> **【「与える債務」と「為す債務」】**
> 「与える債務」は，金銭又は有体物の引渡し又は明渡しをなすべき債務であって，誰によって給付されようと，その結果が同一である限り満足される。つまり，**債務者の人的要素を捨象することができる。**
>
> これに対し，「為す債務」とは，債務者の作為又は不作為を目的とする債務であるから，**債務者の介在なしでは債務本来の内容を実現することができない性質のものである。**
>
> **【「作為債務」と「不作為債務」】**
> 作為債務における作為の内容は，行為自体又は行為の対象若しくは結果によって特定される。さらに，作為債務は，①**代替的作為債務**と②**不代替的作為債務**とに分類される。①については，民法414条2項本文，民執法171条の規定により『代替執行』が可能であり，②については，民執法172条の規定が適用される。
>
> 不作為債務は，作為の禁止又は作為による結果の発生避止義務として表現される。

イ **給付請求権について，実定法上，強制執行による実現が認められていること**

強制執行は，国が私人の財産権に対して強制的に介入するものであるから，その実施が法律上の根拠を有するものでなければならない。そして，債務名義は，強制執行の基本となるものであるから，そこに表示された給付請求権の強制的実現について，民事執行法にその手

第1 強制執行，債務名義，執行文

続が定められていることを要する（代表的な手続について，後記研究問題2-6（31頁）以下参照）。例えば，債務者の芸術的創作を内容とする債務を直接に強制執行することはできないと解されるし（例えば，ある高名な画家との間で自分の肖像画を描いてもらう契約を締結したが，画家がなかなか描いてくれない場合に，国の機関が画家の手を取って肖像画を描いても意味はないし，画家のタッチを模して第三者が肖像画を描いても意味はない。……この債務の性質は，『**不代替的作為債務**』に属する。），人身保護請求事件の判決についても人身保護規則が民事執行法の適用を排除していると解されており，これらは，いずれも債務名義とはいえない。

ウ 公の文書であること

現行の法の明文上は，債務名義はいずれも公文書である（民執法22）。

【債務名義の公文書性】

これは，法が何をもって債務名義とするかという立法政策上の問題であって，実定法の規定を前提としないときに，「債務名義は公の文書でなければならない」との命題又は論理的帰結が存するものではない。換言すれば，民事執行法等の実定法が明文でもって認めれば，一定の私文書を債務名義とすることも可能である性質のものである。例えば，「債務名義」ではないが，一般の先取特権実行のための「執行名義」を規定する民執法181条1項4号の文書は，「公文書」に限定されてはいないし，現に，私文書も含まれると解されている。

(3) 債務名義の具体的機能（資格証書的機能）

ア 債権者は，実体法上正当に（真に）請求権を有するとしても，**債務名義なしには強制執行を申し立てることはできない**。

執行機関は，提出された債務名義に即して迅速に強制執行を実施しなければならず，請求権（執行債権）の存否について実質的な調査，判定を行わないし，行うべきでない。

イ 実施される強制執行においては，債務名義（及び執行文）の記載が規準となる。

現実に実施される強制執行手続においては，

① **執行当事者は誰か**

② **強制執行によっていつどのような状態を実現すべきか**

③ **どの範囲の財産が執行対象となるか**

が，債務名義及び執行文の記載によって定まる。

ウ 債務名義は，実施される強制執行の実体的基礎を確保する。有効に成立している債務名義に基づき開始された強制執行の手続は，その請求権が実体的に不存在であっても，「違法」との評価を受けるものではない。

言い換えれば，執行機関は，民事執行法が要求する債務名義（及び執行文）に基づいて強制執行を実施する。仮に，債務名義に表示された請求権が実体的には不成立又は消滅していても，強制執行手続内でそれを審査することはできず，有効に執行実施をすることができ，執行が完了した場合には，強制執行の結果

【執行対象である財産】
① 金銭の給付を目的とする場合（金銭執行）
　金銭の給付を内容とする債務名義においては，そこで債務者として表示されている者の一般財産（責任財産）がその執行対象である財産となる。したがって，通常は，債務者が表示されることによって，その執行対象が表示されていることになる。
② 特定物の給付を目的とする場合（非金銭執行）
　特定物の給付を内容とする債務名義においては，同債務名義中に，執行対象となるべき物等が特定表示される。

としての実体上の効果（例えば，対象財産の売却による買受人の所有権取得）が維持される（民執法79，大判昭13.4.6民集17-655。担保権実行につき民執法184参照）。

(4) 債務名義の執行力
　ア　意　義
　　債務名義に表示された給付請求権について，**民事執行法の規定に従い強制的に実現しうる効力**，すなわち**給付請求権の実現を国家機関としての執行機関に要求できる効力を『執行力』**という。手続的には，執行機関がその行うべき強制執行手続について行動準則となるべき，執行機関に対する通用力を意味する。債務名義という法定の文書・証書に認められる，強制執行手続を実施し，その手続遂行の規準となりうる通用力をもって「債務名義の執行力」という（**『文書・証書の属性としての執行力』**）。

　　この定義は，中野・民事執行法160頁の「実体的執行力」の意義に従うものである。「執行力」の定義は，論者によって様々であるが，この定義は共通するものと理解してよいであろう。

【広義の執行力】
　本文に述べるように，民事執行法が規定する強制執行を求めることができるということが，「債務名義の執行力」という用語の意味である。
　これに対し，強制執行以外の手続で裁判等の内容に適合した状態を実現する効力，つまり，裁判に基づき公の機関に対し，民事執行以外の方法によってその裁判内容に適合する状態の実現を求めうる効力を『広義の執行力』という。例えば，確定判決に基づいて戸籍簿や登記簿への記載を求め（戸籍法116，不登法63），執行を許さない旨の判決に基づき強制執行の停止や取消しを求める（民執法39，40）のが，その典型である。
　この「広義の執行力」は，給付判決に限らず確認判決等も一般的に帯有しうる効力である。換言すれば，民事執行法が規定する強制執行以外において，ある一定の法律効果発生の要件として一定内容の裁判の存在を要求している場合，その法律効果は，それを規整する法規（例えば，不動産登記法等）の要件が充足されることによって発生するに至るのに，現象としては，その裁判それ自体の効力の発現に類似することから，「執行力」に準じ『広義の執行力』と称されているにすぎない。したがって，本来の執行力とはその性質において異なるものであり，後述するように，広義の執行力が発現されるべき場面では，原則として，執行文付与は必要ないと解される。

　イ　客観的範囲
　　債務名義の執行力の客観的範囲，つまり，**いずれの範囲の請求権**について，当該債務名義に基づいて強制執行を実施し実現することができるかという意味での執行力の及ぶ客観的範囲は，原則として，その「債務名義に表示されている給付請求権」について執行力が認められるということになる。

　　なお，ここで，「原則として」と留保する意味は，承継執行文の項で述べるように，執行力が主観的に拡張される場面では，そこで実現される給付請求権が本来の債務名義に表示されている給付請求権と実体法上必ずしも同一とは言えないケースも考えられるからである（第4の3(3)イ「請求権のズレ」の項112頁，第4の7(2)ウ「地上建物賃借権取得」の項140頁参照）。

　ウ　主観的範囲
　　特定の債務名義に基づいて実施される強制執行を想定した場合に，**執行当事者（債権者又は債務者）となり得る人的範囲**という意味で，**「債務名義の執行力が及ぶ主観的範囲」**という表現がされる。「執行力」が執行機関に向けられた効力であるという先の定義からすれば，ここでの用語としては，「執行力の主観的範囲」とは，執行当事者となりうる人的範囲

— 13 —

というのが正確である。

この執行力の主観的範囲については，民執法23条が明文で規定している（その詳細は，第4の2「執行力の主観的範囲」の項108頁参照）。

基本的には，その債務名義に当事者として表示された者，特に，債務名義上の給付請求権の主体又は客体として表示された者について執行力が及び（民執法23Ⅰ①），この者と法が定める一定の関係のある者にも**執行力が拡張される**関係にある（民執法23Ⅰ②③，Ⅱ，Ⅲ）。

債務名義に表示されている当事者以外の者に債務名義の執行力が及ぶことを，
① 給付請求権の主体（債権者）の側について
例えば，「○○のために執行力が及ぶ」又は「○○のために執行力が拡張される」と，
② 給付請求権の客体（債務者）の側について
例えば，「△△に対し執行力が及ぶ」又は「△△に対し執行力が拡張される」と，
表現するのが一般である（民執法27条2項及び民執規17条2項の各規定形式を参照）。

(5) **債務名義の種類**

債務名義には，次の種類がある。以下，その概要を述べる。
① 確定判決（民執法22①）
② 仮執行宣言付判決（民執法22②）
③ 抗告によらなければ不服を申し立てることができない裁判（民執法22③）
④ 仮執行の宣言を付した損害賠償命令（民執法22③の2）
⑤ 仮執行宣言付支払督促（民執法22④）
⑥ 訴訟費用額確定処分（民執法22④の2）
⑦ 執行証書（民執法22⑤）
⑧ 確定した執行判決のある外国裁判所の判決（民執法22⑥）
⑨ 確定した執行決定のある仲裁判断（民執法22⑥の2）
⑩ 確定判決と同一の効力を有するもの（民執法22⑦）
⑪ 執行力ある債務名義と同一の効力を有するもの

|研究問題 1-1| 裁判所書記官が作成する文書で債務名義となるものを5個挙げるとともに，その各根拠条文を摘示しなさい（注：裁判所書記官が作成する債務名義が5種類に限られるわけではない。）。

1 ＿＿＿＿＿＿＿＿＿＿＿＿＿＿＿＿＿＿＿＿＿＿＿＿＿＿＿＿＿＿＿＿＿＿＿＿
2 ＿＿＿＿＿＿＿＿＿＿＿＿＿＿＿＿＿＿＿＿＿＿＿＿＿＿＿＿＿＿＿＿＿＿＿＿
3 ＿＿＿＿＿＿＿＿＿＿＿＿＿＿＿＿＿＿＿＿＿＿＿＿＿＿＿＿＿＿＿＿＿＿＿＿
4 ＿＿＿＿＿＿＿＿＿＿＿＿＿＿＿＿＿＿＿＿＿＿＿＿＿＿＿＿＿＿＿＿＿＿＿＿
5 ＿＿＿＿＿＿＿＿＿＿＿＿＿＿＿＿＿＿＿＿＿＿＿＿＿＿＿＿＿＿＿＿＿＿＿＿

ア **確定判決**（民執法22①）
(ア) 債務名義となる確定判決の要素
確定判決が債務名義となるためには，次の三つの要素を備えなければならない。
① **終局**判決であること。

当然のことながら，判決としてその効力を生じているものであることを要する。判決は，言渡しによってその効力を生じるから（民訴法250），判決について執行文付与申立てを受けた裁判所書記官は，判決が言い渡されている事実を確認しなければならない。言うまでもなかろうが，判決の言渡しは，口頭弁論の方式に関する規定であり，その遵守は，口頭弁論調書によってのみ証明することができる（民訴法160Ⅲ＝法定証拠力）。したがって，具体的には，裁判所書記官は，事件記録の口頭弁論調書を精査し，判決言渡しの旨の記載があることを確認する。

② 執行に適する**給付**判決であること。

前記(2)アのとおり，主文において給付命令を掲げ，一定の給付請求権を表示している判決であることを要する。確認判決や形成判決では，債務名義とならない。

③ **確定**判決であること。

債務名義としての効力が認められるためには，判決は確定しなければならない。未確定の判決が債務名義として認められるためには，次項イに述べる仮執行宣言が付されていなければならない。

(イ) 判決の確定時期

判決は，一般的には，控訴又は上告の申立てについて定められた期間（民訴法285，313）の満了によって確定する（民訴法116）。第一審の判決については，その判決言渡し（民訴法250）後，当事者に対しその正本を送達する（民訴法255）。判決に不服のある当事者は，判決正本の送達を受けた日から2週間の不変期間内に控訴を提起することができ（民訴法285），控訴提起がないままその期間が満了することによって，判決は確定する（民訴法116Ⅰ）。この控訴期間内に控訴が提起されれば，判決の確定は遮断される（民訴法116Ⅱ）。

判決の確定時期に関するいくつかの事例については，後記研究問題2-2（29頁）以下参照

民訴法は，控訴状の提出先を第一審裁判所とするいわゆる「原審主義」を採用したから（民訴法286Ⅰ），判決確定は，原則として，原審裁判所だけで判明する。

イ **仮執行宣言付判決**（民執法22②）

主文において，「この判決は，仮に執行することができる。」など，仮執行の宣言がされた判決である。判決は，言渡しによってその効力を生じ（民訴法250），仮執行宣言付判決は，未だ確定していなくても，その言渡しの時から債務名義としての効力が認められる。

前記ア(ア)①及び②に掲げた要件は，判決の一種である仮執行宣言付判決にも等しく妥当する。

(ア) 仮執行宣言の意義

仮執行宣言は，未確定の終局判決にその内容を実現できる効力（執行力）を付与する形成的裁判である。仮執行宣言が付されていない判決は，確定しなければ債務名義とならない。

(イ) 仮執行宣言の手続

仮執行宣言は，受訴裁判所が，当事者の申立て又は職権で，担保を供し又は供しないで

未確定の終局判決に対し確定判決と内容上同一の執行力を付与する形成的裁判である（民訴法259，260参照）。

【主文例1】……無条件の仮執行宣言
1　被告は，原告に対し，300万円を支払え。
2　訴訟費用は被告の負担とする。
3　この判決は，仮に執行することができる。

【主文例2】……担保提供を条件とする仮執行宣言
1　被告は，原告に対し，別紙物件目録記載の建物を明け渡せ。
2　訴訟費用は被告の負担とする。
3　この判決は，原告が200万円の担保を供するときは，仮に執行することができる。

> 【仮執行宣言の対象】
> 　仮執行の宣言は，「財産権上の請求に関する判決」についてのみ付することができる（民訴法259Ⅰ）。仮執行宣言は，申立て又は職権によって行う。
> 　また，財産権上の請求ではあるが，「所有権移転登記手続をせよ」という登記手続を命ずる判決についても，仮執行宣言を付することはできないと解されている（後記「第5　意思表示擬制のための執行文」の項153頁参照）。
> 　なお，訴訟費用負担の裁判も仮執行宣言の対象となる。例えば，本文に掲げた主文例1においては，訴訟費用負担の裁判についても仮執行宣言が付されているものと解される。したがって，この判決の確定を待たずに訴訟費用額の確定手続を開始することができる（民訴法71Ⅰ）。

※　仮執行のための担保（担保提供を条件とする仮執行宣言）においては，債権者がその担保を提供したことが執行開始要件であり（民執法30Ⅱ），債権者は，担保を提供したことを執行裁判所又は執行官に対して証明しなければならない。

ウ　**抗告によらなければ不服を申し立てることができない裁判**（民執法22③）

(ｱ)　意　義

これは，裁判の形式としての「決定」又は「命令」を意味する。

決定又は命令でも，強制的実現に親しむ特定の給付請求権の存在を宣言するものは，債務名義となる。

(ｲ)　効力発生時

決定及び命令は，告知によってその効力が生じるから（民訴法119），債務名義としての効力もその時点から生じる。

もっとも，法において，確定しなければその効力を生じないとされている裁判にあっては（例えば，不動産引渡命令（民執法83Ⅴ）），形式的に確定し手続上取消しや変更がされない段階に達しなければ債務名義とはならない（民執法22③括弧書き）。

> 【決定及び命令の成立と効力】
> 　決定及び命令を書面を作成してする場合，その決定書等が完成（裁判官が記名押印）しても，それは決定としての効力をいまだ有しない。いわば，その時点では決定等が「内部的に」成立したにとどまるのである。
> 　決定及び命令は，その名あて人に告知されることによって，外部的に成立し，かつ，その効力を生じる。

なお，決定については，それに対する不服申立方法として，不変期間内の即時抗告（民訴法332）を認めているものがある（例えば，民訴法69条に規定する法定代理人等に対する費用償還決定）。この即時抗告には執行停止の効力が認められていることから（民訴法334Ⅰ），この即時抗告をすることが認められている決定は，告知されることによっていったん執行力が生じるが，その後即時抗告が提起されることによって，その執行力は停止される関係

にあることに留意すべきである。即時抗告提起後に、債権者から執行文付与申立てがされた場合、執行文の付与は拒絶すべきである（第2の4⑹「執行力の排除又は停止と執行文付与」の項35頁参照）。

エ　**仮執行の宣言を付した損害賠償命令**（民執法22③の2）
　㈎　損害賠償命令制度の概要
　　　故意の犯罪行為により人を死傷させた罪等に係る刑事被告事件の被害者又はその一般承継人は、当該刑事被告事件の係属する裁判所（地方裁判所に限る。）に対し、当該刑事被告事件に係る訴因として特定された事実を原因とする不法行為に基づく被告人に対する損害賠償の請求、すなわち損害賠償命令の申立てを、当該刑事被告事件の弁論の終結までにすることができる(犯罪被害者保護法23Ⅰ)。
　㈏　債務名義性
　　　損害賠償命令の申立てについての裁判は、仮執行宣言が付されていなくても、適法な異議の申立てがなく確定すれば、確定判決と同一の効力を有し、後述コ（民執法22⑦）の債務名義になる（犯罪被害者保護法33Ⅴ）。裁判の効力は、決定書を作成したときには、当該決定書が当事者に送達された時に生ずる（犯罪被害者保護法32Ⅲ）。口頭で告知する方法により、裁判を行ったときは、その告知がされた時に生ずる（同Ⅳ）。
　　　仮執行宣言付きの損害賠償命令にあっては、犯罪被害者等の被った損害について簡易迅速にその回復を図るという趣旨から、適法な異議の申立てがあっても、執行停止の効力はなく、その執行力は失わないものとされ、民執法22③の2の債務名義となる（犯罪被害者保護法33Ⅳ）。

オ　**仮執行宣言付支払督促**（民執法22④）
　㈎　債務名義性
　　　仮執行宣言付支払督促（民訴法391）は、その確定を待たずに債務名義となる。申立てを受けた裁判所書記官が支払督促に仮執行の宣言を付し、それを当事者に送達し、債務者に送達されることによって仮執行宣言の効力が生じ（民訴法391Ⅴ、388Ⅱ）、執行力が生じる。
　　　なお、仮執行宣言後においても法定の期間内に督促異議の申立てがないとき（民訴法393参照）、支払督促は、確定判決と同一の効力を有する（民訴法396）。
　㈏　督促手続の概要
　　　債権者の申立てを受けた裁判所書記官は、債務者を審尋しないで（民訴法386Ⅰ）、支払督促を発する（民訴法382）。支払督促は、その正本が債務者に送達され（民訴法388Ⅰ、民訴規234Ⅰ）、債権者に対しては支払督促が発せられた旨の通知がされる（民訴規234Ⅱ）。債務者は、支払督促に対して督促異議の申立てをすることができる（民訴法390）。債務者が支払督促の送達を受けてから2週間以内に督促異議の申立てをしないとき、債権者は、裁判所書記官に対し、仮執行宣言の申立てをすることができ、この申立てを受けた裁判所書記官は、支払督促に仮執行宣言を付する（民訴法391Ⅰ、Ⅱ）。この仮執行宣言付支払督促は、債権者及び債務者に送達される（民訴法391Ⅱ）。ただし、債権者の同意があるときは当該債権者に対しては、送付をもって送達に代えることができる（民訴法391Ⅱ

ただし書）。仮執行宣言は，債務者への送達によってその効力を生じ（民訴法391Ⅴ，388Ⅱ），仮執行宣言付支払督促は債務名義としての効力を持つに至る。債務者は，この段階においても督促異議の申立てをすることができるが，仮執行宣言付支払督促送達後2週間内に督促異議の申立てをしなければ，支払督促は確定し，確定判決と同一の効力を有するに至る（民訴法396）。仮に，債務者が仮執行宣言付支払督促送達後2週間内に適法な督促異議の申立てをしたとしても，そのことによって，その執行力が停止又は消滅するものではない。債務者は，執行停止の裁判を得なければ，仮執行宣言付支払督促に基づく強制執行手続を阻止することはできない。

カ **訴訟費用額確定処分**（民執法22④の2）

(ｱ) 制度の概要

訴訟事件を完結する裁判において，裁判所は，職権で，その審級における訴訟費用の全部についてその負担の裁判をしなければならない（民訴法67Ⅰ）。これを「**訴訟費用負担の裁判**」という。この裁判においては，終局判決後においても訴訟費用が発生する可能性があることなどから，訴訟費用の負担者とその割合が明示される（例えば，「訴訟費用はこれを3分し，その1を原告の負担とし，その余を被告の負担とする。」などである。）。

そして，この訴訟費用負担の裁判が執行力を生じた後に，これを前提に，「**訴訟費用の負担の額**」を定める訴訟費用額確定手続が行われる。この訴訟費用の負担の額は，第一審裁判所の裁判所書記官が定める（民訴法71Ⅰ）。

(ｲ) 効力発生時期

裁判所書記官の処分である訴訟費用額確定処分は，告知されることによってその効力が生じる（民訴法71Ⅲ）。この処分に対しては，告知から1週間の不変期間内に異議申立てを行うことができ（民訴法71Ⅳ），この異議申立てには執行停止の効力が認められる（民訴法71Ⅴ）。

キ **執行証書**（民執法22⑤）

(ｱ) 意　義

執行証書とは，公証人が作成した公正証書で（公証人法1条1号「法律行為其ノ他私権ニ関スル事実ニ付公正証書ヲ作成スル……」），法定の要件をそなえ，執行力の認められるものをいう。

執行証書は，その成立に訴訟その他何らの裁判上の手続を必要とせず，私人の行為の公証人による公証と債務者の執行受諾に基づいて簡易迅速に強制執行の基礎を与えるものであり，他の債務名義と異なる特徴がある。

(ｲ) 執行証書の要件

公証人が作成する公正証書のうち，「執行証書」として債務名義性が認められるためには，次の要素を備えなければならない。

① 公証人がその権限内において成規の方式により作成した証書であること。
② 金銭の**一定額**の支払又はその他の代替物・有価証券の一定の数量の給付を目的とする特定の請求権の表示があること。
③ **執行受諾文言**——債務者が直ちに強制執行に服する旨の陳述——が記載されている

こと。
ク　確定した執行判決のある外国裁判所の判決（民執法22⑥）

外国判決が，我が国においてその効力を有する（換言すれば，我が国の司法機関に対する通用力）ための要件は，民訴法118条に規定されている。そして，外国判決が民訴法118条に定める要件を充たすことを認定する判決が「執行判決」である（民執法24）。この執行判決がされることによって，その外国判決に，執行裁判所のような我が国の機関に対しての通用力（具体的には，執行力）が付与されることになる。

ケ　確定した執行決定のある仲裁判断（民執法22⑥の2）

仲裁判断は，当事者間においては確定判決と同一の効力を有するが，その仲裁判断に基づき強制執行を行うには，「執行決定（仲裁法46）」を得なければならない（仲裁法45Ⅰ）。

コ　確定判決と同一の効力を有するもの（民執法22⑦）

(ｱ) 意　義

民訴法その他の法律が，直接又は間接に，確定判決と同一の効力を有すると定める文書で，強制的実現に親しむ特定の給付請求権を表示するものは，債務名義となる。

現行法にあっては，

① 「確定判決と同一の効力を有する」（民訴法267，家事法268Ⅰ（同法別表第二に掲げる事項を除く。），287（同法別表第二に掲げる事項を除く。））

② 「裁判上の和解と同一の効力を有する」（民調法16，18Ⅴ）

の2種の規定形式が存在する。

(ｲ) 具体例

和解調書，認諾調書（民訴法267）

家事調停調書（家事法268Ⅰ（同法別表第二に掲げる事項を除く。））

民事調停調書（民調法16）

破産債権者表（破221Ⅰ）

損害賠償命令（犯罪被害者保護法33Ⅴ）

労働審判（労働審判法21Ⅳ）

民事上の争いについての刑事訴訟手続における和解を記載した公判調書部分（刑事和解調書）（犯罪被害者保護法19Ⅳ）

サ　執行力ある債務名義と同一の効力を有するもの

(ｱ) 意　義

個別の法において，特定の文書について「執行力ある債務名義と同一の効力を有する」との形式で規定されているものがある。

(ｲ) 単純執行文の必要性

【刑事和解調書】

犯罪被害者保護法によって，刑事被告事件において，その被害を含む民事上の争い（損害賠償等）について被告人と被害者等との間に合意が成立した場合，その共同の申立てによって合意の公判調書への記載を求めることができる（同法19Ⅰ，Ⅱ）。この申立てにより合意を公判調書に記載する場合，当該公判調書と法的には一体となるものではあるが，物理的には区分された「和解調書部分」を作成し，それに，申立人の氏名等の他，合意内容及びその合意がされた民事上の争いの目的である権利を特定するに足りる事実等を記載し，裁判所書記官が記名押印する（同規則14）。

この刑事和解調書は，本文に示したように裁判上の和解と同一の効力を有するものとして給付請求権が具体的に表示されている場合は債務名義になるのであって，債権者は，執行文の付与を得て強制執行をすることができる。

この規定形式の債務名義については、実務上、特に執行文付与事務に関し、注意を要する。

この代表例としては、家事法75条が規定する「金銭の支払等を命ずる家事審判」並びに同法別表第二に掲げる事項についての同法268条1項が規定する「成立した家事調停調書」及び同法287条が規定する「調停に代わる審判」が挙げられる。ところが、同じ家事法にあって、成立した調停調書については同法268条1項が、調停に代わる審判については同法287条がそれぞれ同法別表第二に掲げる事項を除き、「確定判決と同一の効力を有する」と規定しており、**その規定形式をあえて異にしている**。この規定形式の違いを根拠に、「執行力ある債務名義と同一の効力を有するもの」については、いわゆる単純執行文の付与は要しないものと解されているのが実情である（一部学説においては、このように区別する理由はないとする異論がある（例えば、中野・民事執行法261頁）。）。

【家事法別表第二に掲げる事項について成立した調停調書及び調停に代わる審判】
　これらについては、家事法は、確定した同法第39条の規定による審判と同一の効力を有すると規定している。そのため、これらは、同法75条により「執行力のある債務名義と同一の効力を有する」ものと解されている。

5　執行文
(1)　執行文の意義と機能
ア　執行文の意義

執行文は、債務名義の執行力の(ア)**存在**及び((イ)**客観的**・(ウ)**主観的**)**範囲**を公証する文書である。この(ア)から(ウ)までの意味内容は、既に4(4)アからウまでの項で述べたとおりである。

執行文の基本的な文言としては、民事執行法26条2項の規定により、**（執行）債権者が（執行）債務者に対し、その債務名義により強制執行をすることができる**旨を明示すべきであり、例えば、
　「債権者（原告）甲野花子は、債務者（被告）乙山太郎に対し、この債務名義により強制執行をすることができる。」
という表現になる。

【「執行力の存在」の公証】
　後に述べるように、債務名義の執行力が排除されている場合においても執行文が付与されることがあり、また、執行文付与後に執行力が失われることもある。そのため、この執行力の存在を公証するという意味にも限界がある。
　しかし、執行文を要する債務名義の正本に執行文が付与されているのであれば、その正本自体から認識することができない無効事由が存在していたとしても、執行機関は執行手続を行わざるを得ないのである（中野・民事執行法163頁）。その意味で執行文は、債務名義の執行力の存在を公証しているといってよい。

イ　執行文の付された債務名義の正本

具体的な強制執行は、**「執行文の付された」債務名義の正本**に基づいて実施されるのが原則である（民執法25）。

ウ　執行文の機能

執行文の制度は、一般的には、強制執行の要件に関する調査を執行機関とそれ以外の機関とで分担する制度の下で、**両機関を架橋する**技術である。

換言すれば、民事執行法は、強制執行を実施するための要件をいくつか定めたが、そのす

べての要件について充足したか否かの審査をする責務を複数の機関（執行文付与機関及び執行機関）に分属させた。そして，給付請求権の実現という目的を達成するためには，執行機関以外の機関の審査結果を執行機関に伝達しなければならない。つまり，執行文付与機関による審査事項についての審査結果を執行機関に伝達するものが『執行文』ということになる。

(ア) **強制執行の実体的正当性を支える……≪執行文の根幹的機能≫**

権利判定機関と執行機関とは制度的に分離されている。法は，この制度的分離を架橋するものとして，法定の「債務名義」という制度を採用した。もちろん，給付請求権の存在及びその内容は，債務名義の記載に従う。**執行文付与機関は，給付請求権の存否自体を改めて調査するのではない。**執行文付与機関は，債務名義が，その債務名義成立手続を規整する規範に照らして，なお効力を維持しているかという観点から調査をし，その結果を「執行文」という債務名義の正本に付記される文書に表現して執行機関に伝達し，よって，債務名義が果たすべき実体的正当性を担保する機能を補強的に支えることになる。

【『債務名義がその成立手続を規整する規範に照らしてなお効力を維持しているか』という意味】

例えば，第一審において，「被告は，原告に対し，100万円を支払え。」との主文を含む仮執行宣言付判決が言い渡されているケースについて考えてみる。

判決が言い渡されれば，その判決正本が当事者双方に対して送達され（民訴法255，民訴規159Ⅰ），当事者双方はこの判決正本を以後所持することになる。また，この判決は，民執法22条2号の規定により債務名義となる。ところが，被告がこの判決を不服として控訴を提起し，控訴審の審理の結果，第一審判決を取り消し，原告の請求を棄却するとの判決がされ，同判決が確定したとする。この控訴審の判決確定によって，「被告は，原告に対し，100万円を支払え。」との第一審判決は当然に効力を失うことになる。このほか，控訴審において，「被告は，原告に対し，50万円を支払う。」との内容の和解が成立した場合や，第一審原告が「訴え」を取り下げた場合も，同様に第一審判決はその効力を失うに至る。

しかし，このような手続経過をたどったとしても，当事者，特に第一審原告の手元に「被告は，原告に対し，100万円を支払え。」との判決正本が保持される事実状態に変動はない。平たく言えば，控訴審判決が確定することによって第一審判決正本が「白紙」になるわけではない。文書の外形としては，依然として「判決正本」であり，「債務名義の正本」である。ただ，それは，手続法的には効力のない文書であり，いわば「紙切れ」にすぎなくなる。債務名義形成手続は，このような観念的な世界と事実状態とのズレをはらむものであるので，このズレを埋めようとする制度が「執行文」である。つまり，「判決」という債務名義に基づき強制執行を実施するには，判決が訴訟法上依然として効力を有していることを事前に審査し，そのことを債務名義の正本に「執行文」という形で付記すべきものとされたのである。

では，その審査は誰が行うかであるが，考えられる選択肢としては，①債務名義作成機関又は②執行機関のいずれかであるところ，その審査内容が債務名義形成手続を規整する規範に即したものであることから，債務名義作成機関に行わせる方が見やす

い道理である。そして，以上の作用は，いわゆる「公証行為」としての性質を有すると考えられることから，裁判所にあっては裁判所書記官をして執行文付与機関とすることとされたのである。

　以上が，執行文の根幹的機能というべきものであって，これ以外の，例えば，後述する「請求が到来すべき事実」に係る場合の「事実到来執行文（条件成就執行文）」や執行力拡張に係る「承継執行文」の機能（後述の「債務名義の内容を補充する」機能）は，これに付加されたものである。

　これが，執行文制度の核心とでもいうべき点であり，したがって，執行文付与は，前述のように債務名義成立手続を規整する規範（例えば，民事訴訟法）に通じ，事件に固有の事項についても審査が容易にできる債務名義作成機関に附属する機関（裁判所書記官）又は債務名義作成機関（例えば，公証人）が行うべきものとして，実定法上制度化されているのである（民執法26Ⅰ）。

(イ)　**執行当事者を確定する**

　特定の債務名義に基づく強制執行における具体的当事者は，**執行文中の，誰が誰に対して強制執行を行うことができるかとの記載によって確定する**のが原則である（後述する，単純執行文付与の必要がないとされている債務名義にあっては，特殊執行文付与による拡張がない限り，債務名義自体に表示されている当事者がそのまま執行当事者となる。）。

　つまり，債務名義に表示されている当事者は，民執法23条1項1号に掲げられている「執行当事者**適格者**」の一つであって，具体的執行当事者（執行債権者及び執行債務者）は，付与された執行文の記載によって定まることになる（中野・民事執行法114頁）。したがって，**執行機関も，執行文の記載を基準に執行当事者を確定することになる**。換言すれば，執行機関は，執行文に表示された債権者及び債務者以外の者をもって執行当事者とすることはできない。

(ウ)　**債務名義の内容を補充する**

　債務名義に表示されている給付請求権には，無条件に，つまり即時に給付すべきことを内容とするもの（例えば，「被告は，原告に対し，300万円を支払え。」との判決）だけでなく，給付が一定の条件等に係る場合もある。例えば，「Aが死亡したときは，被告は，原告に対し，300万円を支払う。」との和解条項がその典型である。この場合に，「Aの死亡」という事実の到来を待たずに300万円の支払という給付を強制的に実現することは，債務名義の内容にも適合せず，債権者に実体的な権利以上の利益をもたらす事態ともなる（原告がAの死亡前に300万円の給付を受けると，A死亡までのいわゆる中間利息相当額という利益まで享受することとなってしまう。）。したがって，「Aの死亡」という事実が到来した後に強制執行を実施できるとするのが制度として合理的であるが，この事実到来を具体的にいつ誰が認定するかを制度として定めなければならない。

　一つの方法・制度として，執行機関自らがこの事実到来を認定するということも考えられるが，民事執行法は，基本的に，執行機関とは別の執行文付与機関がこの認定を行うべきこととし，この一定の事実の到来についての証明がされたときに限って執行文を「**付与することができる**」としたのである（民執法27Ⅰ）。

このように，債務名義表示の給付請求が一定の事実到来に係らせてある場合に，その事実が到来したことを認定し，その認定の結果，強制執行を行うことができる旨を執行文として明示することから，執行文には**債務名義の内容を補充する**機能があるとも理解されているのである。

講学上又は実務上『**事実到来（条件成就）執行文**』と称されるものが，この補充機能を典型的に果たしている。

このほか，例えば，和解条項の文言上は損害金等の起算日が確定日をもって定められていない場合に，一定の到来すべき事実が証明されることによってその起算日が定まる関係にあるときに，付与する執行文に**その確定される起算日**を記載すべきとされているが，これも補充機能のひとつである（研究問題3-11（83頁），研究問題3-15（97頁）参照）。

(エ) **拡張される債務名義の効力の範囲を明示する**

債務名義の執行力は，民執法23条1項から3項までの規定に従い，その各項に示される者のために，又はその者に対して拡張される。成立した債務名義それ自体には，誰のために又は誰に対して拡張され得るか明示されてはいない。この拡張される根拠事実（その根拠事実は，民執法23条1項から3項までに規定されている。）を審査し，その結果を明示することも執行文に要求されており（民執法27Ⅱ），重要な機能である。この種の執行文を講学上『**承継（交替）執行文**』と称する。もちろん，制度としては，この主観的範囲についても執行機関がその自らの責任において審査，認定するものとすることも考えられないわけではないが，民事執行法は，執行文付与機関が行うべきこととした。

執行力が主観的に拡張される結果，債務名義に表示されている当事者以外の者の間で給付請求権が強制的に実現されることとなるのであって，その意味でも，**債務名義の内容に変更を加える機能**を持つと考えられる。詳細は第4「承継執行文」の項（108頁以下）参照

(2) **執行文の種類と方式**

ア　法規上の種類

民事執行法規が規定する執行文は，次のとおり分類整理できる。

① 民執法26条の規定による執行文

債務名義に表示された当事者を債権者及び債務者とする執行文であって，給付請求が債権者の証明すべき事実の到来に係るものではない場合である。

② 民執法27条1項の規定による執行文

債務名義に表示された給付請求が債権者の証明すべき事実の到来に係るものである場合である。

③ 民執法27条2項又は3項の規定による執行文

債務名義に表示された当事者以外の者を債権者又は債務者とする執行文である。

イ　講学上の種類

執行文の種類については，いくつかの呼称による分類の方法が試みられているが，ここでは，次の整理をしておけば足りよう。

A　**単純執行文**……〔ア①〕

B　**特殊執行文**……〔ア②，③〕

－1 事実到来執行文（条件成就執行文）……〔ア②〕
－2 承継執行文（交替執行文又は27条2項若しくは3項の規定による執行文）……〔ア③〕

ウ　執行文の方式

執行文は，債権者が債務者に対しその債務名義によって強制執行をすることができることを債務名義の正本の末尾に付記する方法によって付与される（民執法26Ⅱ）。

実務においては，前述の執行文の種類に対応するために，2種類の執行文様式（一般に「執行文様式(1)」，「執行文様式(2)」と呼ばれている。）をあらかじめ用意した上で使用している（執行文様式(1)の一例として50頁，同(2)の例として51頁参照）。基本的には，ア①の執行文にあっては「執行文様式(1)」を，ア②及び③の執行文にあっては「執行文様式(2)」を用いている。

なお，ア①の単純執行文にあっても，債務名義に表示された請求権の一部について執行文を付与する場合——例えば，貸金100万円の支払を命じている判決につき，債権者の申し立てる内金50万円の限度で執行文を付与するケースがその典型である。——，請求権の範囲を明示する必要があることから，「執行文様式(2)」を用いている。

もっとも，この2種類の執行文様式による種別は，<u>法又は規則が要求するものではない</u>。確かに，民執法27条2項又は3項の規定する執行文（承継執行文）は，債務名義表示の当事者とは異なる者を債権者又は債務者として表示する性質のものであるから，その形式において明確な特徴があるが，民執法27条1項の規定による執行文（事実到来執行文）にあっては，<u>法又は規則は，事実が到来した旨を執行文中に記載することまでは要求してはいない</u>（民執規17Ⅱ，Ⅲ参照）。したがって，法又は規則の規定からすれば，①の単純執行文と②の事実到来執行文との間にその形式的な差異はない（詳細は，執行文研究下4頁参照）。

【執行文の方式】

民事執行法規が要求している執行文の実質的記載事項は，「債権者が債務者に対しその債務名義により強制執行をすることができる」旨である（民執法26Ⅱ）。そして，事実到来執行文に関する民執法27条1項の規定は，一定の事実が到来したことの証明がされたときに限り執行文を**「付与することができる」**と規定するものであって，民執規17条もそれ以上の特別の記載事項を定めてはいない。したがって，法規が要求している事項は，債務名義の正本の末尾に，裁判所書記官が上記の事項を付記することである。

本文で述べるように，執行文の様式に絶対的な差異があるものではない。したがって，本来事実到来執行文（様式(2)）を付与すべきである事案において，単純執行文（様式(1)）を付与した場合，執行文付与機関は，到来すべき事実の証明があったものとして執行文を付与したものと理解される余地もある。

(3) **執行文の必要**

民執法25条本文の規定により，債権者が強制執行を行うためには，自己のために債務名義の正本に執行文の付与を受けなければならないのが原則である。

例外として，単純執行文付与を必要としない債務名義が定められている（民執法25ただし書）。この単純執行文を必要としない債務名義は，その性質及びその形成手続の性質から，債務名義成立と近接してその執行が実施されることが一般的に想定されるものであって，簡易迅速にその執行手続に移行することができるように，単純執行文の付与を必要ないものとされて

いる。

研究問題 1-2　次に掲げる類型の債務名義中，単純執行文の付与を要するものに○を，要しないものに×を付し，要しないものについてはその根拠規定を摘示しなさい。また，単純執行文の付与を要しないものについては，その理由を考えなさい。
① 仮執行宣言付手形判決
② 仮執行宣言付支払督促
③ 仮執行宣言付少額訴訟判決
④ 少額訴訟における確定判決
⑤ 金銭の仮払いを命じる仮処分決定
⑥ 金銭の支払等を命じる家事審判

第2 執行文付与手続（単純執行文付与の要件と手続）

1 付与機関

執行文は，「事件の記録の存する裁判所の裁判所書記官」が付与する（民執法26Ⅰ）。執行証書については，その原本を保存する公証人が付与する（民執法26Ⅰ）。

例えば，事件が控訴審に係属し現に審理中である場合において，仮執行宣言付きの第一審判決について執行文の付与を求めるに当たっては，控訴審裁判所の裁判所書記官に申立てを行う。上訴に伴う記録送付前であれば，原審裁判所の裁判所書記官に対して申し立てる。また，給付を命じた上訴審判決について執行文の付与を求める場合，記録が第一審裁判所に返還されているときには，その第一審裁判所の裁判所書記官に対して申立てを行う（最決昭44.7.4民集23-8-1366参照）。もっとも，事件記録の送付嘱託（民訴法226）をし，それによって送付を受けて保管している裁判所は，ここでいう「事件記録の存する裁判所」には当たらない。

> 【刑事和解調書についての執行文付与】
> 刑事和解調書については，その刑事被告事件の和解記録（犯罪被害者保護法20Ⅰ）を保管する裁判所の裁判所書記官が執行文を付与することになる。この和解記録は，刑事被告事件が終結するまでの間は，原則として，合意（和解）の成立した第一審又は控訴裁判所が保管し（同規則17Ⅰ，Ⅱ），終結後は，刑事被告事件の第一審裁判所が保管する（同法20Ⅲ）。

2 申立債権者

執行文付与の申立資格を有する者は，民事執行法23条1項各号に掲げる者で債権者となるべき者である（後記108頁第4の2「執行力の主観的範囲」の項参照）。

① 債務名義に表示された当事者
② 訴訟担当者によって訴訟が追行された場合の被担当者
③ ①又は②の債務名義成立後（判決のときは，口頭弁論終結後）の承継人

訴訟等その債務名義形成手続の訴訟代理権は，執行文付与申立てにも及ぶ。

3 執行文付与の申立て

(1) **書面主義**（民執規16Ⅰ）

執行文付与の申立ては，書面でしなければならない。

ア 申立書の記載事項（民執規16Ⅰ）

執行文付与申立書の記載事項は，次のとおりである。単純執行文の付与を求めるときは，このうち①から③までの事項を記載する。

① 債権者及び債務者の氏名又は名称及び住所（債務者を特定することができない場合にあってはその旨）
② 代理人の氏名及び住所
③ 債務名義の表示
④ 特殊執行文付与又は再度・数通付与を求める旨とその事由（民執規16Ⅰ③）
⑤ その他

債務名義に複数の給付請求権が表示されている場合に，そのうちの１個又は数個の請求権について執行文付与の申立てをするときは，主文又は条項の項数で特定明示する。また，一個の給付請求権の量的一部について付与申立てをするときも，その範囲が特定できるように，具体的な数額又は割合を明示する。執行文付与においても**処分権主義**を採用しているのであって，裁判所書記官は，**当事者が申し立てた範囲内で執行文を付与する**ことになる。

　申立書の第１ページの余白の見やすい箇所に受付日付印を押す (受付分配通達第２の３参照) が，立件は不要である。

【執行文付与申立書の例】
平成×年(ワ)第345号貸金請求事件
○県○市……
債権者(原告)　甲野太郎
○県○市……
債務者(被告)　乙山花子
　　　執　行　文　付　与　申　立　書
　　　　　　　　　　平成×年10月15日
○×地方裁判所民事部　御中
　○県○市……
　　　債権者代理人弁護士　英川正義㊞
　当事者間に平成×年10月１日成立した和解調書（第３回口頭弁論調書）の正本に執行文を付与してください。
添付書類
　第３回口頭弁論調書（和解）正本１通

　イ　申立書の添付書類
　　執行文付与申立書の添付書類としては，次のようなものがある。
　　① 確定を要する裁判にあってはその確定を証する文書（民執規16Ⅱ）
　　　　これは，確定しなければその効力を生じない裁判に係る債務名義について必要となることがあるが，もちろん，その裁判が確定したことが記録上明らかであるときは，添付する必要はない。
　　② 代表資格又は訴訟代理権を証する文書
　　　　債務名義形成手続の訴訟代理権は，執行文付与申立てにも及ぶから，事件の記録から確認できる場合は不要である。
　　③ 民執法27条（特殊執行文）所定の証明文書の写し
　　　　次項で述べるように，民執法27条の規定によって執行文付与を得ようとする者は，多くの場合，その事由を証明するための文書を提出する。この証明文書の写しは，執行文付与についての裁判所書記官の審査の経過を明らかにするために事件記録に編てつするものである。この写しの提出は慣行であり，申立債権者から写しの提出がない場合は，裁判所書記官において証明文書の写しを作成して編てつすれば足りる。

(2)　**提出文書**
　ア　債務名義の正本
　　債権者は，あらかじめ裁判所から債務名義の正本の送達を受けていることがほとんどであるから，その正本を提出する。
　　申立債権者が，執行文付与に当たり債務名義の正本を付与機関に提出できないときは，併せて，正本交付申請（民訴法91Ⅲ）を行う。もちろん，この場合には，その正本交付に要する費用（民訴費法別表第二２の項）を，執行文付与手数料とは別に納めなければならない。
　イ　特殊執行文付与申立てにあっての証明文書
　　執行文付与機関は，証明文書原本の提出を受け，その審査後に，証明文書原本を返還する。付与審査の内容を明らかにするため，裁判所書記官は，証明文書の写しを作成して執行文付与申立書とともに記録に編てつしておくのが相当である。

第2　執行文付与手続（単純執行文付与の要件と手続）

提出される証明文書原本については，その文書の性質や内容にもよるが，併せてその写しの提出を促し又は直ちに写しを作成して，その写しに裁判所書記官において原本と照合した旨を明らかにし，速やかに申立人に返還する扱いが相当である。やむを得ず，証明文書原本を預かり保管する場合，紛失することのないよう注意することはもちろん，受領書などでその授受を明らかにする。

(3) **手数料等**

債権者は，執行文1通につき300円の行為手数料（民訴費法7別表第二4の項）を納めなければならない。

執行文は，債務名義について執行力が存在することを公証するものであり，それは債務名義の正本という文書を対象とするものである。したがって，その付与手数料は，それが行為手数料であるという性質からしても，債務名義に表示されている請求（権）の個数や当事者の数には関係しないものというべきである。手数料は，付与する執行文の通数によって（形式的な基準としては，執行文を作成する裁判所書記官名義の個数）算定するものと解される。債権者が，同時に，同一の数通の執行文の付与を得るときは（数通付与＝民執法28Ⅰ），その通数分の手数料を納めなければならない。

特殊執行文付与や再度付与等の際には，執行文謄本の送達や通知等の事務が付随的に発生するので，その場合には，必要額の郵券の予納を要する。執行開始要件のために送達すべき執行文等の謄本交付手数料も必要である（後記7(3)44頁，第3の1(5)63頁参照）。

研究問題 2-1　（執行文付与手数料）

「1　被告らは，原告に対し，連帯して，500万円を支払え。」

との確定判決について，原告から，その判決正本1通を添付して被告2人に対する執行文付与の申立てがあった。この場合の，執行文付与手数料はいくらか？

解　説

【手数料➡「申立手数料」と「行為手数料」】

民訴費用法が規定する裁判所に納めるべき手数料は，その性質上**「申立手数料」**と**「行為手数料」**とに分類される。

申立手数料は，申立てをすることにより直ちに納付義務が発生する手数料であり，裁判所等が申立てどおりの行為を行ったか否かにかかわらず申立人は納付しなければならない性質のものである。規定形式としては，民訴費用法3条1項に規定され，**別表第一**に掲げられた手数料である。

行為手数料は，裁判所書記官の行為に対する反対給付であって，申立てどおりの行為がされたことによってはじめて納付義務が生じる。規定形式としては，民訴費用法7条に規定され，**別表第二**に掲げられた手数料である。例えば，執行文付与申立てに対して，裁判所書記官が審査の結果付与を拒絶した場合には，申立債権者には手数料納付の義務は生じない。規定形式としては，別表第一は，いずれも「……の申立て」としているのに対し，別表第二は「閲覧，謄写，交付，付与」としている。そのため，この別表第二に規定する事項については，その申立てをしただけでは手数料の納付義務は生じず，それに応じた行為があったときに手数料納付義務が発生する。

この理解に従えば，手数料印紙が貼付された執行文付与申立書が提出された場合，裁判所書記官としては，執行文を付与すべきか否かの審査を行い，執行文を付与した時点で手数料印紙を消印するのがこの手数料の性質に適っているといえそうである。しかし，収入印紙に関する過誤・不正防止の観点から，受付時に速やかに消印する扱いとすべきである（受付分配通達第2，7(1)参照）。消印後に裁判所書記官が執行文付与を拒絶した場合には，申立債権者としては，民訴費用法9Ⅰ，Ⅱ，10Ⅰの規定により「過納手数料還付」の申立てを行うほかはない（民事実務講義案Ⅱ105頁参照）。

　本問の場合，提出されている債務名義の正本は1通であり，その正本に債務者2名を表示した執行文1通を付与することになるから，債権者である原告が納付すべき手数料額は300円である。

　仮に，原告が後の執行手続のことを考慮して，既に2通の判決正本を得ており，その2通の正本を提出して，債務者ごとに各別の執行文付与を求めた場合（例えば，正本(1)については被告乙に対する執行文を，正本(2)については被告丙に対する執行文の付与を求める場合であり，これは，後に述べるように，「数通付与」に当たらない。），2通の執行文を付与することになるから，その手数料額は，600円である。

4　付与機関が審査すべき事項

(1)　法律の定める文書であること

　債務名義である文書は，前述した，民執法22条各号に規定されたものでなければならない。

　例えば，主文において一定の給付を命じている判決であっても**仮執行宣言が付されていない**ときは，確定しなければ債務名義とならない（民執法22①）。**判決**について執行文付与を求められた裁判所書記官は，給付を命じる判決主文に**仮執行宣言が付されているか否か**を確認し，仮執行宣言が付されていないときには，その判決が確定しているか否かをその訴訟記録及び申立債権者が提出する文書（民執規16Ⅱ）によって判定しなければならない。

研究問題 2-2　（判決の確定）

　「1　被告らは，原告に対し，連帯して400万円を支払え。
　　2　訴訟費用は被告らの負担とする。」
との判決が言い渡されたところ，被告乙及び丙のうち，被告乙は，この判決を不服として適法な期間内に控訴の提起をした。相被告である丙は判決送達後2週間内に控訴の提起をしなかった。この状況の下で，原告甲は，この判決について被告丙に対する執行文の付与を申し立てた。裁判所書記官は，この申立てに対して，執行文を付与すべきか？

　　……★ヒント　　　共同訴訟人独立の原則＝民訴法39条（民事訴訟法講義案299頁以下）
　　　　　　　　　例外としての必要的共同訴訟＝民訴法40条（民事訴訟法講義案300頁以下）

〔新民訴実務研究Ⅱ162頁〕

研究問題 2-3　（判決の確定）

　「1　被告は，原告に対し，200万円を支払え。

第2　執行文付与手続（単純執行文付与の要件と手続）

　　　　　2　原告のその余の請求を棄却する。
　　　　　3　訴訟費用はこれを3分し，その2を原告の負担とし，その余は被告の負担とする。」
との判決を得た原告は，自己の敗訴部分を不服として控訴の提起をした（原告は，貸金300万円の請求をしていた。）。ところで，被告からは送達後2週間内に控訴の提起がなかったことから，原告は，未だ控訴審へ記録を送付していない第一審裁判所の裁判所書記官に対し，判決主文第1項について自己のために執行文付与を申し立てた。裁判所書記官は，この申立てについて，執行文を付与すべきか？
　　　　……★ヒント　　　　　　　　　　　　　控訴不可分の原則→参照法条＝民訴法293，294条
　　　　　　　　　　　　　　　　　　　　　　［民事訴訟法講義案332頁，新民訴実務研究Ⅱ161頁参照］

研究問題 2-4　（判決の確定）
　　　　「1　被告は，原告に対し，別紙物件目録記載の建物を明け渡せ。
　　　　　2　原告のその余の請求を棄却する。
　　　　　3　訴訟費用はこれを4分し，その1を原告の負担とし，その余は被告の負担とする。」
との判決を得た原告は，自己の敗訴部分を不服として控訴の提起をした（原告は，①建物明渡し及び②貸金300万円の請求をしていた。）。被告からは送達後2週間内に控訴の提起がなかったことから，原告は，判決主文第1項について自己のために執行文付与を申し立てた。裁判所書記官は，この申立てについて，執行文を付与すべきか？
　　　　……★ヒント　　　　　　　　　　　　　　　　　　［民事訴訟法講義案332頁，新民訴実務研究Ⅱ161頁］

研究問題 2-5　（公示送達と判決の確定）
　　　　「1　被告は，原告に対し，別紙物件目録記載の建物を明け渡せ。
　　　　　2　訴訟費用は被告の負担とする。」
との判決がされた。この被告は，公示送達の方法によって訴状及び口頭弁論期日呼出状の送達を受けていた。裁判所書記官は，判決言渡し後直ちに判決正本を作成し，平成×年8月3日，被告に対し判決正本を送達するための公示送達文書を掲示した。この判決はいつ確定するか？
　　　　……★ヒント　　　　　　　　　　　　　　公示送達の効力発生日，控訴提起期間の起算日
　　　　　　　　　　　　　　　　　　　　　　　　　　　　　　　　　　　　［民事実務講義案Ⅱ51頁］

(2)　**単純執行文付与申立てにあっては単純執行文不要の債務名義でないこと**
　　強制執行を行うには，債務名義の正本に執行文の付与を得ることが原則であるが，特定の債務名義については，それに表示された当事者に対し，又はその者のためにする強制執行では執行文の付与を要しないものがある（民執法25条，前記第1の5(3)「執行文の必要」の項⇒24頁参照）。

(3)　**一定内容の特定された給付が定められていること**
　　債務名義に具体的給付請求権が表示されていなければならない。この点については，債務名義の要件として既に述べた（第1の4(2)「債務名義の要件」の項11頁）。一般的には，判決におい

ては，主文に特定の給付命令が掲げられていること，和解調書においては，給付条項が存在していることである。

(4) 給付請求権の実現につき強制執行手続が定められていること
　表示されている給付請求権について，強制執行手続が定められていることを要する（第1の4(2)「債務名義の要件」の項11頁，新民訴実務研究Ⅱ198頁）。

研究問題 2-6　（建物明渡し）
「1　被告は，原告に対し，別紙物件目録記載の建物を明け渡せ。
2　訴訟費用は被告の負担とする。
3　この判決は仮に執行することができる。」
との判決を得た原告は，今後，どのような手続を経ることによって，この請求権について満足を得ることができるか？

解説
○　債権者（原告）は，民執法26条の規定により自己のために執行文の付与を得る。
○　債権者（原告）は，執行官に対し，執行文の付された判決正本を提出して，建物明渡強制執行の申立てを行う。
○　**民執法168条**の規定により，執行官による不動産引渡し等の強制執行を行う。
○　執行官は，同建物内の目的外動産を取り除き，建物を債権者に引き渡す。
○　債権者は，民執法173条の規定により間接強制の方法（民執法172）によることもできる。

研究問題 2-7　（建物収去土地明渡し）
「1　被告は，原告に対し，別紙物件目録(2)記載の建物を収去して別紙物件目録(1)記載の土地を明け渡せ。
2　訴訟費用は被告の負担とする。」
との判決を得た原告は，今後，どのような手続を経ることによって，この請求権について満足を得ることができるか？

解説
※　①　建物の収去は「為す債務→代替的作為債務」→**民法414条2項本文**に規定
　　②　土地の明渡しは「与える債務」→民法414条1項本文による「強制履行」
○　債権者（原告）は，民執法26条の規定により自己のために執行文の付与を得る。
○　建物収去につき，**民執法171条**の規定により，執行裁判所に対し，執行文の付与された判決正本を提出して，**授権決定**（代替執行）」の申立てを行う。……（授権決定手続は略）
○　授権決定主文＝『債権者の申立てを受けた執行官は，債務者の費用で，別紙物件目録記載の建物を収去することができる。』
※　収去については，執行裁判所がこの授権決定を行うこと自体が強制執行である。それは，民執法171条1項が「……強制執行は，執行裁判所が民法の規定に従い決定を

第2　執行文付与手続（単純執行文付与の要件と手続）

する方法により行う。」と規定していることによる。
※　授権決定の本来の意義は，建物収去のケースでいえば，目的建物を収去する権限を債権者に授けることにある。建物の収去（取壊し）は，所有権における処分権の発現として，本来その所有者のみが行いうる事項である。それを，裁判所が決定によって，債権者に収去する権限を授与するものである。この授権決定を得た債権者は，その権限を正当に得たのであるから，その後は，あたかも<u>自己の所有物を廃棄するのと同様に，事実行為として目的建物を収去すれば足りる</u>はずである。だからこそ，具体的な収去の実施は，「強制執行」とは理解されないのである。したがって，本問でも次問でも「**作為の実施**」と称しているのである。
※　授権決定の主文に「債権者の申立てを受けた執行官は，……」と表示することによって，執行官法1条2号に規定する「**裁判において執行官が取り扱うべきものとされたもの**」に当たり，その性質は，「**職務命令**」である。収去という作為の実施が，**民執法上の強制執行でない以上，この種の職務命令がなければ執行官は取り扱うことができないのである**（執行官法1）。

　したがって，授権決定の主文として，「<u>債権者は，債務者の費用で，別紙物件目録記載の建物を収去することができる。</u>」というのは，執行官に対する職務命令を含まず，債権者は，執行官に対して作為の実施を求めることはできないと解されるのである。
※　このような代替執行，「授権決定」の性質であるからこそ，この授権決定が効力を生じた後に（理論的には，その時点で強制執行手続は完了している。），例えば，作為実施の申立てを受けた執行官に対し執行停止決定正本が提出された場合，執行官は作為を中止すべきかが問題とされるのである（実務の扱いとしては，作為実施を中止しているようであり，それが相当である。）。

○　債権者は，執行官に対し，執行文が付与された判決正本及び授権決定正本を提出し，
　　① 建物収去については，その**作為の実施**を（執行官法1②），
　　② 土地の明渡しについては，民執法168条の規定により不動産の**引渡し等の強制執行**を（執行官法1①）
　申し立てる。
○　執行官は，現地において，目的建物について債務者の占有を認定した上，補助者等を用いて，建物を収去し（作為の実施），それによって土地に対する債務者の占有を排除して，債権者に同土地の占有を得させる。
○　債権者は，民執法173条の規定により間接強制の方法（民執法172）によることもできる。

|研究問題 2-8|　（通行妨害禁止）
　「1　被告は，原告に対し，別紙物件目録記載の土地について原告が通行することを妨害してはならない。」
との判決が確定した。その後，被告が本件土地上に板塀を設置して，原告の通行を妨害す

る状況に至った。この場合に，原告は，本判決に基づいて強制的にその通行権を実現することができるか？

解説
※ 「通行を妨害してはならない」というのは，不作為債務を内容とし，債務者（被告）に対し不作為を命じるものである。→民法414条3項
　債務者（被告）は，その不作為義務に反して妨害物を設置した。債権者の利益状態を実現するという意味では，妨害物（違反物）を取り除けばよいことになり，物の除去は他人が代わって行っても同一の結果をもたらすのであるから，代替的作為債務となる。
○ 債権者は，民執法26条の規定により自己のために執行文の付与を得る。
　この執行文付与申立ての際，債権者は，通行妨害の事実を証明する必要はなく，執行文付与機関も妨害の事実を認定する必要はないと解されている。したがって，ここでは，単純執行文が付与される。
○ 債権者は，民執法171条の規定により，執行文の付与された判決正本を執行裁判所に提出し，妨害物（本問の場合，被告が設置した板塀）を特定するとともに，不作為を命じた判決が効力を生じた後の妨害であることを証明して，その妨害物の除去についての「**授権決定**（代替執行）」の申立てを行う。……（授権決定手続は略）
○ 授権決定主文＝『債権者の申立てを受けた執行官は，債務者の費用で，別紙物件目録1記載の土地上に設置された別紙物件目録2記載の板塀を撤去することができる。』
※ この授権決定を行う段階までが，「強制執行」である。その後の執行官による作為の実施（板塀の撤去）は，理論的には「強制執行」ではない。だからこそ，前問においても，本問においても「作為の実施」と称しているのである。
○ 債権者は，執行官に対し，授権決定正本を提出し，板塀撤去の**作為実施**（執行官法1②）を申し立てる。
○ 申立てを受けた執行官は，補助者等を用い，板塀を撤去する作為を実施する。
○ 債権者は，民執法173条の規定により間接強制の方法（民執法172）によることもできる。

研究問題 2-9 （面会等禁止）
　「被告は，原告に対し，原告の住居を訪問し，又は電話をしてはならない。」との判決が確定した。しかし，被告はその後も原告宅を訪れたり，電話をかけるなどして執拗に交際を迫る状況が続いた。この場合に，原告は，本判決に基づいてどのような手続を執ることができるか？

解説
※ 「訪問してはならない」等というのは，不作為債務を内容とし，債務者（被告）に対し不作為を命じるものである（類似のもので，被告に対しつきまとい等の禁止を命じた裁判例として，大阪地判平10.6.29判タ1038-236がある。）。→民法414条3項

第2　執行文付与手続（単純執行文付与の要件と手続）

　　　　　　ところが，これは，他人が代わって実現できる性質のものではない。つまり，この
　　　　　　債務は「代替性」がないことになる。
　　　　○　債権者は，民執法26条の規定により自己のために執行文の付与を得る。
　　　　※　この執行文付与申立ての際，債権者は，被告が依然として原告宅を訪問等している
　　　　　　事実を証明する必要はなく，執行文付与機関もその事実を認定する必要はない。した
　　　　　　がって，ここでは，単純執行文が付与される。
　　　　○　債権者は，民執法172条の規定により，執行裁判所に対し，執行文の付与された判
　　　　　　決正本を提出して，「**間接強制**」の申立てを行う。……（間接強制決定手続は略）
　　　　○　間接強制決定主文例
　　　　　　　『1　債務者は，債権者に対し，債権者の住居を訪問し，又は電話をしてはなら
　　　　　　　　　ない。
　　　　　　　　2　債務者が前項に違反したときは，債務者は，債権者に対し，違反1回につ
　　　　　　　　　き5万円を支払え。』
　　　　※　この<u>間接強制決定を行うことが強制執行</u>である。→民執法172条1項の規定
　　　　※　この間接強制決定を行うために，執行裁判所は，違反行為の事実を認定する必要は
　　　　　　ない。つまり，違反行為の事実は執行開始要件ではないと解されている（東京高決平
　　　　　　3.5.29判タ768-234。命令違反行為の存在は，間接強制の決定を債務名義として債権者が損害
　　　　　　金の支払の強制執行を求める段階で，執行文の付与を求めるために債権者が文書により，又は訴
　　　　　　えを提起して証明する必要がある。なお最判平17.12.19民集59-10-2889，同判例解説939頁以下
　　　　　　参照）。
　　　　※　この間接強制決定は，民執法22条3号の規定により，**金銭の給付を命じる新たな債
　　　　　　務名義**となる（「第2次債務名義」）。
　　　　○　債権者は，間接強制決定について執行文の付与を得る。
　　　　※　間接強制決定について執行文の付与を申し立てた債権者は，裁判所書記官に対し，
　　　　　　債務者の違反行為の存在及びその回数を証明しなければならない。執行文付与機関
　　　　　　は，その事実が証明されたときに，請求の範囲（金額）を明示した執行文を付与す
　　　　　　る。その意味では，これは，事実到来（条件成就）執行文となる。
　　　　○　債権者は，執行裁判所等に対し，執行文の付与された間接強制決定正本を提出し，
　　　　　　金銭執行の開始を求める。
(5)　**債務名義の効力が失われていないこと**
　　債務名義自体が失効する典型例は，次のとおりである。
　　①　仮執行宣言付判決言渡し後の訴えの取下げ（民訴法261，262）
　　②　上訴審による第一審（又は原審）判決の取消し（民訴法305，306）
　　③　上訴審における和解による第一審（又は原審）判決の失効
　　　　上訴審において和解が成立した場合，和解の具体的合意内容にかかわらず，原判決は，その効力を
　　　失う。
　　これらは，判決等の債務名義形成手続上において生ずる事由である。判決手続において，判
　決が未だ確定しない時点において，上訴審等で取消しや変更の可能性を帯有しつつ仮執行宣言

によって強制執行をすることを認めていることによるものである。これらの事由は，その記録から判明する性質のものであり，裁判所書記官は，執行文付与の審査に当たり，その記録を点検してこれらの事由の有無を確認しなければならない。

これらの事由の有無を執行文付与機関において審査することが，（単純）執行文制度の核心とでもいうべきことは既に述べた（第1の5(1)「執行文の意義と機能」の項20頁以下参照）。

(6) 執行力の排除又は停止と執行文付与

請求異議の訴えが認容され，その債務名義による強制執行は許さないとされた場合又は強制執行停止決定がされている場合であっても，裁判所書記官は執行文を付与することができるというのが，これまでの実務の実情のように思われる。その理由は，執行の不許又は停止の裁判は，強制執行手続をその対象とするものであり，執行文付与は未だ準備段階にとどまるものであるからとされる。特に執行停止の裁判については，執行文付与自体は強制執行に属しないことから執行文を付与することを妨げないと解するのである（論者によっては，請求異議認容判決によって執行力が消滅しているときは執行文を付与することはできないが，執行停止の裁判がされているときは執行文を付与することができるとしている（中野・民事執行法268頁)。）。

しかし，これと異なる見解も根強く主張されている。例えば，請求異議の認容判決によって債務名義の執行力が排除され，又は執行停止の裁判によってその債務名義による執行を停止すべき場合に，裁判所書記官が「強制執行をすることができる」という文言の執行文を付与することは，それらの裁判と矛盾するものである。少なくとも，執行力排除等の裁判を得ている当事者（債務者）の立場からすれば，裁判所書記官が矛盾する処分をしていると見えることを否定できない。

この点については，次のように解するのが相当であろう。

債務名義の執行力を排除又は停止する旨の裁判がされている場合

① 執行文付与の申立てを受けた裁判所書記官にそのことが顕著であるときは，執行文を付与することはできないし，付与すべきではない。

これに対し，

② 付与の申立てを受けた裁判所書記官にそのことが顕著でないときは，執行文を付与したとしてもやむを得ない。

なお，裁判所書記官は，付与の審査に当たっては，現に排除又は停止の裁判がされていることを認識している場合を除き，債務名義の記録を精査点検することによってその有無を確認すれば足りる。これは，執行文の必要性及び付与のための要件を調査する場合において，裁判所書記官は，①その事件記録，②申立人が提出する資料及び③裁判所書記官に顕著な事実を斟酌して判断すれば足り，それ以上の職権探知は必要ないこととも整合する（後記5「執行文の付与」の項39頁参照）。

以下，執行力の排除又は停止等の裁判ごとに検討する。

ア　請求異議の認容判決

請求異議訴訟（民執法35）は，その債務名義による強制執行を許さない旨の判決によって執行力の排除を求めるものである。この訴訟は，債務名義形成手続とは別個の訴訟手続であり，その債務名義について執行文付与の申立てを受けた裁判所書記官が，請求異議訴訟の結

第2 執行文付与手続（単純執行文付与の要件と手続）

果を常に知るわけではない。しかし，その債務名義による強制執行を許さない旨の判決の効力が生じており，そのために債務名義の執行力が排除されていることが裁判所書記官に顕著であるときは，執行文を付与することはできないと解すべきである。

なお，請求異議訴訟は，債務名義の執行力の一般的な排除を求めるものであることが原則であるが，具体的な執行行為の不許・取消し又は特定の財産に限定して債務名義の執行力を排除を求めることもできるとする裁判例（前者として，東京高判平7.5.29判時1535-85）や見解（原田和徳＝富越和厚・執行関係等訴訟に関する実務上の諸問題14頁，中野・民事執行法225頁）がある。この場合には，債務名義そのものの執行力は，一般的に排除されているものではないから，執行文を付与することになる。

研究問題 2-10　（請求異議の認容判決）

請求異議訴訟において勝訴判決を得た執行事件の債務者は，その後，どのようにすべきか？　例えば，執行文が付与されることを防止するために，記録の存する裁判所の裁判所書記官に対し，あらかじめ請求異議訴訟の判決正本を提出することができるか？

解説

例えば，請求異議訴訟の勝訴判決を得た債務者が，債務名義の記録の存する裁判所に対し，その判決正本を提出するか，又は正本を提示すると共にその写しを提出することが想定される。この提出は制度的に予定されているものではないかもしれないが，これを拒絶する理由もないと思われ，提出を受けた裁判所書記官は，これを債務名義の記録に編てつするのが相当であろう（写しについては，原本（正本）と照合した旨を明らかにしておくのが相当である。）。その後に，執行文付与の申立てがされたときは，これによって請求異議判決の存在を知ることができ，裁判所書記官は，執行文の付与を拒絶すべきことになる。

【執行力の「消滅」と「排除」】

請求異議訴訟における強制執行を許さない旨の判決は，債務名義形成手続とは別個の手続であり，その意味で，債務名義形成手続外の事由により執行力が「排除」される場合である。これに対し，前記(5)「債務名義の効力が失われていないこと」の項に掲げた事由は，債務名義形成手続内において生じるものである。いずれも，実質的には債務名義の執行力を消失させるものであるが，執行文付与の場面で考えると，後者は，執行文付与を審査する過程でその記録を点検することによって判明する事由であるのに対し，前者は，債務名義の記録から常に判明するものではない点で違いがある。

イ　執行停止の裁判

(ｱ)　債務名義形成手続内の執行停止の裁判

例えば，①上訴提起に伴う執行停止の裁判は，訴訟記録が原裁判所に存するときは，原裁判所がする（民訴法404Ⅰ）。②手形又は小切手訴訟の判決及び仮執行宣言が付された少額訴訟の判決に対する異議申立てに伴う執行停止の裁判は，その裁判所がする。③仮執行宣言後の督促異議申立てに伴う執行停止の裁判は，その記録が存する裁判所がする（民訴法404Ⅱ，Ⅰ）。これら執行停止の裁判が存在することは，執行文付与の審査に当たって，

その訴訟記録から判明する事由であり，その裁判と矛盾する内容の執行文を付与することはできないと解するのが相当である。

仮執行宣言付手形判決に対する異議申立てに伴う執行停止の裁判がされているケースについて，その手形判決に執行文を付与することができるとした裁判例がある（東京高決昭45.6.17判時600-91）。しかし，この場合，執行停止の裁判によって仮執行宣言付手形判決の執行力が一般的に停止されていることが執行文付与を審査する裁判所書記官に顕著であるから，執行文は付与すべきではないと解すべきであろう。付与申立てを受けた裁判所書記官が，審査過程においてその記録を精査し，その債務名義による執行を停止すべき旨の裁判がされていることを認識しつつ，なお執行文を付与できるということは，一般には理解しがたい側面があることを否定できない。

なお，この裁判例の事案では，職権で手形判決に対する異議申立後の訴訟事件の結果を調査し，手形判決取消の裁判が確定していることから，既に債務名義としての効力を失ったと認められるとし，債務名義としての効力のないことが明らかな場合には執行文の付与は許されないとの理由で，執行文取消し及び執行不許の決定をしている。

(イ) 債務名義形成手続外の執行停止の裁判

請求異議の訴え提起に伴う執行停止の裁判がこの例であり，執行文付与の申立てを審査する裁判所書記官に，この裁判がされていることが常に判明するとは限らない。請求異議の認容判決と同様に，この執行停止の裁判が裁判所書記官に顕著であれば，執行文を付与することはできないと解するのが相当である。

なお，執行停止の裁判であっても，特定の財産に対する執行の停止を命じる裁判や特定の執行行為の停止を命ずる裁判がある。この場合には，執行文を付与することができる。

> ※　執行文は必ずしも債務名義の執行力の消長をすべて反映するものではないから，執行文の付与された債務名義の正本が存在しても，客観的にはその執行力が消滅している場合がありうる。

研究問題 2-11　（執行停止）

請求異議訴訟を提起した原告（債務者）は，直ちにその債務名義に基づく強制執行を停止するとの「執行停止決定」を得た。原告（債務者）は，執行停止決定正本の数通交付を受け，そのうちの1通を債務名義である判決をした裁判所の裁判所書記官に提出した。その後，債権者（請求異議訴訟の被告）から，債務名義である判決について執行文付与の申立てがされた。担当した裁判所書記官が記録を精査していたところ，先の「執行停止決定正本」が記録に編てつされていることに気付いた。この場合，裁判所書記官

【執行停止決定の事前提出】

執行停止決定を得た債務者は，その実効性を高めるために，債権者が強制執行を申し立てるであろう複数の執行裁判所又は執行官に執行停止決定を事前に提出したいとの意向が働く。つまり，債務者としては，差押えを未然に防ぎたいのである（前記東京高決昭45.6.17判時600-91の抗告理由参照）。

しかし，現行の制度は，いったん開始された執行手続を停止するものであって，未だ開始されていない手続について，その停止文書を事前提出し，執行裁判所等がこれを受領するという制度とはなっていない。また，実務においても，執行裁判所や執行官がまだ執行事件が係属していない段階で執行停止文書を受領するような扱いはしていないはずである。仮に受領したとしても，その提出に法的な意味は認められないはずである。

第2　執行文付与手続（単純執行文付与の要件と手続）

は，執行文を付与することができるか？
ウ　仮執行免脱担保の提供

　仮執行免脱宣言が付された判決が言い渡された場合，そこで宣言されているところに従って債務者が担保を提供した後に，執行文付与機関である裁判所書記官が執行文を付与することができるか否かがここでの問題である。

　理論的には，仮執行免脱担保が立てられることによって，仮執行宣言の裁判自体の効力が失われる，つまり，裁判のいわゆる「広義の執行力」が消失すると解される。しかも，これは債務名義形成過程における又は同過程を規整する規範に基づく性質のものであって，いわば「自律的」な執行力の消滅であると考えられる。したがって，仮執行宣言が付されていない判決と同一に帰するため，この場合には，執行文を付与することはできないと解することが正当と考える。ただし，債務者が担保を提供したことの証明文書については，民事執行法が「執行取消文書」として「執行機関」に提出することを明文で定めてはいるが（民執法40Ⅰ，39Ⅰ⑤），そのほかに受訴裁判所つまり執行文付与機関である書記官が所属する裁判所への提出を予定した実定法上の規定は存在しない。このことが，見解の分かれる原因かとも思われる。

　この場合も，これまでに述べたところと同様に，債務者において仮執行免脱担保を提供したことが執行文付与機関である裁判所書記官に顕著であれば，執行文を付与することはできないと解すべきである。

研究問題 2-12　（仮執行免脱担保の提供）
「1　被告は，原告に対し，3000万円を支払え。
　2　訴訟費用は被告の負担とする。
　3　この判決は仮に執行することができる。ただし，被告が金500万円の担保を供するときは，仮執行を免れることができる。」
との判決を受けた被告が，担保金である500万円を供託し，その旨の証明を受訴裁判所に提出し，その証明書類（供託書正本の写しに裁判所書記官が原本と照合済みの押印をしたもの）が訴訟記録に存在する場合において，原告から執行文付与の申立てがされたときは，執行文付与機関は，この判決に執行文を付与してよいか？

エ　即時抗告の提起等

　抗告によらなければ不服を申し立てることができない裁判（民執法22③）のうち，即時抗告できる裁判に対して即時抗告が提起された場合，それによって執行停止の効力が生じる（民訴法334Ⅰ）。即時抗告の提起によって当然に停止の効力が生じ，特段の「停止の裁判」を要しない。これは，債務名義形成過程における，いわば自律的な執行力の停止であり，実際にも即時抗告の提起は，記録により執行文付与機関に明らかになる。したがって，この場合には，債務名義形成過程の自律的規整として，執行文付与機関は，執行文を付与することはできないと解する。

　同様のことは，訴訟費用額確定処分（民執法22④の2）についてもいえる。この処分は，当事者への告知によってその効力を生ずる（民訴法71Ⅲ）が，告知から1週間の不変期間内

に異議の申立てをすることができ（民訴法71Ⅳ），この異議の申立てには執行停止の効力が認められている（民訴法71Ⅴ）。

　なお，執行停止の裁判があっても執行文を付与することができるとの理解に立てば，前記のように給付請求権を表示する決定等に即時抗告等が提起された場合でも，執行文を付与することができると解することになろうか。

5　執行文の付与

(1)　審　査

　執行文付与機関は，独立にかつ自己の責任で，執行文付与の必要性及び執行文付与の諸要件を調査する。このいずれも，その性質としては職権調査事項ではあるが，当該債務名義に係る**①事件記録**，**②**申立人の**提出した資料**から明らかになる事実及び**③**付与**機関に顕著な事実**（民訴法179）を斟酌して判断すれば足り，それ以上の職権探知は必要ない（中野・民事執行法269頁）。

　執行文付与機関は，自ら行った調査結果に基づき，執行文を付与し，又は付与を拒絶する処分をする。

(2)　付与の方式

　法規が規定する執行文の方式は，「債権者が債務者に対しその債務名義により強制執行をすることができる」旨を，「債務名義の正本の末尾に付記する方法」である（民執法26Ⅱ）。

　執行文作成に当たっては，偽造を防止するための措置を施した「認証等用特殊用紙」を使用し，後掲50頁及び51頁の執行文様式(1)，(2)記載の事項を印字する等して作成し，債務者が提出した債務名義の正本の末尾に一体として添付する（正本と契印する。）。

　ただし，簡易裁判所において「認証等用特殊用紙」を使用するのは，仮執行の宣言を付した支払督促正本（督促オンラインシステムを利用して作成するものは除く。）に付与する場合に限る（平成22年5月25日総三第78号高等裁判所長官，地方，家庭裁判所長あて総務局長通達「認証等用特殊用紙に関する事務の取扱いについて」）。

　債権者及び債務者を表示するに当たっては，その氏名又は名称を記載するほか，債務名義の当事者の表示との関連を明示するため，債務名義上の資格を付記するのが相当である。

　和解調書に多くあるように，複数の給付請求権が表示されている（給付条項が数個ある）場合に，そのうちの一つ又は数個の給付請求権（給付条項）について付与するときは，執行文様式(2)を用い，その「債務名義に係る請求権の一部について強制執行をすることができる範囲」欄に，その条項を明記する。また，一個の給付請求権の量的な一部について付与するときも，同欄に，その範囲（量）を特定できるように，具体的数額又は割合等を明記する。

　執行文には，裁判所書記官が記名押印（職印）をする。裁判所の印（庁印）は必要ない（民執規17Ⅳ参照）。

　執行文を付した債務名義の正本を申立債権者に交付し，その受領書の提出を受ける。併せて，後記7の執行文付与に付随する事務を行う（後記42頁）。

第2　執行文付与手続（単純執行文付与の要件と手続）

6　執行文の再度・数通付与
(1)　再度・数通付与の意義
　ア　意　義
　　　「再度」付与とは，その字義どおり，同じ債務名義について同一内容の執行文を，時期を異にして付与することをいう。
　　　これに対し，「数通」付与とは，同じ債務名義について同一内容の執行文を，時を同じくして付与することをいう。
　　　いずれにしても，債権者は，これによって，同一内容の執行文付き債務名義正本を複数通所持することになる。
　イ　前提としての債務名義正本の交付
　　　執行文は，債務名義正本の末尾に付記する方法によって付与することから，再度・数通付与において，債権者は，債務名義について，あらかじめ又は執行文付与申立てと同時に，その正本の交付（民訴法91Ⅲ）を得なければならない。

(2)　再度・数通付与の基準
　　次の①及び②に該当する執行文付与であるときは，再度又は数通付与になる。
　①　同一の当事者（債権者及び債務者）であること
　②　同一の債務名義の同一の給付請求権であること
　　　再度・数通付与とは，執行文を付与する債権者及び債務者が同一であり，かつ，同じ給付請求権（同じ判決主文や和解条項等）について執行文を付与する場合である。

> **研究問題 2-13**　（再度・数通付与）
> 　「1　被告Y及びZは，原告に対し，連帯して，1000万円を支払え。
> 　　2　訴訟費用は被告らの負担とする。
> 　　3　この判決は仮に執行することができる。」
> との判決が言い渡され，その判決正本は当事者双方の訴訟代理人に対して送達された。原告代理人甲は，被告Yのみに対する執行文の付与を得て不動産強制競売の申立てを行い，同事件は現在進行中である。原告代理人甲は，さらに，被告Zの所有不動産についても強制競売の手続を行うこととしたが，自己の手許にそのコピーはあるものの判決正本が既にないという重大な事実に気付いた。
> 　原告代理人甲は，どのような手続を行うのが相当か？
> 　……★ヒント1　　　　　　　　先に付与を得ている執行文と当事者は同一か？
> 　……★ヒント2　　　　　　　　原告代理人が更に判決正本を入手する方法は？

(3)　再度・数通付与の要件
　　民執法28条1項は，再度・数通付与の要件として，次の二つを規定している。
　ア　債権の完全な弁済を得るため
　　(ア)　意　味
　　　①1通の債務名義中に複数の給付請求権が表示されており，その執行方法が異なる場合

(例えば，金銭の支払と特定物の引渡しなど)，又は②同一の給付請求権ではあるが，特定の強制執行手続によってその満足を得ることができない場合がその例である。

①は，執行機関（執行裁判所又は執行官）が異なったり，執行方法（不動産執行，債権執行）が異なる場合である。

②は，一定の金銭の支払を内容とする債務名義により債務者のある財産に対する強制執行を実施するが，その手続だけでは債権額全額の満足を得ることができないため，債務者の他の財産に対しても強制執行を実施する場合である。

(イ) 認定方法

民執法28条1項は，「債権の完全な弁済を得るため」と規定するが，この要件を厳格に認定することは困難である。例えば，「1000万円を支払え」との債務名義に基づき，不動産強制競売手続を開始したが，同手続において，債権者が完全な弁済を得られるかは，配当段階において確定的となる。

したがって，一般的には，債権者は，執行文付き債務名義正本を強制執行手続において現に使用中である旨の証明（「債務名義の使用証明」）を執行裁判所又は執行官から得て，その証明書を添付して再度付与の申立てをし，裁判所書記官もその程度の証明によって執行文を付与するのが通例である。

イ 執行文付き債務名義正本の滅失

これは，字義どおり，債権者が一旦取得した執行文付き債務名義正本が滅失したことを理由とするものであり，罹災等の事実を証明して再度の付与申立てをする。

ウ 再度・数通付与申立て

債権者が執行文の再度又は数通付与の申立てをするときは，申立書に，その旨及びその事由を記載しなければならない（民執規16Ⅰ③）。

(4) **執行文の再度・数通付与**

裁判所書記官が執行文を再度又は数通付与するときは，その旨を執行文に記載しなければならない（民執規17Ⅲ）。そのため，この場合には，執行文様式(2)を用いる。

ア 再度付与

再度付与の場合，執行文様式(2)を用い，その「再度付与」欄に，通算して「何度目」の付与であるかを明示し，かつ，その付与する通数をも明示する（『2度目1通』，『2度目2通のうちの1』，『2度目2通のうちの2』）。

イ 数通付与

数通付与の場合，同様に執行文様式(2)を用い，「再度付与」欄に，同時に付与する執行文の全通数を明示し，当該執行文がそのうちのいずれであるかも明示する（『3通のうちの1』，『3通のうちの2』，……）。

(5) **債務名義正本の再度・数通交付**

少額訴訟における確定判決又は仮執行宣言を付した少額訴訟の判決若しくは支払督促が債務名義であるとき，それについて単純執行文の付与を得る必要はない（民執法25ただし書）。しかし，それによる執行実施のため債務名義正本の再度又は数通交付を受ける必要があることが想定される。この単純執行文を必要としない債務名義正本の再度・数通交付は，執行文の再

第2 執行文付与手続（単純執行文付与の要件と手続）

度・数通付与と実質的に同じであり，執行文のそれと同じ要件で認められる（民執法28Ⅱ，民執規16Ⅲ，Ⅰ）。

　もっとも，民事執行規則は，執行文と異なり，再度又は数通交付であることを債務名義の正本自体に記載すべきとは規定していないことから，正本自体に再度又は数通の交付である旨を記載する必要はないと解する。

(6)　通数等の原本記入

　執行文を再度・数通付与したとき，又は(5)に掲げた債務名義正本を再度・数通交付したときは，次項に述べるように，その旨を，債務名義の原本に記載する（民執規18Ⅰ，Ⅱ）。

7　執行文付与に付随する事務

(1)　債務名義原本記入

　ア　意味・目的

　　執行文を付与したときは，債務名義の原本に，執行文を付与した旨，付与した日付や通数等を記載しなければならない（民執規18Ⅰ）。

　　原本記入は，後日同一の執行文付与の申立てがされた場合に，その債務名義の原本自体から再度付与となることが判明するようにとの趣旨である。

　　記録保存規程に従い，訴訟等の記録は，事件完結後一定期間（原則として5年＝訴訟事件もその完結事由にかかわらず5年）が経過することによって廃棄される。このように，訴訟記録は，5年で廃棄されるが，判決原本等は訴訟記録から分離されて保存される。例えば，判決原本は50年，和解又は請求の放棄若しくは認諾の調書は30年保存する。訴訟記録廃棄後においては，判決等の正謄本の交付，執行文の付与は，この保存されている判決等原本のみに基づいて行う。そのために，債務名義の原本に，執行文を付与した事実等を付記する。

　　なお，判決や和解調書等の原本に，その送達及び確定又は訴え等の取下げの事実を付記する（事件記録保存規程7，保存通達参照）のも同様の趣旨であり，判決等の送達報告書も廃棄されるから，記録廃棄後は，この原本に付記された事項に基づいて送達証明等の事務を行う。

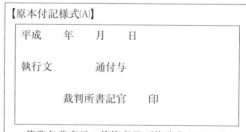

　　記録を保管する第一審裁判所の裁判所書記官が上訴審判決に執行文を付与する場合，その記録には，上訴審判決の原本は編てつされておらず，その正本が編てつされているから，執行文を付与した旨等の記入は，その正本に行う。

　　上訴審の裁判所書記官がその上訴審判決に執行文を付与したときは，その判決原本にその旨の付記をするのはもちろん，第一審に送付する記録に編てつする判決正本にも同一の記載をする。

　イ　記入すべき事項等

　　記入すべき事項は，次のとおりである（民執規18Ⅰ）。

① 執行文を付与した旨
② 付与の年月日
③ 執行文の通数
④ 付与の範囲（民執規18Ⅰ①）
　例えば、『判決主文第1項』とか『和解条項第3項』などと記載する。
⑤ 承継執行文を付与したときの債権者又は債務者の氏名又は名称（民執規18Ⅰ②）
⑥ 民執法27条3項の執行文を付与したときの債務者を特定しないで付与した旨（民執規18Ⅰ③）
　当該債務名義に基づく不動産の引渡し又は明渡しの強制執行をする前に当該不動産の占有者を特定することを困難とする特別の事情がある場合である。

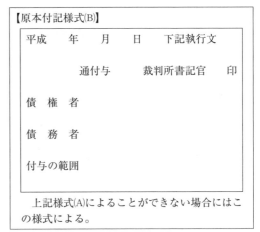

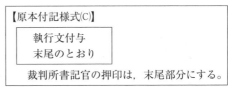

　各庁には、この付記用の印が用意されているので、それを用いて行う（原本付記様式(A)～(C)参照）。付記は、原則として、債務名義原本の冒頭丁の余白に行う。付記すべき事項が多岐にわたるときは、債務名義の最終丁の余白に記載するか、別紙を用いて記載し、その別紙を債務名義原本の末尾に編てつし、冒頭丁に、末尾に執行文付与に関する記入があることを明示しておく（原本付記様式(C)参照）。

(2) 再度・数通付与に付随する事務
　ア　執行文への再度又は数通付与の旨の記載
　　既に述べたように、執行文を再度又は数通付与したときは、その旨を執行文自体に記載しなければならない（民執規17Ⅲ、6(4)「執行文の再度・数通付与」の項41頁）。
　イ　債務者に対する通知
　　執行文を再度又は数通付与したときは、裁判所書記官は、債務者に対し、再度又は数通付与した旨、その事由及び執行文の通数を通知しなければならない（民執規19Ⅰ）。単純執行文の付与を得る必要がない債務名義（民執法25ただし書、仮執行宣言付支払督促、少額訴訟判決等）について、その正本を更に交付した場合も同様に通知する（民執規19Ⅱ）。
　　これは、債務者に対し、同じ内容の強制執行を開始できる文書が複数通存在するに至ったことを知らせ、重複執行を防止する手段を講ずる機会を与えることを目的とする。例えば、2度目執行文付与で同時に3通付与したときは、「2度目の付与として執行文を3通付与した。」などと通知する。
　　この通知は、相当と認める方法によって行い、通知を行ったことを記録上明らかにしてお

第2　執行文付与手続（単純執行文付与の要件と手続）

かなければならない（民執規3Ⅰ，民訴規4Ⅰ，Ⅱ）。ただし，通知を受ける者の所在が明らかでないときは，通知することを要しない（民執規3Ⅰ，民訴規4Ⅴ）。

ウ　原本記入（民執規18Ⅰ）

具体的には，執行文を付与した通数を記載すれば，他の記載事項と相俟って，以後，再度付与となるかの判定をすることができる。

単純執行文不要の債務名義正本を再度又は数通交付するときも，執行文付与に準じて，その原本に記入する（民執規18Ⅱ）。

(3) **特殊執行文付与の執行文謄本及び証明文書謄本の送達**

特殊執行文，つまり事実到来執行文（民執法27Ⅰ）又は承継執行文（民執法27Ⅱ，Ⅲ）を付与した場合，その（特殊）執行文の謄本及び付与を得るために債権者が提出した証明文書の謄本を，あらかじめ又は同時に，債務者に対し送達しなければ，強制執行を開始することができない（民執法29）。

この送達は，民執法が執行文付与機関に職権で行うべきことを要求しているわけではない。したがって，この送達は，申立債権者からの申請を待って行う（執行文研究下818）。

実務上の処理としては，この特殊執行文付与を申し立てる債権者に対して，同時に，この送達申請とそれに要する費用（郵券）の予納を促すのが相当である。また，民訴費用法2条12号の規定により，この送達すべき執行文及び証明文書の謄本の交付を受けるために要する費用は，当事者が負担すべき費用とされているから，債権者は，謄本の交付に相当する費用を納めなければならない（執行文研究下819頁）。

(4) **執行文の付与された債務名義正本の交付**

裁判所書記官は，執行文を付した債務名義の正本を申立人（債権者）に交付し，その受領書の提出を受ける。

>　**研究問題 2-14**　（付与異議）
>
>　裁判所書記官が執行文を付与した処分について不服のある債務者は，どのような手段を執ることができるか？
>　具体的には，
>　①　民執法32条が規定する「執行文の付与等に関する異議の申立て」
>　②　民執法34条が規定する「執行文の付与に対する異議の訴え」
>　この二つの手続の特徴又は相違点を整理しなさい。

8　執行文付与の拒絶

(1) **拒絶の方式**

執行文の付与を拒絶する場合，手続を明確にするために処分書を作成するのが相当である。それは，申立書の余白に，付与を拒絶する旨（併せて，その理由をも簡潔に記載するのが相当）を記載して裁判所書記官が記名押印する方法で足りる。申立債権者に対しては，適当な方法で告知する。手続の明確を期するという観点から，拒絶処分を記載した申立書の写しを交付することが相当である。

(2) 付与拒絶に伴う手数料の還付

執行文付与手数料は，「行為手数料」であり（3(3)「手数料等」の項28頁），裁判所書記官が付与拒絶処分をすれば，申立人は手数料納付の義務を負わない。既に消印された印紙については，過納手数料の還付手続(民訴費法9Ⅰ)によって還付する（前出研究問題2-1の項(28頁)参照）。

研究問題 2-15　（異議と付与の訴え）

裁判所書記官による執行文付与拒絶処分に不服のある債権者は，どのような手段を執ることができるか？

具体的には，
① 民執法32条が規定する「執行文の付与等に関する異議の申立て」
② 民執法33条が規定する「執行文付与の訴え」

この二つの手続の特徴又は相違点を整理しなさい。その前提として，民執法32条と同法33条との規定形式の違いを整理しなさい。

9　裁判に基づく執行文の付与

(1) 執行文付与を命じる裁判

執行文付与を命じる裁判には次のようなものがある。
① 裁判所書記官による拒絶処分（不作為も含む。）を不服とする付与等に関する異議の申立て（民執法32）
② 裁判所書記官による拒絶処分後に提起された執行文付与の訴え（民執法33）
③ 裁判所書記官による処分を経由しない執行文付与の訴え（民執法33）

(2) 執行文付与等に関する異議の裁判

この異議を認容する裁判は，㋐不服の対象である裁判所書記官がした執行文付与拒絶処分を取り消し，㋑裁判所書記官に対し執行文を付与すべきことを命じることをその内容とする。この付与等に関する異議の裁判については，不服を申し立てることができない（民執法32Ⅳ）。

この異議が認容され，裁判所書記官に執行文付与を命じる裁判がされたときは，裁判所書記官は，直ちに，付与の要件を調査することなく，執行文を付与する。付与に関する異議の裁判において，先にした拒絶処分が取り消され，当初の執行文付与申立てに対する応答がない状態になっているから，この裁判に基づき執行文を付与するに当たっては，債権者から新たな付与申立てをする必要はない。

裁判に基づき執行文を付与するときは，そのことを執行文中に表示する（後記51頁執行文様式(2)参照）。

(3) 執行文付与の訴えの裁判

執行文付与の訴えを認容する判決は，例えば，「○○の債務名義について，裁判所書記官は，原告のために執行文を付与せよ。」というように，債務名義を特定して執行文を付与すべきことを命じる。この判決は，確定することによってその「広義の執行力」を生ずるが，仮執行宣言を付することもできる。

この判決を得た債権者は，この判決正本及び確定証明書（仮執行宣言付きの場合は不要）を添付して，債務名義の記録の存する裁判所の裁判所書記官に対し，執行文付与の申立てをす

第2　執行文付与手続（単純執行文付与の要件と手続）

る。この訴えは，付与拒絶処分に対する不服申立方法ではなく，別個の手続であり，裁判所書記官による付与拒絶処分を前提とするものではない。仮に，付与拒絶処分がされていたとしても，この付与の訴えの判決で，その拒絶処分を取り消すものでもない。この点が，付与等に関する異議の申立てと異なる。

　この申立てを受けた裁判所書記官は，裁判に基づき執行文を付与しなければならない。また，付与を命じる裁判によって執行文を付与するものであることを明示する（後記51頁の執行文様式(2)参照）。

執行文様式について

1 執行文様式

既に述べたとおり，執行文は，その様式が規則や通達で具体的に定められているものではなく，各庁において作成した様式を用いて付与されている。したがって，各庁において用いられている執行文様式は，記載すべき事項は同一であるとしても，細部においては相違があると思われる。ここでは，一つの参考としての執行文様式を示す。

この執行文様式に所要の事項を記載し，債務名義の正本の末尾に綴てつし（正本認証用紙の次につづる。），同正本との間に契印をする。

執行文様式(1)及び(2)2種類の様式は，次のような区分で使用する。

(1) 執行文様式(1)の使用

債務名義に表示された当事者を債権者及び債務者とする執行文であって，かつ，次の(2)に掲げる執行文に該当しない場合

(2) 執行文様式(2)の使用

ア 民執法27条1項の規定によって付与する事実到来（条件成就）執行文
イ 民執法27条2項又は3項の規定によって付与する承継執行文
ウ 債務名義に表示された給付請求権の一部について執行文を付与すべき場合（民執規17Ⅰ）
　a 一個の給付請求権の一部（100万円のうちの50万円）について付与すべき場合
　b 数個の給付請求権が表示されているときに，そのうちの特定の一個又は数個の給付請求権について付与すべき場合
エ 執行文を付与すべきことを命じる判決（民執法32, 33）によって付与すべき場合
オ 執行文の数通又は再度付与（民執法28Ⅰ，民執規17Ⅲ）である場合

2 執行文の記載

(1) 執行文様式(1)

① **債務名義の事件番号**

この欄に，判決，和解調書等の債務名義の事件番号を記載する。

なお，この欄の設けられていない様式を用意している庁もある。

② **作成日，庁名及び裁判所書記官の記名押印**

執行文を付与するその日付，裁判所名を記載し（部又は支部名まで表示するのが相当），裁判所書記官が記名押印する（民執規17Ⅳ）。押印は，職印による。

③ **債権者，債務者**

この欄の〔　〕内には，この執行文において債権者及び債務者となる者の債務名義上の資格を記載する。

例えば，「被告は，原告に対し，100万円を支払え。」という判決につき執行文を付与する場合，この「債権者」欄の〔　〕内には『原告』と，「債務者」欄の〔　〕内には『被告』と記載する。

④ 債権者及び債務者の氏名・名称の表示

　　この執行文において債権者及び債務者となる者の氏名又は名称を正確に記載する。会社等の法人については，その名称を記載すれば足り，その代表者まで表示する必要はない。

　　なお，執行文付与段階で，債務名義成立時から債権者又は債務者の氏名又は名称が変更されていることが判明しているときは，例えば『甲山産業株式会社（旧商号　株式会社甲山商店）』のように，旧名称等を付記することによってその同一性を示す。

(2) 執行文様式(2)
① 債務名義の事件番号

　　この欄に，判決，和解調書等の債務名義の事件番号を記載する。

　　この欄の設けられていない様式を用意している庁もある。そのため，欄外に，『民事執行法29条後段により本執行文の謄本を送達する場合には，上部欄外に債務名義の事件番号を付記する。』との注記がされている。民執法27条の規定により事実到来執行文又は承継執行文を付与したときは，執行開始要件として執行文の謄本を送達しなければならない（民執法29）が，その場合，債務名義との関連性を示すために，このように事件番号を付記すべきものとされている。

② 作成日，庁名及び裁判所書記官の記名押印
　　(1)の②に同じ

③ 債権者，債務者

　　この欄の〔　〕内には，執行文様式(1)と同様に，債権者及び債務者の債務名義上の資格を記載する。

　　民執法27条2項の規定によって付与する執行文（いわゆる「承継執行文」）においては，その債権者又は債務者が債務名義に表示された当事者の承継人であることを明らかにするために，この欄の〔　〕内に，例えば，『原告甲野花子の承継人』，『被告乙山三郎の承継人』などと記載する。

　　民執法27条3項の規定によって債務者を特定しないで付与する執行文においては，同条1号又は2号に該当するものであることを明確にするために，この欄の〔　〕の中に，例えば，「債務者に対する占有移転禁止仮処分執行後の占有者」などと記載する。

④ 債権者及び債務者の氏名・名称の表示

　　単純執行文の様式と同様に，この執行文において債権者及び債務者となる者の氏名又は名称を正確に記載する。表示すべき当事者が多数あるため，この様式では不足するときは，別紙を用いて記載する。

　　いわゆる承継執行文においては，執行文付与申立書等に基づき，人の特定又は同一性の担保のため，債権者又は債務者となる承継人等の氏名又は名称及び住所を正確に記載する。民執法27条3項の規定により債務者を特定しないで付与する執行文においては，「この債務名義によって強制執行するときにおいて本件不動産を占有する者」などと記載する。

⑤ 債務名義に係る請求権の一部について強制執行をすることができる範囲

　　㋐　複数の給付請求権が表示されている（給付条項が数個ある）場合，そのうちの一つ

又は数個の給付請求権（給付条項）について付与するときは，その対象となる主文又は条項の項数を表示する。例えば，『条項第3項及び第6項』などと記載する。
- ㋑ 一個の給付請求権の量的な一部について付与するときは，その量を示す具体的数額又は割合等を表示する。例えば，『条項第4項のうち50万円』などと記載する。
- ㋒ その他執行文を付与するに当たり債務名義の記載を補充する機能を持つ事項を記載する。

⑥ **付与の事由**

様式上に示されてあるもののうち，該当する符号を記載する。事実到来及び承継など複数の付与事由があるときは，該当する複数の符号を記載する。

⑦ **再度付与**

執行文の数通付与又は再度付与の場合（民執法28Ⅰ，民執規17Ⅲ），『3通のうちの1』『3通のうちの2』……，『2度目1通』などと記載する。

⑧ **その他**

欄外の注記にあるように，該当する事項がない場合には，その欄には斜線を施す。この場合，斜線は，その記載欄につき，左上から右下に向かって施す。

執行文様式について

執行文様式（1）

債務名義の事件番号	平成　　年（　　）第　　　号

執　行　文

　債権者は，債務者に対し，この債務名義により強制執行をすることができる。

　　平成　　年　　月　　日
　　　　○○地方裁判所民事第　　部
　　　　　裁判所書記官

債　権　者	[　　　　]

債　務　者	[　　　　]

執行文様式（2）

債務名義の事件番号	平成　　年(　　)第　　　　号

執　行　文

　債権者は，債務者に対し，この債務名義により強制執行をすることができる。

　　平成　　年　　月　　日
　　　　〇〇地方裁判所民事第　　部
　　　　　裁判所書記官

債　権　者 [　　]	
債　務　者 [　　]	

債務名義に係る請求権の一部について強制執行をすることができる範囲

付　与　の　事　由	
ア　証明すべき事実の到来を証する文書を提出（民執法27Ⅰ） イ　承継などの事実が明白（民執法27Ⅱ） ウ　承継などを証する文書を提出（民執法27Ⅱ） エ　特別の事情等を証する文書を提出（民執法27Ⅲ） オ　付与を命ずる判決 　　（該当する符号を右の欄に記載する。）	
再　度　付　与	

　注）　該当する事項がない場合には，斜線を引く。

第3 事実到来（条件成就）執行文

1 事実到来（条件成就）執行文総論
(1) 意 義

『事実到来（条件成就）執行文』とは，民事執行法27条1項の規定に従い，債務名義に表示されている(給付)請求が債権者の証明すべき事実の到来に係る場合において，その事実の到来したことが認定されるときに付与する執行文をいう。

債務名義に表示されている給付請求が，債権者の証明すべき事実の到来に係っている場合とは，債務名義において一定の給付を命じ又は約しているが，直ちに給付することを命じ又は約しているのではなく，ある時期に至るなど将来一定の事実が生じたときに給付することを命じ又は約している場合であり，かつ，その将来生ずべき事実が債権者において証明すべきものであるときである。債務名義上の給付請求がこのようなものであるときは，その事実が到来することを受け，執行文付与機関に対しその事実が到来したことを証明して執行文の付与を受けなければならない。逆にいえば，請求が将来における何らかの「事実の到来」に係らせてあるときでも，それが「債権者の証明すべき」ものでないときは，その事実の到来を待たずとも執行文を付与してよいし，付与すべきであることを意味している。

いずれにしても，ここでは「請求が債権者の証明すべき事実の到来に係る」という意味が重要であり，次に，これを分析する。

> 【「条件成就執行文」という用語】
> 「条件成就執行文」という用語は，法律上の用語ではなく，講学上・実務上の用語である。これは，旧々民訴法518条2項の規定が「判決ノ執行カ……条件ニ繋ル場合ニ」と規定しており，この規定の文言を受けて，この場合に付与される執行文を「条件成就執行文」と称するようになったものと思われ，それが慣用化されてきたのであろう。その慣用化された用語が，現行の民事執行法の下においても用いられているにすぎない。現行の民事執行法の規定の文言に従えば，「事実到来執行文」と称するのが適切と考えるが，「条件成就執行文」の用語も広く通用しているところであり，本書ではいずれかに限定せず双方の用語を用いることとする。いずれにしても，その意味する範疇は同一である。

> 【請求が係る「到来すべき事実」と「附款」という用語】
> 従来，この事実到来執行文の領域にあっては，債務名義に表示された給付請求について，条件，期限など一定の事実が到来したときに限り，その給付をすべき旨の文言が表示されているものがあり，この文言を講学上，『附款』又は『附款文言』と称していた（（旧）民実講義案Ⅱ145頁，147頁，新民訴実務研究Ⅱ205頁参照）。これは，債務名義に表示された請求に係る事実が執行力の発生を障害又は阻止する事実として機能することから，法律行為の附款と同様に理解され，事実到来執行文付与の場面においてもこの用語を用いることが一般化したものと思われる。
> しかし，後に見るように，「請求が一定の事実の到来に係る」場合と民法上の「法律行為の附款」とは同一ではない。これに加え，附款という用語は，主張立証責任の分配を論じる場面でも用いられており，混乱を生じさせる一因ともなり得る。
> もちろん，これは「附款」又は「附款文言」の説明の問題とも言えなくもない。しかしながら，基礎的概念を多義的に用いること自体が適切ではないこと，民執法の条文も「附款」という文言は用いず「事実の到来」という用語を用いていることから（既に指摘したように，旧々民訴法518条は「条件ニ……」と規定していたが，民事執行法はその用語も避けている。），本講義案においては，意識的に「附款」又は「附款文言」という用語は用いないこととしている。

(2) 「請求が債権者の証明すべき事実の到来に係る場合」の分析
　ア　「請求」が一定の事実の到来に係ること
　　「請求」が一定の事実の到来に係ることとは，債務名義に表示されている給付請求権について，一定の事実が到来したときに，給付すべきことを意味する。

　　法は，「請求」と規定し，「請求権」とは規定していない。もちろん，請求は請求権の存在を前提とする性質のものではあるが，この民執法27条1項の規定は，一定の事実が到来することによって「請求権」が発生する場合に限らず，一定の事実が到来することによって**具体的にかつ現実に請求できる**場合を意味していると解される。

　　民法127条以下の「条件及び期限」に関する規定は，「法律行為の附款」としての条件及び期限に関するものである。それは，契約等法律行為の効果である権利の発生・消滅を将来の一定の事実の生起到来に係らせてある場合であり，一定の事実が生起到来していない段階では権利は発生等していない。

　　これに対し，「請求」が一定の事実の到来に係らせてあるとは，既に**請求権が発生存在**しているが，同請求権を現実化できる，つまり，**その利益を現実に享受できる**ためには更に一定の事実が到来しなければならないことを含むものであることを意味する。

> 基礎研究1

　「乙は，甲に対し，甲が裁判所書記官に任官したらコメガ社製腕時計アイマスター1個を贈与する。」との契約を前提に，甲が原告となってこの腕時計の引渡しを請求する場合について，甲乙の主張を整理しなさい。

　この基礎研究1の想定される主張関係を整理すると，概ね次のとおりである。
　　①（請求原因）　乙→甲の腕時計贈与の合意
　　　　②（抗弁）　甲が裁判所書記官に任官するとの停止条件合意の存在
　　③（再抗弁）　甲が裁判所書記官に任官した事実

　贈与は，諾成契約であるから，その合意の事実を主張することによってその効果として目的物の引渡請求権を基礎づけることになる（権利根拠事実）。これに対し，②は，①の贈与の合意と両立する事実であって，その合意の成立によって生ずべき贈与契約の効力発生を障害する事実である（権利障害事実）。これが，民法127条に規定されている「**法律行為の附款**」のうちの停止条件である。そして，③（再抗弁）は，②（抗弁）に対応するものであって，法律行為である契約の効力発生を障害している停止条件が成就したことを主張するものであり，このレベルに至れば，贈与契約の効力が発生し，したがって，目的物の引渡請求権も発生していることになる。

　目的物の引渡請求権の発生を根拠づけることができれば，権利者は，義務者に対し，目的物の引渡しを請求することができるし，義務者は引き渡さなければならない。

> 基礎研究2

　「Aは，Bに対し，平成〇年10月1日，メズノ社製ゴルフクラブフルセットを代金30万円で売り，Bはこれを買い受け，Aは直ちにそのクラブセットをBに引き渡し，Bの

第3 事実到来（条件成就）執行文

代金の支払については同年11月30日を期限とする。」との合意を前提に，Ａが原告となってＢを被告として，代金30万円の支払を請求する場合について，ＡＢの主張を整理しなさい。

この基礎研究2の想定される主張関係を整理すると，概ね次のとおりである。

　　① <u>（請求原因）</u>　　ＡとＢとの間のゴルフクラブ売買（代金30万円）の合意
　　② <u>（抗弁）</u>　　代金の支払期限を平成○年11月30日とする旨の合意の存在
　　③ <u>（再抗弁）</u>　平成○年11月30日が到来した事実

基礎研究1と同様に，売買も諾成契約であるから売買の合意によって代金請求権の発生を根拠づけることができる。これに対し，②は，①によってその発生が根拠づけられた代金請求権につき，その発生存在を前提にしつつ，その行使を一定時期まで阻止できる合意が存在することの主張である。②の合意は，①の合意と両立するものであって，原告の権利行使を阻止する抗弁である。この抗弁が認められれば，原告Ａには代金請求権は発生帰属しているが，未だその請求をすることはできない。③は，②で合意された履行期が到来した事実を主張するものであり，②と両立する事実であって，かつ，②による権利阻止の効果を消失させるものである。

> 【「法律行為の附款としての期限」と「履行期限」】
> 期限については，「法律行為の効力の発生・消滅又は債務の履行を将来到来することの確実な事実の発生に係らせる附款である。」と定義される（我妻栄・新訂民法総則418頁）。民法135条1項は「法律行為に始期を付したときは，その法律行為の履行は期限が到来するまで，これを請求することができない。」とし，法律行為から生ずる債務の履行について規定しているようにみえる。また，同条2項は，法律行為の終期について，同期限の到来によって「法律行為の効力」が消滅することを規定する。
>
> しかし，このほかに，法律行為の効力の発生を，つまり法律行為の効果である具体的権利又は義務の発生を将来到来することの確実な事実の発生に係らせる場合もある（我妻栄・新訂民法総則419頁）。これが「法律行為の附款としての始期」というべきものであって，既に発生した権利（義務）の「履行期限」とは区別して理解しなければならない。
>
> 以上のことを整理すると次のようになろう。
> 『期限』
> 　1．債務の履行の時期（履行期限）
> 　2．法律行為の効力の発生に関するもの（停止期限，始期）
> 　3．法律行為の効力の消滅に関するもの（終期）

当事者間の合意の内容によるものであるが，基礎研究1のように，権利の発生存在が根拠づけられれば，権利者は，義務者に対してその履行を請求することができるのに対し，基礎研究2のように，権利の発生存在が根拠づけられても，権利者が義務者に対しその履行を請求することができない，換言すれば，権利者はその利益を未だ享受することができないことがある。民執法27条1項が，「請求」が一定の事実の到来に係るとする意味は，基礎研究1で見たように，「請求権」の発生が一定の事実の到来に係る場合に限られるのではなく，基礎研究2で見た履行期のように，請求権が既に発生存在しているが，この行使，つまり権利実現が将来のある事実の発生に係っている場合，その事実が発生到来し，請求権に基づき請求をすることができ，その利益を現に享受することができる場合であることを含むものであることを示している。

このように，「請求が……事実の到来に係る」とは，一定の事実が生起すれば債務者に対して現実に給付を要求できる，そのような事態が現在化するという意味である。民事執行法施行前の旧々民訴法518条2項は「判決ノ執行カ……条件ニ繋ル場合ニ」と規定しており，「執行力の発生」が将来生起する一定の事実に係らせてあるようにみえ，その表現の違いはあるが，実質においては違いはないと理解してよいだろう。

　また，**執行文付与手続過程は，訴訟手続のような当事者対立構造をとっていないから**，主張責任の観念もない。例えば，訴訟にあっては，被告からの抗弁の主張を受けて原告が再抗弁を提出する論理構造であるが，執行文付与手続過程にあっては，債務名義において，給付請求権の発生やそれに基づく請求が将来のある事実の発生に係っていることが明示されているのであり，その事実が発生しなければ，給付請求権は発生しないし，又請求することもできないと定められており，その規整に従って，給付請求権が発生存在しているか，又は請求することができるか判定しなければならない。その意味で，債権者は，再抗弁に相当する事実をも証明しなければならない。ある特定の条項に表示されている請求について執行文付与を求める債権者は，その条項中に掲げられている請求を障害又は阻止する事由の存在を前提に，さらにその障害又は阻止の効力の消滅原因等の事実まで証明しなければならないものと解する。このことは，当事者対立構造を採らない，債権者側の一方的審尋手続である執行文付与手続過程における債務者側の利益保護という観点からも要請されるものということもできよう。

イ　一定の「**事実の到来**」

　一般的に，「事実の到来」という場合，その「事実」には，特定の事実が発生するという積極的事実だけではなく，特定の事実が発生しないという消極的事実も含まれうる。もっとも，次項のとおり，執行文付与の要件を定める民執法27条1項の規定は，「債権者の証明すべき」事実であることが要件とされているから，消極的事実は執行文付与の段階においては考慮の対象外となることが多い。しかし，消極的事実の到来が常に執行文付与の要件とならないわけではない。

　また，「事実」には，**条件としての性質の事実及び期限としての性質の事実**の双方が含まれる。

研究問題 3-1　（条件と期限）

(1) 基礎研究1に掲げた「甲が裁判所書記官に任官したら……」というのは，条件か期限か？　また，条件と期限との相違は何か？

(2) 一般的に，「Aが死亡したら……」というのは，条件か期限か？

　　　……〔新民訴実務研究Ⅱ206頁参照〕

そして，事実の「到来」とは，前記のような積極的又は消極的事実が発生・生起したことを意味することになる。典型として

【「事実の到来」と類似の規定】

　この民執法27条1項の「事実の到来」と類似する規定として，「請求権保全の仮登記」に関する不登法105条2号かっこ書の規定を挙げることができよう。これは，請求権保全の仮登記につき，請求権が「始期付き又は停止条件付きのものその他将来確定することが見込まれるものを含む。」と規定している。これも，現時点では請求権は発生していないが，将来において，一定の事実が発生（到来）することによって請求権が発生する場合である。

第3　事実到来（条件成就）執行文

は，基礎研究1や同2でみた停止条件成就の事実や法律行為の始期の到来の事実，履行期到来の事実などであろう。しかし，これら民法が予定する法律行為の附款や履行期に相当する事実に限定されるものではない。およそ，債務名義に表示された請求，それに対する履行が将来生起する一定の事実に係らせてある場合を広く含む。

ウ　「債権者の証明すべき」事実

請求が係らせてある将来到来すべき事実とは，前記イで述べた積極的及び消極的事実を含めた一切の事実を意味するのではなく，「債権者の証明すべき」事実である。このことは，民執法27条1項が明文で規定しているとおりである。

(ｱ)　証明責任分配の原則

「債権者の証明すべき事実」とは，その請求を訴訟物とする訴訟において**債権者が証明責任を負担すべき事実**である。つまり，証明責任分配の一般原則に従い，執行文の付与を求める債権者に証明責任が属すると解される事実に限定されている。

訴訟においては，当事者は，自己に有利な法律効果の発生を定める法規の要件に該当する事実について証明責任を負う（民訴法講義案235頁）。

そして，例えば，債務不履行による損害賠償請求権（民415）は，規定形式上，債務者の債務不履行によって発生するようにみえる。しかし，「履行がない」という消極的事実を証明することは一般に困難であること，債務が存在すればそれは履行されるのが原則であると考えられることから，請求権の発生を主張する者に「不履行」の事実について証明責任があるのではなく，請求権の存在を争う相手方において，請求権の消滅を根拠づける事実として「履行した」ことについて証明責任を負うことになる。

(ｲ)　執行文付与手続における証明責任

(ｱ)に述べた原則を執行文付与手続に置き換えれば，ある給付命令や給付条項について執行文の付与を求める債権者にとって有利な法律効果とは，債務名義に表示されている給付請求権の発生又は直ちに（現時において）請求できることである。給付命令や給付条項である以上，そこに請求権は表示されているはずである。例えば，和解における給付請求権の定め方としては，次の類型がある。

①　和解成立時に権利が発生存在し，かつ，直ちに請求できる
②　和解成立時に権利が発生存在するが，将来，ある事実が生じたときに請求できる（履行期の定めがある場合が，その典型）。
③　和解成立時には権利は発生存在していないが，将来，ある事実が生じたときに権利が発生し，その結果請求できる。

このうち②及び③が「請求が事実の到来」に係る場合であり，権利の発生又は請求することができるということは，給付条項について執行文付与等を求める債権者に有利な効果であるから，その定められた事実が発生（到来）したことについて，債権者が証明責任を負うことになる。

しかし，次の研究問題3-2に掲げる条項3項のように，和解成立の時点においては未だ権利は発生しておらず，その成立後においてある事実が発生することによって権利が発生することとされ，かつ，その将来発生（到来）すべき事実が債務の履行のけ怠である場合，(ｱ)で

述べたように，債権者において，債務者が債務の履行を怠ったことを証明すべき責任はないから，条項の文言上は，債務者の履行のけ怠という事実が権利の発生を根拠づけているようにみえるが，不履行の事実は，債権者の証明すべき事実ではないことになる。この場合，「債務の履行のけ怠」以外の事実が，権利の発生を根拠づけていることになる（2「事実到来執行文各論」の項66頁以下参照）。

研究問題 3-2　（到来すべき事実）

「1　被告は，原告に対し，和解金として1000万円の支払義務があることを確認する。

2　被告は，原告に対し，平成〇年10月16日限り，前項の金員を支払う。

3　被告が前項の支払を怠ったときは，被告は，原告に対し，別紙物件目録記載の絵画を引き渡す。」

との和解調書について，原告が条項3項について自己のために執行文の付与を申し立てた。原告としては，どのような事実を証明しなければならないか？

解　説

1．給付条項からの「到来すべき事実」の抽出

　和解調書について，執行文付与申立てを受けた裁判所書記官は，まず，給付条項について，そこに，誰の誰に対するどのような給付請求権が表示されているかを認識する。

　次いで，その給付請求権の発生又はその請求が，将来（この「将来」とは，和解成立時を基準としての将来であって，執行文付与を審査する時点ではない。），ある事実の発生（到来）に係るものであるかを認識する。この認識抽出は，給付条項から，**給付条項としての要素**（主体，相手方及び給付の内容）を表示する文言を除くことによってできる。

　例えば，条項2項についてみると，下線を施した部分が給付条項としての要素を表示しているのであって，これを除外すると，結局，「平成〇年10月16日限り」という事実が抽出される。これが，「到来すべき事実」であり，履行期を定めたものである。条項3項についても同様に考えると，「被告が前項の支払を怠ったとき」という事実が抽出される。

2．債権者が証明すべき事実

　そして，抽出された事実につき，それが債権者の証明すべき事実か否かを検討する。

　例えば，条項2項についてみると，「平成〇年10月16日限り」とは，同日が到来することによって請求することができるということであり，同日が到来した事実は，論理的には，債権者に証明責任のある事実である（もっとも，エ「執行開始要件である事実の除外」の項58頁参照）。

　これに対し，条項3項で抽出された「被告が前項の支払を怠ったとき」との事実は，絵画の引渡請求権発生に係るものではあるが，被告（債務者）の代金債務の不履行を意味し，この不履行の事実について債権者が証明責任を負うものではない。したがって，被告による支払のけ怠はこの絵画引渡請求（権）を根拠づける事実ではなく，これに代わる別の事実が絵画引渡請求権の発生を根拠づけるものである。その事実をこの和解条項から抽出しなければならない。後記2(6)「当然解除」の項80頁及び(8)「過怠特約」の項88頁参照

第3　事実到来（条件成就）執行文

(ウ)　債権者の証明すべき事実の類型

和解条項でよくみられる請求に係る「到来すべき事実」で，その債権者に証明責任があると思われるものを例示すれば，次のとおりである。

① 停止条件成就の事実
② 停止期限到来の事実
③ 履行期到来の事実
④ 先給付履行の事実
⑤ 債権者からの催告の事実
⑥ 債権者の解除権又は選択権の行使の事実
⑦ 債務者に対する他の債権者の強制執行・保全執行開始の事実

エ　執行開始要件である事実（到来）の除外

(ア)　総　説

民事執行法は，執行正本の提出のほかに，29条から31条までに強制執行を開始するための要件を定めている。これを，執行開始要件と呼ぶ。法は，この執行開始要件に該当する事実は，執行機関が認定する責務と権限があるとしている。

【執行開始要件】
　執行開始要件は，①執行正本（執行文付の債務名義正本）及び②申立書等として強制執行申立てのために一般的に必要とされる事項の他に，民事執行法が，執行機関が強制執行を開始するための特別要件として要求する事項である。
　そして，この執行開始要件に該当する事項の認定は，執行機関が行うべきこととされている。

ウまでに述べたところから，請求が一定の事実の到来に係っており，かつ，その事実が証明責任分配の原則に従えば債権者の証明すべき事実に該当する性質のものであっても，民事執行法上「**執行開始要件**」として執行機関がその事実の生起を認定すべきものと定められている事実の到来については，執行文付与機関は審査・調査の対象とはしない。制度上，特定の機関が審査・調査すべきものと定められている特定の事項については，他の機関がその事項の有無を審査・調査すべき必要性もなければ，すべきでもない。仮に，両機関が審査・調査するとなれば，当事者に二重の負担をかけることになり，その機関によって判断が分かれる危険性も存在するからである。

したがって，一般的には，請求について一定の事実の到来すべきことが定めてあり，その事実の発生到来が債権者の証明すべき性質のものであったとしても，その事実が民事執行法が規定する執行開始要件に該当する場合には，執行文付与機関の審査・調査の対象外として，その到来の有無自体を問題としないことになる。

換言すれば，執行開始要件に該当する事実が発生（到来）したことは，<u>執行文を付与するための要件ではなく</u>，付与機関である裁判所書記官は，和解条項に将来に発生到来すべき事項として明示されていても，その発生到来を認定することなく，執行文を付与することになる。

(イ)　民事執行法が規定する実体的執行開始要件

民事執行法が**実体的な**執行開始要件としているのは，次の４つの類型に属する事実である（この実体的な執行開始要件のほかに，**手続的な**執行開始要件として，①債務者に対する債務名義の正本又は謄本の送達，②特殊執行文が付与されたときの同執行文謄本及び証

— 58 —

明文書謄本の送達を要求している（民執法29）。）。

 Ⓐ **確定期限の到来**（民執法30Ⅰ）

 Ⓑ 担保を立てれば強制執行ができる債務名義における立担保（民執法30Ⅱ）

 Ⓒ **引換給付における債権者の反対給付の履行又はその提供**（民執法31Ⅰ）

 Ⓓ 代償請求の債務名義における本位的請求についての執行不能（民執法31Ⅱ）

【担保提供を条件とする仮執行宣言】
（主文例）
1　被告は，原告に対し，300万円を支払え。
2　訴訟費用は被告の負担とする。
3　この判決は，原告が金○○円の担保を供するときは，仮に執行することができる。」

　この主文の場合に，原告が担保提供をしなければならないのは，判決未確定の状態で，主文3項の仮執行宣言に基づいて強制執行を申し立てる場合である。この場合には，債権者は，執行機関に対し，執行文の付された債務名義の正本（民執法25）のほか，担保を供したことを証する書面（供託書正本又は支払保証委託契約締結証明書）を提示・提出する（民執法30Ⅱ）。

　この判決が確定した後にあっては，それは，確定判決に基づく執行であって，もはや執行担保を提供する必要はない。この場合，執行文の付された債務名義の正本自体からは確定の事実は判明しないから，併せて判決確定証明書を提出することになる。

【代償請求】
　例えば，特定物の引渡しを命じるとともに，その引渡執行が不能なときは，それに代えて一定額の金銭を支払うべきことを命じる判決がその例である。この場合，債権者が特定物引渡しの強制執行を試みたがその目的を達しなかったことを証明しなければならない（証明の方法としては，執行機関である執行官による「執行不能」証明書を提出することになる。）。ただし，履行不能や絶対的な執行不能の証明までは要求されていない。
（代償請求の主文例）
1　被告は，原告に対し，別紙物件目録記載の商品を引き渡せ。
2　前項の引渡しができないときは，被告は，原告に対し，350万円を支払え。

この4つの類型をみれば，実体的な執行開始要件といいながらも，Ⓒの引換給付の類型を除いては，比較的形式的な事項であって，その証明又は認定は比較的容易に行うことができる性質のものであり，これを執行機関の判定に委ねても，執行手続の迅速性を害することはないと考えられたことから，執行開始要件とされたものと理解されている。

　これに対し，Ⓒの**引換給付**の類型は，仮に，債権者の反対給付の履行又はその提供の事実を執行文付与の要件とすると，法制度上執行文付与機関と執行機関とが分離された結果，実体的には，債権者は，債務者から給付を受けるのと引き換えに自己の反対給付をすれば足りる関係にあるにもかかわらず，債務者に対する強制執行手続が開始されるよりも相当前の段階で自己の債務の履行をしなければならなくなり，実体規範との整合性を著しく欠くことになる。そこで，反対給付の履行又はその提供の事実を執行開始要件としたものである。

 【執行文付与機関が審査・調査すべき事実と執行開始要件である事実との振分け】
  執行文付与の要件である事実及び執行開始要件である事実というこの両事実の間に，それを振り分ける論理構造的な相違が存するものではない。債務名義作成機関と執行機関との制度的分離，そして，その中間に位置しながら債務名義作成機関に近い位置付けをされた執行文付与

機関という，多分に制度的・政策的理由による振分けであると考えられる。一般的には，本文で述べたとおり，執行開始要件である事実は，その証明又は認定が比較的容易にできる性質のものであるといえよう。

(ウ) 民執法27条1項の証明すべき事実との関係

執行開始要件に該当する事実（民執法30，31）の発生やその証明は，**執行文付与の要件ではない**。そのため，執行文付与の段階で，裁判所書記官は，その事実が発生到来したことを認定する必要はなく，債権者もその証明をすることを要しない。裁判所書記官は，執行開始要件に該当する事実の発生到来前であっても執行文を付与する。

民事執行法が規定する実体的執行開始要件である事実は，いずれも，**民執法27条1項の規定**する「請求が債権者の証明すべき事実の到来に係る」場合に**形式的には該当**することになる。そして，民事執行法は，執行開始要件に該当する事実は，執行文付与機関において審査・認定する必要はない旨を明文で規定してはいない。しかし，同一の事実を別個の機関がそれぞれに審査・認定することは制度として不合理であるから，執行開始要件に該当する事実は，執行機関において審査・認定すべきことの反射として，**執行文付与機関としては審査の対象とはしない**ことになる。

別の観点からいえば，民事執行法は，請求について将来到来すべき事実のうち，債権者が証明すべき事実を広く執行文付与の要件としつつ，そのうち4類型の事実について執行開始要件として執行機関が認定すべきものとして定めていることになる。したがって，この意味で，民執法30条及び31条の規定は，民執法27条1項に対する特別の定めということになる。

オ　まとめ——民執法27条1項該当性判断——

事実到来（条件成就）執行文を付与するにあたっての執行文付与機関の判断手順は，次のように整理できよう。

(ア) 債務名義としての適格の判断……（単純執行文と同様）
(イ) 民執法27条1項該当性判断
　　a　請求が一定の事実の到来に係らせてあるか。
　　　(a) 給付条項から，給付条項としての要素たる事項（主体，相手方及び給付内容）を除く。
　　　　　※　和解条項の個別の文言からは，一定の事実の到来に係るように見えない場合でも，この手法によれば，検討のための何らかの契機を見出すことができるはずである。
　　　(b) 到来すべき事実の内容が特定しているか又は確定可能であること。…［新民訴実務研究Ⅱ208頁］
　　b　aの事実のうち，債権者において証明すべき（証明責任を負う）事実であること。
　　c　bの事実のうち，民執法が規定する執行開始要件に該当しないものであること。
　　　　執行開始要件（民執法30，31）に該当する事実の到来は，執行文付与機関の調査の対象外であり，それ以外のbの事実について，債権者から提出された証明文書によってその到来が証明されているかを判断する。

(3) 債権者の証明すべき事実到来の「証明」

ア 証明文書の提出

債権者は，執行文の付与を得るために，その請求が係らせてある事実が到来したことを執行文付与機関に対して証明しなければならないが，それは，「その事実の到来したことを**証する文書を提出**」する方法によって行う（民執法27Ⅰ）。つまり，証拠方法は，文書に限られている。

文書は，公文書又は私文書を問わない。また，申立債権者自らが作成した文書でも差し支えない。

この場合の証明文書は，訴訟における書証手続と同様に，原則として原本が提出されるべきである（民訴規143Ⅰ参照）。証明文書原本は，審査の後，提出者である申立人に返還し，裁判所の記録には，その写しを編てつしておくことになる（第2の3(2)「提出文書」の項27頁参照）。

イ 裁判所書記官に顕著な事実

ところで，承継執行文付与に関する民執法27条2項は，証明文書提出のほかに，債務名義に表示された当事者以外の者に対し，又はその者のために強制執行をすることができることが**執行文付与機関に明白であるとき**も承継執行文を付与することができると規定している。規定形式上，事実到来執行文については，このように事実の到来が執行文付与機関に明白な場合についての規定を欠いているが——そのために，事実到来執行文については，執行文付与機関に明白な場合は含まれないとし，なお証明文書の提出を要するとの見解も現に存在する（例えば，鈴木＝三ケ月・注解民事執行法(1) 485頁（丹野））。——，その性質上，事実の到来が執行文付与機関に明白な場合をあえて除く理由はなく，法もその趣旨ではないと考えられる。実質的に考えても，執行文

【審尋】

事実到来執行文付与申立てを受けた裁判所書記官は，債権者から提出された証明文書の真正及び内容について，債権者又は債務者を審尋することができるか？

1 旧々民訴法当時（民執法施行前）の特殊執行文の付与

旧々民訴法下においても，特殊執行文（条件成就又は承継）の付与も現行と同様に裁判所書記官の事務であり（旧々民訴法516Ⅱ，517Ⅲ），その証明方法についても「債権者カ証明書ヲ以テ其条件ヲ履行シタルコトヲ証スルトキ」と定められていたが（旧々民訴法518Ⅱ），特殊執行文付与の前提として，「裁判長ノ命令」が必要であった（旧々民訴法520Ⅰ）。そして，裁判長は，この命令前に，書面又は口頭の方法で債務者を審尋することができた（旧々民訴法520Ⅱ）。

現行法においては，この裁判長の命令は要求されていない。これは，裁判所書記官の資質，能力を前提に，特殊執行文付与も裁判所書記官の独立した固有の権限としたものであって，裁判所書記官の権限を充実・強化する立法政策である。

2 「証する文書を提出」という立法

裁判所書記官の権限が次第に拡大していることは歴史的方向であり，積極的に評価されていることでもある。ところが，民事執行法が，特殊執行文を含めた執行文付与を裁判所書記官の固有の権限とし，その手続過程で，裁判所書記官に対しある程度の判断作用を求めつつ，その判断を証明「文書の提出」という行為だけによらせていることは，中途半端であるとの評価は，当初からあった。

確かに，執行文付与については，ある程度の判断——事実認定とそれを前提としての法的判断——が伴うものであることは否定できない。この点について，民事執行法は，裁判所書記官の基本的な職務権限が「公証権限」であるという前提に立って，執行文付与も公証行為の範囲であるとして，裁判所書記官の権限としたものと解されている。裁判所書記官にある程度の判断作用を要求するとしても，裁判所書記官は公証官であるという建前を維持する以上，審尋の権限を与えることができなかったようである。立法作業の過程において，審尋の規定を設けるかについての議論もされ，法律で定めれば何ら問題ないとの

第3 事実到来（条件成就）執行文

付与機関に明白な事実であるにもかかわらず，なお申立債権者に対して証明文書の提出を求めるというのは実務処理としても不合理であるし，執行文付与機関に不合理な思考を要求することにもなると思われる。

　この規定形式の相違は，旧々民訴法518条2項及び519条1項においても存在した。現行民執法は，その規定形式を基本的に維持した形で立法されたものと推測される。そもそも，なぜこのような規定形式の相違が設けられたかは明らかではないが，これは，到来すべき事実は，通常，債務名義形成手続内では明らかにならず――その意味は，記録上明らかにならないのが通常であろうということである。――，手続外からの証明を待つのが通常と考えられたことによるものではなかろうか。これに対し，当事者の交替は，訴訟承継のような形で債務名義形成手続内においても生じうることであり――例えば，口頭弁論終結後判決確定までの間に当事者が死亡し訴訟承継が生じる事態が考えられる。――，その場合，債務名義形成手続内において承継の事実を証することが要求される事態となり，訴訟記録に承継を証する文書が既に提出されていることも十分予測されるのである。承継については，

意見もあったようであるが，直ちに審尋の権限を認めるところまでの合意を得ることは，当時としては，難しいと判断されたようである。

　執行文付与の手続について，民事執行法は，裁判所書記官の能力資質を理由とするものではなく，形式的には公証人であるとの建前を変えずに，したがって，前記のように，旧々法では裁判長による審尋の規定があったにもかかわらず，裁判所書記官による審尋については何ら明文の規定を設けることはしなかったとされている。

　このように，民事執行法は，提出される証明文書による判断という形で，実質的に，公証を超える事項を裁判所書記官の権限としたものである（以上につき，民事執行セミナー（ジュリスト増刊1981年）46頁以下の浦野雄幸，新堂幸司，宇佐見隆男各氏の発言）。

　民事執行法が制定施行された昭和55年当時の背景はこのようなものであったが，その後の民事保全法，民事訴訟法そして民事再生法（及びそれぞれの規則）の規整においては，裁判所書記官の権限と役割は，さらに大きく発展している（この間の状況及び民事訴訟法における裁判所書記官の権限と役割については，民事実務講義案Ⅰ1頁以下参照）。その意味で，執行文付与の裁判所書記官固有権限化は，裁判所書記官の権限拡大の画期的事項であったと位置づけることができる（この点については，中野貞一郎「司法補助官制度への出発」判タ400-123頁，同「司法改革の軌跡」民事手続法学の革新上（三ケ月章古稀祝賀）15頁以下参照）。

このようなことが考えられることから，その予測の下に執行文付与機関に明白な場合を明文をもって規定したものと推測される。

　したがって，民訴法179条に準じ，事実到来執行文付与に当たっても，執行文付与機関に明白な事実（顕著な事実）は，これを斟酌してよく（中野・民事執行法269頁），申立債権者は，その事実につき，証明活動を要せず，証明文書の提出を要しないと解すべきである。

(4) **事実到来執行文付与の申立て**

　ア　申立書の記載事項等

　　執行文付与の申立ては，書面でしなければならない（民執規16Ⅰ）。

　　事実到来執行文の付与を求める申立書には，

　　① 民執法27条1項の規定による（事実到来）執行文の付与を求めるものであること，及び
　　② その事由

　を記載しなければならない（民執規16Ⅰ③）。

このうち，②の事由は，請求が債権者の証明すべき事実の到来に係る場合に，その事実が発生到来したとの主張に相当する。

イ　証明文書

到来すべき事実が発生したことを証明するため，債権者は，証明文書を提出しなければならない。文書は，公文書に限らず私文書でもよい。また，文書は1通に限られない。

債権者が提出する証明文書は，原則として，原本を提出すべきである。提出された証明文書は，裁判所書記官が閲読した後，債権者に返還する。その際，執行文付与のための資料を記録上明らかにしておくため，裁判所書記官は，証明文書の写しを記録に編てつする（第2の3⑵「提出文書」の項27頁等照）。

ウ　証明文書を提出することができないとき

「債権者の証明すべき事実の到来」を債権者が文書を提出する方法によって証明することができないとき，債権者は，**執行文付与の訴え**（民執法33）によることになる。

裁判所書記官による執行文付与手続においては，「証明文書を提出する」という形で，その証拠方法は制限されている。「債権者の証明すべき事実」によっては，その到来をおよそ文書によって証明することが困難なものもないとはいえない。その場合，債権者は，文書以外の証拠方法によってその事実の到来を証明することになる。例えば，証人などを尋問することによってその事実の到来を証明すべき場合には，執行文付与の訴えを提起し，同訴訟手続内で証明活動を行うことになる。

なお，執行文付与の訴えは，それに先行して，裁判所書記官による執行文付与拒絶処分がされていることが要件ではない（民執法33参照）。債権者において，文書による証明は困難と判断して，直ちに執行文付与の訴えを提起することも許される。

執行文付与の訴えにおける請求認容判決は，「……につき，裁判所書記官は，原告のために執行文を付与せよ。」との主文になり，この判決を得た債権者は，この判決を添付して，裁判所書記官に対し，執行文付与の申立てをする。この付与申立てを受けた裁判所書記官は，その判決で命じられたところに従い，執行文を付与しなければならない。

⑸　**裁判所書記官の措置**

執行文付与機関は，**独立にかつ自己の責任で**，執行文の必要性及び執行文付与の諸要件を調査する（中野・民事執行法269頁，第2の5⑴「審査」の項39頁参照）。

ア　執行文付与のための一般的要件の調査

債務名義として法定の文書であること，債務名義としての効力を保持しているかなど，執行文付与のための一般的要件について調査する（第2の4「付与機関が審査すべき事項」の項29頁以下参照）。

イ　事実到来の審査等

民執法27条1項は，「債権者が…証する文書を提出したときに限り」と規定するが，それは，およそ債権者から「証明文書」と称されるものが提出されれば事実到来執行文を付与するという意味ではない。文書である以上，まず，①真正に成立したものであることが前提になり（形式的証拠力＝民訴法228），次いで，②内容の真実性・信用性（実質的証拠力）を考慮しなければならない。提出された証明文書の真正な成立に疑問があるときは，対照用文書

第3 事実到来（条件成就）執行文

の提出を求め，それと比較照合することもできる。

したがって，この審査は，証拠による事実認定及び証拠の評価という作用そのものであるといえよう。執行文付与機関が提出された証明文書につき信用できないとの認定をするに至ったときは，他に証明文書の提出がなければ，執行文の付与を拒絶すべきである。

執行文付与機関の手続においては，文書以外の証拠方法によることはできない。文書による証明ができないときは，執行文付与の訴え（民執法33）による。

ウ　執行文の付与等
(ｱ)　執行文の付与

民執法27条1項の規定による事実到来執行文を付与する場合，執行文様式(2)（前記51頁）を用いて執行文を作成する。債権者及び債務者を表示するほか，付与の事由欄にあらかじめ記載されている「ア　証明すべき事実の到来を証する文書を提出」を選択し，その符号である『ア』を相当欄に記載する。それ以上に，どのような「債権者の証明すべき事実」の証明がされたかなどの理由を特に記載する必要はない。

なお，和解調書や調停調書について，事実到来執行文を付与するときは，その給付請求権が表示されている具体的条項を特定明示する必要があるときが多いので，その場合は，「債務名義に係る請求権の一部について強制執行をすることができる範囲」欄に，その条項を記載する（前記「執行文様式について」の項47頁）。

(ｲ)　付与に付随する事務

a　債務名義原本記入（民執規18）

債務名義原本記入の要領については，第2の7⑴「債務名義原本記入」の項（42頁）参照

b　申請を受けての①執行文謄本及び②証明文書謄本の送達

事実到来執行文が付与された債務名義の正本によって強制執行を開始するには，執行文謄本及びそのために提出された証明文書の謄本が，送達されなければならない（民執法29）。つまり，この執行文謄本及び証明文書謄本の送達は，執行文付与に当たり，裁判所書記官が職権ですべきものとはされていない。法規上は，あくまで，執行開始要件として，同時又はあらかじめ送達されていなければならないとするに留まるのであって（民執法29参照），執行文付与機関である裁判所書記官に対する命令規範としての形式になってはいない。そのため，和解調書正本の送達と同様に，当事者（債権者）からの申請により送達する。

しかしながら，債権者が執行文の付与を得るということは，強制執行手続を行うためであることから，付与申立てを受けた裁判所書記官は，執行文及び証明文書の謄本についての送達が執行開始要件として必要であることを教示し，併せてその送達申請をするように促すのが相当である。その方が，裁判所書記官の事務処理としても合理的かつ効率的である。

なお，この場合の，執行文謄本及び証明文書謄本の交付を受けるための費用は訴訟等の費用になる（民訴費法2⑫）。そのため，債権者が執行文謄本等の交付を受けるに当たっては，その相当額の謄本交付手数料を納めなければならない。もちろん，その送達

のための費用も債権者が予納しなければならない。
エ　執行文付与の拒絶処分
　執行文付与申立てに対し，債務名義としての一般的要件を欠いている場合，又は「債権者の証明すべき事実の到来」につき文書による証明がない場合，裁判所書記官は，執行文付与を拒絶する処分をする。付与を拒絶する処分は，その旨を付与申立書の余白等に記載して裁判所書記官が記名押印し，適当な方法でその旨を申立債権者に告知する。
　付与を拒絶された債権者は，執行文の付与等に関する異議申立て（民執法32）によってその拒絶処分を争うか，執行文付与の訴え（民執法33）によって裁判所に対し，執行文付与を命じる裁判を求めることになる。
オ　**裁判所書記官固有の権限としての執行文付与**
　執行文付与機関は，独立にかつ自己の責任で，執行文の必要性及び執行文付与の諸要件を調査する（中野・民事執行法269頁）。昭和55年10月１日の民事執行法施行前においては，条件成就執行文を含む特殊執行文の付与は，その前提として，「**裁判長ノ命令**」が必要であったし（旧々民訴法520Ⅰ），裁判長の命令があったことを執行文に記載する必要があった（旧々民訴法520Ⅲ）。民事執行法は，事実到来執行文を含む特殊執行文について，この裁判長の命令を不要とし，執行文付与を**裁判所書記官の固有の権限**とした。
【裁判所書記官固有の権限としての執行文付与と裁判所法60条４項】
　　関連事項＝　裁判所法60条４項＝裁判所書記官は，その職務を行うについては，裁判官の命令に従う。
　　　執行文付与が裁判所書記官の固有の権限であるとしても，そのことと裁判所法が定める裁判所書記官の職務についての裁判官の命令との関係が問題となる。
　　　裁判所法60条４項は，裁判所書記官の職務について，裁判官の一般的監督権限を規定したものであると解され，法令で裁判所書記官の固有権限とされている事項については，裁判官は命令できないと解される。裁判所法の規定は，裁判所書記官が裁判の作用に属する事務（これについては，民事実務講義案Ⅰ7頁以下参照）を処理するに当たって，手続の主宰者である裁判官の指揮監督に服するという一般原則を規定したものである。民事執行法が規定する執行文付与のように，法律上，裁判所書記官の専権事項とされているものの処理について，裁判官から個別具体的な命令指示を受ける立場にはないはずである。具体的な執行文付与の申立てを受け，裁判所書記官が付与の可否について調査判断する過程で，法律問題について事実上裁判官の意見を聴き，助言を得ることはあっても，最終的な判断は，裁判所書記官が行うことになる。仮に，具体的な執行文付与申立てについて，裁判官が裁判所書記官に対し，「付与せよ」又は「付与を拒絶せよ」との指示をしたとしても，裁判所書記官は，それに拘束されることはなく，自己の判断で処分する（この点については，民事執行セミナー（ジュリスト増刊1981年）49頁以下の浦野雄幸，中野貞一郎，三宅弘人各氏の発言。また，民事実務講義案Ⅰ8頁参照）。
　　　なお，執行文付与が裁判所書記官の固有の権限であるとしても，裁判所書記官は，迅速処理等に関する司法行政上の指揮命令を受けることは当然である。また，

第3 事実到来（条件成就）執行文

執行文付与等に関する異議（民執法32）又は執行文付与の訴え（民執法33）の裁判によって執行文を付与すべきことを命じられたときは、それに拘束されることも当然である。

2 事実到来（条件成就）執行文各論
(1) 確定期限
≪類型≫　△△は、○○に対し、**平成×年×月×日限り**…を支払う。

ア　意　義

「期限」は、「条件」と異なり、将来発生（到来）することが確定している性質のものである。そのうち、いつ到来するか判明しているものを『**確定期限**』と称し、いつ到来するか不明のものを『**不確定期限**』と称する。

例えば、「平成26年10月31日限り支払う」という場合、平成26年10月31日という日は暦に従っていつ到来するか判明している性質のものであるから、確定期限の典型である。

イ　執行開始要件としての確定期限の到来

請求に付されている確定期限の到来は、執行文付与の要件ではない。

「請求が確定期限の到来に係る場合」には、同確定期限の**到来**は、民執法30条１項の規定**により執行開始要件**とされており（「強制執行は、同期限の到来後に限り、開始することができる。」）、執行機関が認定すべき事実となる（前記１(2)エ「執行開始要件である事実の除外」の項58頁参照）。したがって、執行文付与機関は、確定期限到来の有無を考慮することなく、換言すれば、同確定期限到来前であっても執行文を付与することができる。

請求についての確定期限到来の事実は、執行機関が認定判断するのであって、そのため、この事実は、裁判所書記官が執行文を付与するために認定すべき要件ではない。アに掲げた例では、裁判所書記官は、平成26年10月31日の前であっても執行文を付与することができる。

この確定期限は、請求に係るものであることを要し、①債務の履行の時期（履行期限＝民法412条１項）及び②法律行為の効力の発生に関するもの（始期＝民法135条１項））の両者を含む。

|研究問題 3-3|　（確定期限）

「１　原告及び被告は、本件賃貸借契約を合意解除する。

２　原告は、被告に対し、本件建物の明渡しを平成26年10月31日まで猶予する。

３　被告は、原告に対し、前項の期日限り、本件建物を明け渡す。」

との条項を含む和解調書の条項３項について、原告から執行文付与の申立てがあったものとして、次の各問に答えなさい。

（Ｑ１）　条項３項に表示の請求は、「事実の到来に係る」ものか？

（Ｑ２）　その事実は、債権者である原告において証明すべき事実か？

（Ｑ３）　その事実は、執行開始要件に該当する事実か？

解説

　条項3項に表示されているのは，原告の被告に対する（賃貸借契約終了による）建物明渡請求（権）である。

　条項3項の建物明渡請求は，平成26年10月31日を履行期限とするものであり，同日の到来という事実に係る請求である（A1）。同日の到来は，（通常の訴訟を想定すれば，履行期の**存在**が「権利阻止事実」として「抗弁」に相当し，履行期が到来した事実が抗弁による阻止の効力を消失させるものとして「再抗弁」事実に相当することから）債権者が証明すべき事実である（A2）。ところで，同日は，「平成26年10月31日」という確定した日であることから，結局，この履行期限は確定期限として，その到来が民執法30条1項の規定する執行開始要件となる（A3）。

　このように，「平成26年10月31日限り」という期限は確定期限であるから，その到来は，執行開始要件となり，執行文付与の要件ではない。したがって，執行文付与を求める債権者は，同日の到来した事実を証明する必要もなければ，執行文付与機関も同日到来の事実を認定することなく，換言すれば，同日の到来前であっても，執行文を付与することができる。

　そして，本和解条項3項の明渡請求は，このほかに一定の事実の到来に係らせてはいないから，結局，**単純執行文を付与**すべきケースということになる。

研究問題 3-4　（確定期限の到来）

　研究問題3-3のケースで，債権者である原告から申立てを受けた執行裁判所は，平成26年10月31日に，条項3項による強制執行を開始することができるか？それとも，その翌日である平成26年11月1日以降でないと強制執行を開始することができないか？

　【参考】　期限に関する実定法の規整

　　民法135Ⅰ　始期を付した法律行為の履行は，「期限が到来するまでこれを請求することができない。」

　　　同Ⅱ　終期を付した法律行為の効力は「期限が到来した時消滅する」

　　民法412Ⅰ　「債務の履行について確定期限があるときは，債務者は，その期限の到来した時から遅滞の責任を負う。」

　　　同Ⅲ　債務の履行について期限を定めなかったときは「債務者は履行の請求を受けた時から遅滞の責任を負う。」

　　民執法30Ⅰ　「請求が確定期限の到来に係る場合においては，強制執行は，その期限の到来後に限り，開始することができる。」

解説1

　「×月×日限り支払う（引き渡す）。」というのは，債務の履行について始期を付したものと考えられ，その始期が「到来」すれば，債権者は，履行を請求することができる（我妻栄・新訂民法総則420頁）。

　期限を「日を以て」定めたときは，当該日の午前0時の時点において期限が「到来」したこととなる。これに対し，同様に期限を「日を以て」定めたときに，その日の午後12時

第3 事実到来（条件成就）執行文

が「経過する」ことによって期限を徒過（経過）し，履行遅滞の責任を負うことになる。だからこそ，履行遅滞の効果である遅延損害金は，定められた期日（限）の翌日から発生する。

例えば，「10月31日限り支払う」と約束している場合において，10月31日の午前8時に取立てに赴いた債権者に対し，債務者は「今夜の11時59分59秒までは払わなくてもよいはずだ」とは法的には主張できないというべきではなかろうか。期限を「日を以て」定めた以上当該日が到来することによって期限は到来しているのであってこのような主張は失当であると思われる。ただ，債務者は，午後11時59分59秒までは「遅滞」に陥ることはなく，その時点までは，遅滞による責任（遅延賠償等）を負うことはないのである。

「×月×日限り支払う」として，「日」をもって期限を定めたということは，「日」を単位としたものであって，「日」がその性質上さらに「時間」という単位に細分化できるとしても，時間を考慮することは「日」を単位としたことと矛盾する。

履行遅滞の要件の一つとして「履行期を徒過したこと」が挙げられるが，この履行期を「徒過する時点」と履行期が「到来する時点」とは必ずしも一致しない。民法412条1項は，「期限の到来した時から遅滞の責任を負う。」と履行期の「到来」時から遅滞に陥るような規定となっているが，履行期の到来だけでは，必ずしも遅滞を生じるのではない（我妻・新訂債権総論102頁）。換言すれば，**履行遅滞や履行期の徒過は，強制執行開始の要件ではない。**

したがって，本問の場合，債権者は，平成26年10月31日午前0時以降，その執行開始要件を充足することになり，執行機関は，同日中にその強制執行に着手し完了しても，何ら違法ではないと解する。

もっとも，ここに述べたことは，これまで意識的に議論されたことはないようであるし，異論もあろう。また，民事執行法に関する概説書及び論稿において，必ずしも意識して記述されているとも思われないものが散見される――例えば，（旧）民実講義案Ⅱ148頁は「確定期限が到来（経過）」とし「この期限の到来は執行開始要件事実に該当するから，右確定期限経過前でも単純執行文を付与することができる。」と述べている。香川監修・注釈民事執行法(2)226頁以下は，「到来」と「経過」の双方を用いている。これに対し，「到来」で統一的に記述していると思われるものとしては，三ケ月章・民事執行法125頁，鈴木＝三ケ月編・注解民事執行法(1)526頁（町田），中野・民事執行法149頁等である。――。

さらに，ここに述べた「期限」又は「期限の到来」についての理解に対しては異論があろう。それは，例えば「平成26年10月31日限り支払う」というのは，債務者にとっては同日まで，「同日いっぱいまで」はその債務の履行を猶予されていると理解すべきであるとするもので，それによれば，「10月31日の経過」，すなわち「確定期限の経過」が執行開始要件になると理解するのである。

本講義案においては，これまでに述べたところに従い，期限の到来を例えば「10月31日の到来によって期限が到来した」ものと理解し，全体にわたってこれに従って記述している。

解説2

以上とは異なり，**「限時法」**という法令の形態においては，例えば「この法律は，平成

26年3月31日限り，その効力を失う。」と定められるが，これは，平成26年3月31日が満了すれば，つまり，**同日が経過**することによってその法律は当然に効力を失うことを意味している（田島信威編・

> 【終期と期間】
> 期限のうち「終期」は「期間」と類似する。期間は，その始期と終期の間の時間的隔たりであるのに対し，期限としての終期は一定の時点に着目して作られた観念である。

法令の仕組みと作り方（立法技術入門講座2）49頁，447頁，前田正道編・ワークブック法制執務（全訂）253頁参照）。これも期限のうち「終期」を定めたものである。「有効**期間**」を定めたものと実質的には同じである。期間については，その**末日の終了をもって期間の満了とする**（民141）。

| 解　説　3 |……明渡猶予と明渡期限との関係

ところで，このように整理してくると，研究問題3-3において掲げた和解条項2項（明渡猶予）と3項（明渡給付）とは矛盾する部分を含むのではないかとの疑問が生じる。つまり，条項2項は，被告が占有できる期間を10月31日が満了するまでと定めているにもかかわらず，条項3項によれば10月31日には明渡しの強制執行の開始が可能ということになるからである。結局，これは，10月31日という同一の日を，条項2項は明渡猶予の「終期」とし，他方で条項3項は明渡請求の「期限」としたことによる矛盾が顕現しているのではないかと思われる。

ただ，実務においては，この二つの条項がセットになって合意されることが多いと思われる（民事実務講義案Ⅰ327頁，和解条項研究190頁）。当事者等の誤解を避けるためには，例えば，

「2……明渡しを平成26年10月31日まで猶予する。」
「3……**平成26年11月1日限り**，本件建物を明け渡す。」

などと，猶予期限の翌日をもって明渡しの期限として表現するのが相当であるとも考えられる（民事実務講義案Ⅰ327頁参照）。

| 参　考 |……期限，期間，期日

「期限」と「期間」とは，ともにある時間的な長さをもつ観念である。「期間」は，その始期と終期との間の一定の時間的な長さをもつ。これに対し，「期限」は，始期以後又は終期以前における不定の時間的広がりをもつ。例えば，「1月1日から同月31日まで」といえば期間であるが，単に「1月1日から」又は「1月31日までに」といえば期限である。「期限」と「期日」との違いは，「期限」が不特定の時間的長さを含むのに対し，「期日」は，一定の行為がなされるべき時期が1日の間に特定される——特定の具体的な日そのものであり，その前でも後でもない——点である。したがって，「1月31日までに」とは期限であるが，「1月31日に」というのは期日である（高辻正己ほか編・法令用語辞典（第七次改訂版）115頁）。

なお，同じ趣旨のことをこの三種のどれによっても表現することができる。つまり，ある法律関係が失効する時期を定めるとして，①「平成26年7月31日まで効力を有する」とは期限（終期）であり，②「有効期間は，平成25年8月1日から平成26年7月31日までの1年間」とすれば期間であり，③「平成26年8月1日に効力を失う」とすれば期日を，それぞれ意味するが実質的な内容は同じであ

第3 事実到来（条件成就）執行文

る。

「平成×年5月31日限り500万円を支払う」というのは、その日が来るまで債務者は履行しないでよい、換言すれば、債権者はその日以降請求できるようになることを意味する（安部隆彦・法令用語契約用語の読み方使い方90頁）。

> **参　考**……以前，前，以後，後
>
> 「以前」，「前」，「以後」，「後」はいずれも時間的限定をする場合に用いる。
>
> 「以前」は，基準点を含んでそれより前への時間的広がりを意味する。「前」は，基準点を含まないでそれより前への時間的広がりを意味する。例えば，「3月1日以前」とすれば3月1日を含むのに対し，「3月1日前」とすれば3月1日を含まない。
>
> これと同様に「以後」は，基準点を含んでそれより後への時間的広がりを意味する。「後」は，基準点を含まないでそれより後への時間的広がりを意味する。例えば，「3月1日以後」は3月1日を含むのに対し，「3月1日後」は3月1日を含まず，3月2日から後の時間的広がりを意味する（前田正道編・ワークブック法制執務（全訂）584頁）。もっとも，例えば，「この法律施行後」というのは，「この法律施行以後」と同じ意味になる。それは，法律の施行は，施行日の午前0時になることから，「施行後」とは施行日をまる一日含むからである。

研究問題 3-5 （分割払の給付条項）

「1　被告は，原告に対し，本件貸金債務として150万円の支払義務があることを認める。

2　被告は，原告に対し，前項の金員を，次のとおり分割して，毎月末日限り支払う。
(1)　平成26年6月から同年8月まで20万円ずつ
(2)　平成26年9月から同年11月まで30万円ずつ」

との条項を含む和解調書の条項2項について，平成26年9月10日，原告から執行文付与の申立てがあった。この場合，裁判所書記官は，執行文を付与できるか？　また，付与できる場合，どの範囲で付与することができるか？

解　説

1．各支払期の到来

条項2項に表示されているのは，原告の被告に対する貸金請求（権）であり，合計150万円を分割して支払うことを約している。

条項2項による金員の支払は，平成26年6月から毎月末日限り行うとされており，各分割金の請求はすべて確定期限の到来に係るものである。平成26年6月から毎月末日の到来は，いずれも執行開始要件であり，執行文付与の要件ではなく，その期日が到来する前であっても執行文を付与することができる。よって，平成26年9月10日時点では，条項2項(2)に表示の金員については，未だその支払期が到来していないが，条項2頁全部につき執行文を付与することができる。

2．執行開始要件の機能

このように，条項 2 項全部につき執行文を付与できるが，それを受けて，同じ平成26年9月10日時点で，同項に表示されている150万円全額を請求債権とする強制執行を開始することはできない（民執法30Ⅰ）。この時点では，同項(2)に表示されている範囲については未だその期限が到来しておらず，執行開始要件を充足していないからである。平成26年9月10日時点では，同項(1)に表示された金員（合計60万円）についてはその支払期が到来しているから，この限度を請求債権として強制執行を開始することができる。

(2) 引換給付

≪類型≫　X項　△△は，○○に対し，平成×年×月×日限り，○○から**次項の支払を受けるのと引換えに**，本件建物を明け渡す。

Y項　○○は，△△に対し，前項の期日限り，△△から**同項の明渡しを受けるのと引換えに**，……を支払う。

ア　概要

和解において，ある物の売買代金の支払と目的物の引渡しとを引換えに行うべきことが約束される場合がこの典型である。判決においても，売買代金請求又は売買の目的物の引渡請求に対し，同時履行の抗弁権が行使された場合，引換給付の判決がされることがある（大判明44.12.11民録17-72）。

【引換給付条項】
引換えに行うべき給付については，類型に掲げたように，給付条項がそれぞれ設けられるのが通例である。X項について言えば，Y項に定める支払が「反対給付」であり，Y項について言えば，X項に定める明渡しが「反対給付」である。引換給付の条項については，民事実務講義案Ⅰ334頁参照。

この引換給付については，債権者の反対給付の履行又は提供が執行開始要件とされており（民執法31Ⅰ），債権者は自ら行うべき反対給付の履行又は提供を行った事実を執行機関に対して証明すべきことになる。したがって，この事実について，債権者は執行文付与機関に対して証明することを要しないし，執行文付与機関も反対給付の履行又は提供の事実を審査の対象とせず，その有無に関係なく執行文を付与することになる。

これは，既に述べたように，債権者の反対給付の履行又はその提供を執行文付与の要件とすると，債権者はその執行準備段階において，本来引換え的な履行で足りるはずの自己の債務を先行的に履行又は提供しなければならない事態となり，実体規範との乖離が甚だしくなるため，その不合理を緩和するために，執行開始の要件とし，執行機関に対して証明することとされたのである（前記1(2)エ「執行開始要件である事実の除外」の項58頁参照）。

イ　意思表示を内容とする債務名義についての特殊性

登記手続を命じるなど意思表示をすべきことを内容とする判決又は和解にあって，債務者の意思表示が債権者の反対給付との引換えに係っている場合には，**意思表示擬制の強制執行の特殊性**を考慮して（この特殊性については，後記第5の4(2)ウ「執行文付与を要する類型の概要」の項165頁参照），債権者が反対給付の履行又はその提供のあったことの証明文書を提出したときに限り，執行文を付与することができるとしている（民執法174Ⅱ）。したがって，この場合には，反対給付の履行又はその提供の事実を執行文付与機関に対して証明しなければならない（詳細は，後記「第5　意思表示擬制のための執行文」の項153頁以下参照）。

第3 事実到来（条件成就）執行文

研究問題 3-6　（引換給付）
「1　原告及び被告は，本件賃貸借契約が平成26年8月31日終了したことを確認する。
2　原告は，被告に対し，本件建物の明渡しを平成26年11月30日まで猶予する。
3　原告は，被告に対し，本件建物からの立退料として50万円の支払義務があることを確認する。
4　被告は，原告に対し，平成26年12月1日限り，原告から次項の金員の支払を受けるのと引換えに，本件建物を明け渡す。
5　原告は，被告に対し，前項の期日限り，同項の明渡しを受けるのと引換えに，第3項の金員を支払う。」
　この和解条項が含まれる和解調書につき，平成26年10月28日，原告から条項4項について自己のために執行文付与の申立てがされた。原告は，裁判所書記官に対し，証明文書を提出する方法によって証明すべき事実があるか？　ある場合には，その事実を摘示せよ。

(3)　不確定期限
　不確定期限とは，将来発生到来することが確実であるが，具体的にいつ発生到来するか不明なものである。例えば，「Aが死亡すれば……」とか「今度雨が降れば……」というのが不確定期限の典型である。
　請求が不確定期限の到来に係る場合には，期限到来の事実は債権者の証明すべき事実に該当すると解され，また，その到来の事実は執行開始要件でもないことから，債権者は，執行文付与機関に対してその到来の事実を文書を提出する方法によって証明しなければならない。執行文付与機関は，その証明を受けて，事実到来執行文を付与することができる。
　例えば，「Aが死亡したときは，被告は，原告に対し，本件建物を明け渡す。」という和解条項についてみれば，債権者である原告は，執行文付与機関に対し，Aが死亡した事実を文書で証明する。提出された文書によりAが死亡した事実を認定することができれば，裁判所書記官は，原告のために執行文を付与することができる。この場合の証明文書としては，Aが死亡した事実の記載がある除籍謄本が考えられる。

(4)　先給付
　≪類型≫　○○が◇◇を支払ったときは，△△は，○○に対し，……を引き渡す。

ア　意　義

　類型に示したように，給付請求の前提として，一定の別個の給付が先行してされるべきことが定められているものである（民事実務講義案Ⅰ327頁参照）。類型に示したところで考えれば，引渡請求権の発生について「◇◇の支払」という停止条件が付されているものと理解することができる。停止条件の存在は権利障害事実であるが，同条件成就の事実は，権利障害の効果を消失させるものとして債権者にその証明すべき責任がある。

　そして，この先給付の事実は，民執法が規定する執行開始要件（民執法30，31）に該当しない。

【引換給付と先給付】
　甲が乙に対しA給付を行うべき立場にあり，かつ，乙は甲に対しB給付を行うべき立場にあるときに，
　① A給付とB給付とを同時に行うべきこととしている形態が，引換給付
　② A（又はB）給付を先に行うべきこととしている形態が，先給付
である。これは，和解合意の具体的内容によるのであって，
　① 引換給付は，「引換えに」
　② 先給付は，「……した（支払った）ときは」
という用語が通常用いられている。

　したがって，債権者はこの先給付の事実について，証明文書を提出する方法によって執行文付与機関に対して証明しなければならない。換言すれば，付与申立てを受けた裁判所書記官は，「先給付」がされたことを証明文書によって認定しなければならない。

　この先給付は，債権者が証明すべき事実の典型例であり，実務においてもよく見られる。特に，債務者が特定物の引渡しを約するに当たり，（特定物引渡しの）債権者が代金等の金銭を先払いするという類型が多い。

イ　第三者による先給付

　先給付の類型としては，その債権者が先行的に給付を行うべきことを約することが多い。しかし，常に債権者が給付を行うべきことが約束されるものではなく，第三者が給付を行うべきことを約することもある。その場合でも，その先給付が到来すべき事実であることに変わりなく，債権者においてその給付の事実を証明しなければならない。仮に，債権者において，文書を提出する方法によって証明することができないときは，債権者は，執行文付与の訴え（民執法33）を提起して，その訴訟手続において人証等を用いて，その事実が到来したことを証明し，裁判所書記官に対して付与を命じる判決を得なければならない。

ウ　先給付の現実の履行

　この先給付については，履行の提供では足りず，現実にその給付（履行）がされることを要すると解されている。**履行の提供の程度にとどまるときは，「先給付」があったとはいえない。**執行開始要件に関する民執法31条1項の規定は，反対給付との引換えに係る場合には，当該反対給付は「提供」の程度でも足りることとしているが，先給付については，これは妥当しない。

　先給付の受領が拒絶されたために弁済供託をした場合を先給付の履行と見てよいかについては，一般的には，これを消極に解すべき理由はないと考える（執行文研究上423頁参照）。もっとも，弁済供託の実体的要件を具備しているかどうかは執行文付与機関には認定できないとの理由から消極に解する見解もある。

第3　事実到来（条件成就）執行文

<u>研究問題 3-7</u>　（先給付＋期限）

「1　原告及び被告は，平成26年8月31日限り，本件賃貸借契約を合意解除する。
2　原告は，被告に対し，本件建物からの移転料として50万円を支払うことを合意する。
3　原告は，被告に対し，平成26年10月20日限り前項の金員を支払う。
4　原告が前項の金員を支払ったときは，被告は，原告に対し，平成26年10月30日限り本件建物を明け渡す。」

【移転料に関する形成条項】
　研究問題3-7に掲げる条項2項は，和解の合意によって原告が移転料を支払うことを約したことを前提に，「形成条項」としたものである。このような場合，「移転料支払義務があることを確認する。」と確認条項として表現することもあるが，既に存在する権利義務を確認するものではなく，この和解によって権利義務が形成されるのであるから，形成条項として表現することが当事者の意思に合致するとも考えられる。

Q1　この和解条項が含まれる和解調書につき，平成26年10月28日，原告から条項4項について自己のために執行文付与の申立てがされた。原告は，裁判所書記官に対し，証明文書を提出する方法によって，証明すべき事実があるか？　ある場合には，その事実を摘示せよ。

Q2　Q1において，提出された証明文書から，原告が平成26年10月27日に条項3項の移転料を支払ったことが認められる場合はどうか？

Q3　平成26年11月25日，原告は，裁判所書記官に対し，条項4項につき自己のために執行文付与申立てを行った。申立書の記載及び添付された証明文書によれば，原告は平成26年11月15日に条項3項の移転料を被告に対し支払った事実が認められる。この申立てについて，裁判所書記官は執行文を付与することができるか？

<u>解　説</u>

1．移転料の先給付

　ここに掲げた和解条項は，原告が被告に対し，先に移転料を支払うこととし，その支払がされたときは被告が建物を明け渡すことを合意するものであり，加えて，その移転料の支払及び建物明渡しにつきそれぞれ確定期限が定めてある。

　条項4項についていえば，原告が移転料50万円を支払うことが「先給付」の関係にある。この事実は，原告の明渡請求権の発生を根拠づけるものとして，債権者である原告において証明すべき事実であり，かつ，執行開始要件に該当しないことから，執行文付与を求める段階で証明されなければならない。債権者である原告は，執行文付与機関に対し，領収書等の証明文書を提出し，移転料50万円を被告に支払ったことを証明しなければならない。このことは，Q1からQ3まで共通である。

2．建物明渡しの期限

　さらに，条項4項によれば，建物の明渡しは平成26年10月30日限り行うとされており<u>確定期限の到来に係るように見える。</u>したがって，Q1については，提出された証明文書から移転料50万円の支払の事実が認定されれば，平成26年10月30日到来前であっても，執行文を付与してよいし，付与すべきであることになる。

3．先給付の履行時期

　先給付を定める条項3項も移転料支払について期限を定めており，この先給付が現実にいつの時点で履行されたかによって明渡請求が何らかの影響を受けることがあるのか否かが問題となる。仮に，明渡請求が何らかの影響を受けるとすれば，原告は，論理的に「移転料を支払った日」をも証明すべきことになる可能性もあるからである。

　Q2は，先給付の履行時期が，その期限経過後であるが，明渡しの履行期限未到来の時点である。これに対し，Q3は，先給付である移転料支払期限も経過しているし，建物明渡期限も既に経過している状態となっている。ここで，考え方のポイントとなるのは，条項4項に明示されている建物の明渡しを平成26年10月30日限り行うとされている点が，「文字どおり（確定）期限か？」ということになる。

4．「……したときは，×月×日限り」の意味

　条項4項を子細に検討すると，「原告が前項の金員（移転料50万円）を支払ったときは」という文言が，「平成26年10月30日限り本件建物を明け渡す」までに係っているのであって，その意味で，条項に明示されている「平成26年10月30日限り」というのは，そのままでは確定期限ではなく，**全体として移転料を支払うまでという先給付である条件に係っているという論理関係**になるはずである。そして，**原告が移転料を支払った事実が証明されることによって**，建物の明渡期限が「平成26年10月30日」と定まる関係にあり，結果的に，**確定期限と同視する**ことができることになる。つまり，移転料を支払ったとの事実が生ずるまでは，「平成26年10月30日限り」との期限は**潜在化**しているのであって，**移転料支払の事実が生じることによって顕在化**する関係にある。

　Q2の場合ももちろん，Q3のように，合意された建物明渡期限後に移転料が支払われたとしても，そのことによって条項に明示された「平成26年10月30日限り」という期限が顕在化し，確定期限と同視されることになる。しかし，同期限は既に到来しているため，本件建物明渡義務は，いわば「**期限到来済みの債務**」として存続していることになる。期限が到来しているからといって，義務が当然に消滅するものではない（例えば，大判大13.5.27民集3-240は，同時履行の関係にある債務について，両当事者がともにその履行期に弁済の提供をしなかった場合には，両債務はそれ以降「期限の定めのない債務」となると判示する。）。期限到来後の債務であるから，即時に履行請求できることになるはずである。

【履行期限の定め方】
　この研究問題3-7の題材の和解で，当事者は，明渡期限を確定期限をもって定めているが，それは，先給付である移転料が約定どおり支払われることを前提に，明渡期限まで一定の日数（本問では10日）を置く意思であったと解する余地もあろう。しかし，そのような意図の場合には，本問のように，明示的に確定期限でもって定めるのではなく，後に述べるような「先給付＋その後の一定期間の経過」の形態（後記(5)「事実到来とその後の一定期間の経過」の項77頁参照）で合意をすべきである。本問のように条項で形式的に確定した日付によって定めてある場合に，これを無視して，先給付がされた後一定の日数をおいて明け渡すことを約したものであると解釈することは，執行文付与手続においては，難しいと言わざるを得ない。

　このように考えてくると，「移転料を支払った日」という事実は，本件執行文を付与す

第3　事実到来（条件成就）執行文

るにあたっては証明を要しないと考えられ，Ｑ２やＱ３のように，移転料支払の事実が証明されれば，仮に，条項3頁の移転料支払期限後の支払であったとしても裁判所書記官は，執行文を付与してよいし，付与すべきであることになる。

研究問題 3-8　（元金及び損害金の先給付）
　「1　被告は，原告に対し，別紙物件目録記載の絵画（以下，「本件絵画」という。）を代金1000万円で売り，原告はこれを買い受ける。
　2　原告は，被告に対し，前項の代金を次のとおり分割して支払う。
　　⑴　平成26年8月から同年10月まで毎月末日限り200万円ずつ
　　⑵　平成26年11月30日限り400万円
　3　原告が前項の支払を怠ったときは，原告は，被告に対し，各分割金に対するその支払期日の翌日から支払済みまで年2割の割合による遅延損害金を支払う。
　4　原告が前2項の金員を支払ったときは，被告は，原告に対し，平成26年12月5日限り，本件絵画を引き渡す。」
Ｑ　この和解条項が含まれる和解調書につき，平成26年12月2日，原告から条項4項について自己のために執行文付与の申立てがされた。この場合，債権者である原告は，裁判所書記官に対し，証明文書を提出する方法によってどのような事実を証明しなければならないか？

解　説
1．条項4項の給付請求
　条項4項の給付請求は，原告の被告に対する絵画の引渡請求である。
　債権者は原告であり，債務者は被告である。そして，原告が売買代金（正確には，条項2項及び3項の金員）を支払ったことを受けて，絵画の引渡請求ができるとの合意になっている。
2．先給付の内容
　合意の趣旨は，代金を（分割で）先払いし，その代金が完済されれば目的物を引き渡すというのが原則で，仮に，分割払の期限を怠ったときは条項3項で遅延損害金が発生し，その場合には，元金全額はもちろん，遅延損害金全額をも支払ったときに目的物を引き渡すというものである。換言すれば，買主である原告が支払うべきものを全部支払ったときに，目的物を引き渡すというものである。
　仮に，買主である原告が条項2項の合意どおり，各期限に定められた額の金員を支払ったのであれば，条項3項によって遅延損害金が発生する余地はなく，代金元金を支払ったことを証明すれば足りる。
　これに対し，仮に，原告が条項2項に定められた期限を徒過してその分割金を支払ったのであれば，条項3項によって遅延損害金が発生することになる。この場合には，原告は，代金元金全額のほか，発生する遅延損害金全額も支払ったことを証明しなければならない。
　なお，条項4項において「前2項」というのは，「第2項及び第3項」と同義である。

ここでは，「及び」との用語を用いているが，以上までにみたところから，この先給付の部分は，例えば，「第2項の金員を約定どおり支払ったとき，又は第2項の金員の支払を怠ったときは同項の金員及び第3項の金員を支払ったとき」という意味になろう。

> 【「前○条」という用法】
> 　一般に，法令において「前○条」という場合，その直前に先行する複数の条を指す場合で，かつその条数が3以下の場合に用いる。
> 　ちなみに，指示する条数が4以上になるときは「第○条から前条まで」とし，その直前に先行する条のすべてを指示するときは「前各条」とする。

3．証明すべき具体的事実
　① まず，原告は，代金元金を支払ったことを証明しなければならない。
　② これに加えて，原告がその元金を支払った日を証明すべきことになる。
　　この日が証明されることによって，原告が条項2項で合意した期限どおりに支払ったか否かを認定することができ，遅延損害金発生の有無を認定することができるからである。例えば，原告が合意どおりの期限に各分割金を支払っていることが提出された領収書等の日付で確認できれば，遅延損害金は発生しないのであって，原告が行うべき先給付を完全に履行していることの認定ができる。この場合，原告が条項2項に定める代金元金全額を支払ったことが証明されれば，裁判所書記官は，執行文を付与することができる。
　　これに対し，現実の支払日が合意された日を徒過している場合には，その期限の翌日から支払済みまでの遅延損害金が発生しているとの認定に至り，その遅延損害金を支払ったことの証明を要することになる。
　③ 上記①及び②によって遅延損害金の発生が認定できる場合，その遅延損害金を支払ったことを証明しなければならない。
　　遅延損害金の額は，②によって元金を支払った日が明らかになるので，支払うべき期限の翌日から元金を支払った日までの期間で算出することが可能である。おそらく，提出される領収書等の金額と日付により，合意された期限の日の翌日から支払日までの遅延損害金を算出し，それと元金との合計額が，領収書の金額と一致しているかを確認することになる。
　　なお，これまでに述べたことは，一面では，原告に対し，「遅延損害金が発生していないこと」の証明を求めるようにも見える。しかし，これは，原告が負っている義務を不足なく履行したことの証明を求めるものである。

4．平成26年12月5日の到来
　　この期日の到来は，研究問題3-7（74頁）で述べたところと同じ性質である。

(5) 事実到来とその後の一定期間の経過
　≪類型≫　○○が◇◇をしたときは，△△は，○○に対し，<u>その日から××日が経過した日限り</u>……を引き渡す。
　ア　意義
　　例えば，当事者間で売買の合意をし，買主は，その代金の先払いを約束し，売主は，その

第3 事実到来（条件成就）執行文

代金支払後1か月を経過したときに目的物を引き渡す，という合意がこの典型である。この例では，買主による代金の支払が前記(4)の「先給付」であり，特に，研究問題3-7に掲げた「……したときは，×月×日限り」という形態と同じ論理構造にある。「×月×日限り」というように具体的日付をもって定めるのではなく，いわば，先給付等の事実到来後の債務の履行につき一定の日数を確保する趣旨であるといえる（前記75頁参照）。

この類型の場合も，研究問題3-7で述べたように，「代金を支払ったときは，その日から1か月経過したとき」というのが全体としていわば条件であると解される（前記75頁参照）。そして，「◇◇をしたこと」と併せてその日が証明されれば，それから一定期間を経過した日は，具体的な日付でもって定まってくる関係にあり，研究問題3-7に掲げた類型と同一となる。

イ　執行文付与手続

このような条項についての執行文付与手続においては，債権者は，先給付の事実である金員の支払等の事実が発生到来したことを証明することが必要である。

そして，この先給付等の事実が発生到来したことが証明されたとしても，和解条項の文言では「××日が経過したとき（日）限り」と表現されているのであって，このままでは，具体的な日付が特定できず，執行機関がいつから執行することができるのか不明な事態になってしまう。先給付等の事実と併せて，その発生到来した日が証明されれば，その発生到来の時点から「××日が経過したとき（日）」は，具体的に定まる関係にあり，その算出によって得られた具体的日付は，研究問題3-7に掲げた「……を支払ったときは，×月×日限り」と同じに，確定期限と同視することができる。このように同視できるとしても，和解条項には明示されていないから，執行文においてその日付を補充すべきである。

したがって，このような場合，先給付等の事実の発生到来が証明され，執行文を付与するに当たっては，裁判所書記官は，執行機関に対して執行開始できる時期を明示し伝達するために，執行文の「債務名義に係る請求権の一部について強制執行をすることができる範囲」欄に，『条項Ｘ項（執行開始できる日　平成〇年〇月×日）』などと記載すべきことになる（執行文の債務名義補充機能（前記22頁参照））。

研究問題 3-9 　（条件成就後の一定期間の経過）

「1　原告が裁判所書記官に任官したときは，被告は，原告に対し，スイスラレックス社製腕時計1個を贈与し，原告はこれを譲り受ける。

2　被告は，原告に対し，前項の任官発令の日から2か月を経過した日限り，同項の腕時計を引き渡す。」

との和解条項を含む和解調書がある。この原告が裁判所書記官に任官したとして，条項2項について執行文付与の申立てをした。この場合，債権者たる原告は，どのような事実を証明する必要があるか？

解　説

条項1項は，原告の裁判所書記官任官を停止条件とする贈与を内容とする形成条項である。条項2項が，その停止条件付贈与契約を承けてその目的物の引渡しを約した給付条項

である。

まず第1に、原告が裁判所書記官に任官することが、**贈与契約の停止条件**であり、**裁判所書記官任官**という事実が到来することによって贈与の効力を生じ、原告にそれに基づく腕時計の引渡請求権が発生帰属する。したがって、債権者である原告は、自己が裁判所書記官に任官した事実を証明文書を提出する方法によって証明しなければならない関係にある。

第2に、本件腕時計の引渡請求は、「任官発令の日から2か月を経過した日限り」できることから、これは、贈与が効力を生ずることによって発生した目的物引渡請求権の「**履行期**」の定めであるとみえる。この目的物の引渡しは「原告が裁判所書記官に任官したときは、その任官発令の日から2か月を経過した日限り」請求することができるのであり、前記アで述べたとおり、全体として条件を定めたものである。このうち「2か月を経過した日」は、第1の「原告の裁判所書記官任官」という事実と併せてその「発令された日」が証明されれば、その日から2か月を経過した日として定まる関係にある。そして、「2か月を経過した日」を具体的に特定明示しないと、執行機関としては、和解条項の文言のみによっては、いつから執行開始できるかが判明しないから、それを明示し執行機関に伝達するために、執行文の「債務名義に係る請求権の一部について強制執行をすることができる範囲」欄に、『**(執行開始できる日　平成×年×月○日)**』などと記載すべきである（執行文の債務名義補充機能）。

例えば、仮に、裁判所書記官任官が平成26年3月4日付けの発令であったとすれば（かつ、仮に発令の告知を効力要件と考えれば初日不算入となり）、翌日の3月5日から起算して2か月が経過した日であるから、5月4日の経過、つまり5月5日が履行期限ということになる。したがって、付与する執行文の「債務名義に係る請求権の一部について強制執行をすることができる範囲」欄には、『**条項2項（執行開始できる日　平成26年5月5日）**』と記載する（新民訴実務研究Ⅱ216頁【設例⑦】、263頁参照）。

ウ　いくつかの類型

この「**事実の到来とその後の一定期間の経過**」の類型に属するものとしては、次のようなものがその典型である（民事実務講義案Ⅰ328頁以下参照）。

① 人の死亡等不確定期限の到来とその後の一定期間の経過
② 先給付（A）を約し、その先給付の履行後一定期間経過した時点で給付（B）することを約する（研究問題3-7）ような、先給付後の一定期間の経過
③ 債権者が一定の給付を債務者に対して催告し、催告到達後一定期間経過後に給付する（新民訴実務研究Ⅱ216頁参照）ような、催告後の一定期間の経過

第3 事実到来（条件成就）執行文

④ 一定の事実が生じたときに債権者が契約を解除できるものとし，解除の意思表示到達後一定期間経過後に給付する（後記研究問題3-11（83頁）参照）ような，解除後の一定期間の経過

⑤ 選択権の行使とその後の一定期間の経過

(6) 当然解除

≪類型≫ X項 △△が××を怠ったときは，本件◇◇契約は**当然解除となる**。

Y項 前項により**解除となったとき**は，△△は，○○に対し，……を明け渡す。

【解除後の一定期間の経過】
次の和解条項がその典型である。
「5 被告が第3項の金員の支払を怠りその額が150万円に達したときは，原告は，何らの催告を要しないで第2項の売買契約を解除することができる。
6 前項により解除の意思表示があったときは，被告は原告に対し，解除の意思表示の到達の日の翌日から1か月を経過した日限り，本件建物を明け渡す。」
なお，後出の(7)「解除権の発生と解除」の項82頁参照

当然解除とは，類型に示したように，一定の事実が発生到来することによって当然に契約の終了を帰結するものであって（形成条項），次項(7)に掲げるような，当事者に解除権が発生し，その解除権を行使する（解除する旨の意思表示）という経過を省略し，直接的に契約終了に伴う法律効果（請求権の発生）を発生させる性質のものである（後記(8)エ「失権特約」の項95頁，民事実務講義案 I 334頁参照）。その意味で，一定の事実の到来——その多くは，類型に示したように債務者が履行すべきことを怠ったこと——が直接に請求権を根拠づける実質を有することになる。

この類型の債務名義についての執行文付与を，具体例で検討する。

研究問題 3-10 （当然解除）

「1 原告は，被告に対し，別紙物件目録記載の絵画を代金500万円で売り，被告はこれを買い受けた。
2 被告は，原告に対し，平成26年5月25日限り，前項の代金を支払う。
3 被告が前項の支払を怠ったときは，第1項の売買契約は当然解除となる。
4 前項により解除となったときは，被告は，原告に対し，別紙物件目録記載の絵画を引き渡す。

この和解条項を含む和解調書について，原告から，条項4項について，自己のために執行文の付与申立てがあった。この場合に，原告が証明文書を提出する方法によって裁判所書記官に証明しなければならない事実を摘示せよ。

解 説

1．和解の概要

この和解合意の概要は，原告が絵画を被告に対して売り，その引渡しもされており，買主である被告が代金の支払を約し，その支払を怠ったときは，売買が当然に解除となり，その結果，原告は，既に引き渡している絵画の返還を請求するというものである。条項4項は，売買が解除になったときの原状回復としての絵画引渡請求を表示している。

2．解除となったとき

条項4項から給付条項としての基本的要素を除外すれば，「前項により解除となったと

きは」との文言が抽出される。絵画の引渡請求権は、売買契約が解除になったときに発生する。ただし、売買契約が「解除となる」というのは、事実ではなく、契約の解消という「効果」である。したがって、「解除となった」ことは当事者が証明すべき事項ではない。

そして、当然解除の効果は、条項3及び2項から、被告が平成26年5月25日を期限として支払うべき売買代金500万円の支払を怠ったことによって生じる。

3. 被告が代金の支払を怠ったこと

当然解除の効果は被告が売買代金500万円の支払を怠ったことによって生じるので、債権者である原告は、その請求を根拠づけるために、被告が500万円の支払を怠った事実を証明しなければならないようにみえる。しかし、この支払を怠った事実は、消極的事実であり、債権者である原告にとってそれを証明することは通常困難である。むしろ、代金500万円の支払は、被告が債務として負っているものであり、その履行をした、つまり、代金500万円を支払ったことについて債務者である被告に証明責任がある。

【代金を支払ったとの被告の主張】
本文で述べるように、この条項によれば、被告が代金500万円を支払ったことについて証明責任を負担するが、被告は、結局、請求異議の訴え（民執法35）を提起し、その訴訟において、債務名義の執行力を排除し、強制執行の不許を求める理由として、代金を約定どおり支払ったこと、その結果として、売買契約当然解除の効果は生じていないことを主張することになる。

以上から、原告は、「被告が代金500万円の支払を怠ったこと」を証明すべきことにはならない。

4. 5月25日の経過

被告は、5月25日を期限として代金を支払うことを約しており、その日を経過するまでは債務不履行の事態には至らないはずである。換言すれば、その日を経過することによって債務不履行になりうる。そのことから、この和解で合意された売買は、平成26年5月25日が経過することによって当然解除となるとの合意がされているものと解される。そして、被告が約定に従い、期限どおり代金500万円を支払ったことを証明すれば、その事実は、売買の当然解除の効果を障害する事由となる。

このような証明責任分配の観点から、本和解条項を解釈すれば、条項3項及び4項は、次のような意味になろう。

【当然解除の整理】
［引渡（返還）請求（権）］
＝
売買契約の（当然）解除……法律効果
↑
㋐　被告の代金支払の怠り……債権者（原告）に証明責任なし
㋑　平成26年5月25日の経過

「3　**平成26年5月25日を経過することによって第1項の売買契約は当然解除となる**。ただし、被告が前項の金員を平成26年5月25日までに支払ったときはこの限りでない。

4　前項により解除となったときは、被告は、原告に対し、別紙物件目録記載の絵画を引き渡す。」

このようにみると、本件和解による売買契約には、平成26年5月25日の満了により当然に解除となるとのいわゆる「**解除期限**」（「法律行為の終期」と同じといえよう。）が設定されていることになろう。

第3　事実到来（条件成就）執行文

5．確定期限の到来

平成26年5月25日の経過，すなわちその翌日である平成26年5月26日の到来は，確定期限の到来であり，しかも，その到来によって絵画の引渡請求権が発生し，その引渡請求を行うことができるに至るわけであるから，これはまさに「請求が確定期限の到来に係る」のであって，執行開始要件（民執法30Ⅰ）となり，執行文付与機関が審査すべき事項ではない。そして，絵画引渡請求については，その他に到来すべき事実は係っていないため，執行文付与機関としては，平成26年5月26日の到来を待たずに，条項4項に執行文を付与することができる。

(7) 解除権の発生と解除（解除権留保又は無催告解除特約）

≪類型≫　Ｘ項　△△が××を怠ったときは，○○は本件◇◇契約を解除することができる。
　　　　　Ｙ項　前項により解除されたときは，△△は，○○に対し，……を明け渡す。

ア　意　義

この類型Ｘ項は，一定の事実が発生到来したときに，当事者の一方に契約解除権が発生することをその内容とする。「……したときは解除することができる。」との条項にあっては，「……したとき」との部分が解除権発生の要件であり，「解除することができる。」との部分が解除権が発生するとの効果を定めている。この「契約解除権が発生する。」ことを『解除することができる。』という文言によって表現している。

【「当然解除」との相違】
この(7)「解除権の発生と解除」の項で掲げる類型は，一定の事由が生じることによって，
① 当事者の一方に解除権が発生し，
② その解除権が行使されることによって，契約の解除という効果が発生するものである。
これに対し，(6)「当然解除」の項で掲げる類型は，一定の事由が生じることによって直ちに契約の解除という効果が発生するものである（両類型につき，民事実務講義案Ⅰ333頁参照）

そして，当事者の一方に契約解除権がある（類型Ｘ項）ことを前提に，その当事者がその契約について解除の意思表示をすることによって，給付請求権が発生し，給付請求をすることができるのである（類型Ｙ項）。

イ　契約の解除による請求権の発生等

この解除がされたことによって請求権が発生する又は請求することができることとされている債務名義についての執行文付与の手続過程においては，発生した解除権が行使され，解除の効果が生じていることを根拠づけなければならない。そのため，執行文付与手続においては，解除の要件を具体的に検討しなければならない。

ウ　契約解除の要件

当事者の一方が契約又は法律の規定により解除権を有する場合，解除は，相手方に対する意思表示によってしなければならない（民540Ⅰ）。そして，その意思表示は，相手方に到達することによってその効力を生ずる（民97Ⅰ）。そのため，契約の解除の効果（契約の終了による権利義務の発生）を主張するためには，これらの事実が要件となる。整理すると，解除によって契約関係が解消される結果として給付請求権が発生することを主張するには，

㋐　契約を解除する旨の意思表示をし（民540Ⅰ），それが相手方に到達したこと（民97Ⅰ）を証明しなければならない。

解除の意思表示をし，それによって解除の効果が生じるためには，意思表示をする者に解

除権が存在することが前提であるから，これに加え，
　㋑　当事者に解除権があること
が要件として必要である。「解除権があること」とは法律状態であるから，これは，「解除権の発生」（これ自体は，法律効果であり，事実ではない。）の要件である事実を明らかにしなければならない（後記(8)ウ「無催告解除特約」の項95頁参照）。
　さらに，契約解除の効果が発生するのは，㋐の意思表示到達の時点であり，その時点で解除権が発生していることが要件と考えられることから，
　㋒　解除権発生後の解除であること
も要件となる。
　ここに掲げた「解除権の発生と解除」という類型において，解除による請求（権）については，この㋐から㋒までの事項を検討しなければならない。
　なお，㋐及び㋒の事実については，実務上，内容証明郵便とその配達証明書によって証明することが可能である。

研究問題 3-11　（契約解除＋一定期間の経過）
　「3　原告は，被告に対し，本件建物を代金300万円で売り，被告はこれを買い受ける。
　　4　被告は，原告に対し，前項の代金を分割して，平成26年7月から同年12月まで毎月末日限り各50万円を支払う。
　　5　被告が前項の金員の支払を怠りその額が150万円に達したときは，原告は，何らの催告を要しないで第3項の売買契約を解除することができる。
　　6　前項により解除の意思表示があったときは，被告は，原告に対し，<u>解除の意思表示の到達の日の翌日から1か月を経過した日</u>限り本件建物を明け渡す。」
　この和解条項を含む和解調書について，原告から，条項6項につき，解除の意思表示が平成26年10月20日被告に到達したとして執行文付与の申立てがあった。この場合に，原告が証明文書を提出する方法によって裁判所書記官に証明しなければならない事実を摘示せよ。

解　説
1．条項6項表示の給付請求（権）
　条項6項に表示されているのは，原告の被告に対する，売買契約解除による（原状回復としての）建物の明渡請求（権）である。

2．請求が係る「到来すべき事実」の抽出
　前記ア及びイで述べたところから，条項6項について，「到

【「到来すべき事実」抽出にあたっての留意事項】
「到来すべき事実」を和解条項から抽出するにあたっては，その初期の段階においては，**分析的に理解**し，**事実を細分化して抽出**することが望ましい。
　例えば，研究問題3-11のケースでいえば，解説2②と③がその例である。この両事実は，例えば，「平成○年○月○日原告の解除の意思表示が被告に到達した事実」として抽出することも考えられるが，**論理的思考を養うために**，事実を分析し，細分化された事実のひとつひとつについて，事実の証明が必要か否かを検討するのが相当であると考えられる。

第3 事実到来（条件成就）執行文

来すべき事実」を抽出すれば，次のようになろう。

① 被告が条項4項の金員の支払を怠りその額が150万円に達した事実……（ウの㋐に相当する事実）
② 原告が条項3項の売買契約を解除する旨の意思表示をし，それが被告に到達した事実……（ウの㋑に相当する事実）
③ ②の到達した日……（ウの㋒に相当する事実）

以上が，解除の効果発生に関する事項である。これに加え，

④ ③の到達日の翌日から1か月が経過した事実……（解除後一定期間の経過，前記(5)「事実到来とその後の一定期間の経過」の項77頁参照）

が存在する。

3．抽出した各事実の検討

① 解除権の発生を根拠づける事実

まず，①の事実は，原告の契約解除権発生に係る事実である。解除権が存在して初めて解除の意思表示（解除権の行使＝民540Ⅰ）をすることができる。「……したときは解除することができる。」との条項にあっては，「……したとき」との部分が解除権発生の要件であり，「解除することができる。」との部分が解除権が発生するとの効果を定めている。

解除権が行使されたことによって解除の効果が生じ，その結果，請求権が

【契約解除の意思表示】
契約または法律の規定により当事者の一方が解除権を有するときは，その解除は相手方に対する意思表示によってこれをなす（民540Ⅰ）。これによって，相手方に対する解除の意思表示を行う方法で同解除権を行使する。そして，この解除の意思表示には，民法総則の規定が適用され，隔地者間にあっては，意思表示が相手方に到達したときからその効力が生ずる（民97Ⅰ）。したがって，解除の効力を主張する者は，①解除権発生の根拠事実，②解除の意思表示を発したこと及び③解除の意思表示が相手方に到達したことを主張・立証することになる。

実際は，内容証明郵便の方法によって解除の意思表示を行うのが通常であり，その配達証明書と併せれば，意思表示をした事実とそれが到達した事実が証明されることになる。

発生する又は請求することができるとしている債務名義についての執行文付与の手続過程においては，解除権が発生していることが大前提であり，債権者は，解除権の発生を明らかにしなければならない。そして，**解除権の発生は法律効果である**から，解除権の発生又は存在それ自体が証明の対象になることはない。解除の効果を主張する者は，必ず解除権の発生を根拠づける事実を証明しなければならない。

この点は，前出の「当然解除」の場合と異なる点である。当然解除の場合，証明責任分配の観点からする解釈によって，多くの場合，「解除期限」が設定されていると理解されることになり，契約終了による請求権の発生が当該期限到来に係らせてある実質を有することになる。それに対し，無催告解除特約のような場合は，Ⓐ**まず，解除権が発生して存在し**，Ⓑ**その解除権を行使し，その結果契約が終了して具体的請求権が発生・根拠づけられるという論理関係**にある。

①の事実において，「支払を怠った」というのは消極的事実であること，条項4項の代金の支払は，被告がその債務の履行として行うべき性質のものであることから，「被告が支払を怠ったこと」について債権者である原告に証明責任はなく，逆に，債務者で

— 84 —

ある被告が「支払ったこと」を証明すべき関係にある。したがって,「支払を怠った」ことは,債権者である原告が証明すべき事実ではない。

また,被告が支払を怠った額が150万円に達した事実についても同様であるが,この点から,被告がいつ遅滞に陥るかについて考えることができる。条項4項において平成26年7月から毎月の分割払を約束しており,仮に,その初回から支払を怠ったとしても第3回目の支払期である平成26年9月30日が経過しなければ,その遅滞額が150万円に達することは論理的にはあり得ない関係にある。したがって,平成26年9月30日以前の時点においては条項5項の定めによる解除権は未だ発生しない論理関係になることは,和解条項上明らかである。上記に抽出した①の「支払を怠った」との事実とは異なるが,原告の解除権は,「平成26年9月30日が経過したこと」によって発生すると解することができ,「平成26年9月30日が経過したこと」が解除権発生を根拠づける事実であると解される。そのため,債権者である原告は,この事実を証明しなければならないが,この事実は,暦によって明らかであるから,「顕著な事実」として特段の証明文書の提出は要しないことになる。

以上のことは,結局,解除権発生に関する和解条項の文言を証明責任分配の観点から合理的に解釈して次のように読み替えることを意味している。つまり,「原告は,平成26年9月30日が経過すれば第3項の契約を解除することができる。ただし,被告がその間,第4項の代金を支払えばこの限りではない。」という趣旨に読み替えるのである。

ところで,この「平成26年9月30日が経過した事実」だけを取り出してみると,それは,確定期限(の到来)のようにみえるが,これは,建物明渡請求に係る確定期限ではないことに注意すべきである。本件建物の明渡請求ができることが「平成26年9月30日が経過した事実」に直接に係っているわけではない。民執法30条1項は「**請求が**確定期限の到来に係る」と規定しているのであって,およそ確定期限到来のすべてが執行開始要件として執行機関の認定に係るものとしているわけではない。ここでの「平成26年9月30日

【「平成26年9月30日が経過した」事実の証明】

本文にも述べるように,この事実は暦によっていわば誰でも認定できる事実である。顕著な事実として債権者がその証明文書を提出することは要しない。その意味で,債権者は証明することを要しないとはいえる。しかし,執行文付与機関は,**この事実を認定しなければならない**のであって,その認定のために債権者が証拠を提出する必要がないというにとどまる。

観点を変えれば,民執法27条1項は「債権者の証明すべき事実」と規定しているが,これは,執行文付与機関として**執行文を付与するための要件**を定めたものであり,執行文付与機関が認定すべき事実を「債権者が証明すべき事実」という表現で規定したものであると解される。「債権者が証明すべき事実」とは,既に述べたとおり,『債権者に証明責任のある事実』という意味であって,顕著な事実のように,そのすべてについて,債権者が証拠を提出しなければならないことを意味するものではないはずである。

それに対し,執行開始要件(民執法30, 31)とされる事実は,執行文付与機関による**認定を要しない事実**であって,執行文付与の要件とはされていないのである。したがって,その場合には,定められた期限が到来する前であっても,執行文を付与できるし,付与すべきである。

以上の違いは,訴訟手続において「顕著な事実」は証明は要しないが,主張は要するとの理解とパラレルな関係にあると思われる。

第3 事実到来（条件成就）執行文

が経過したこと」は，原告に解除権が発生することを根拠づける事実であって，次の「原告が解除の意思表示をし，それが到達した事実」（②）と相俟って，<u>解除の効果を主張するには欠くべからざる事実</u>である。したがって，執行文付与機関である裁判所書記官の立場からすれば**執行文を付与するための要件**としての事実であることから，「平成26年9月30日が経過したこと」を積極的に認定しなければならない。

　もっとも，この「平成26年9月30日が経過した事実」は，暦によって客観的に認定できる事実であって，この事実を証明するために，債権者である原告は特段の証明文書を提出する必要はない。すなわち，顕著な事実であって，証拠による認定を要しない事実であるものの，執行文付与機関は，「平成26年9月30日が経過した事実」を認定しなければならないのであって，その認定なしに執行文を付与することはできない。この点で，請求が確定期限の到来に係る場合（執行開始要件）とは異なる。

② 解除の意思表示をし，それが到達した事実

　②の事実は，①によりその発生が根拠づけられた解除権の行使に関する事実である。解除する旨の意思表示を解除権者である原告が発し，それが相手方である被告に到達した事実である。

　ここでは，解除の対象となる契約の特定と，同契約を解除する旨の意思表示の内容が明らかにされなければならない。

　また，解除の意思表示を発した事実は，解除の意思表示が到達した事実が証明されることによって推認される関

【研究問題3-11　の再整理】
　　［建物の明渡請求（権）］

　①　原告（債権者）の解除権の発生　⇔　法律効果
　②　原告が解除する旨の意思表示をし，それが被告に到達した事実
　③　解除の意思表示が被告に到達した日
　④　③の翌日から1か月経過した事実
－－－－－－－－－－－－－－－－－－－－－－－
　［①　原告の解除権］

　㋐　被告が金員の支払を怠りその額が150万円に達したこと⇨⇨原告に証明責任なし
　㋑　<u>平成26年9月30日が経過した事実</u>

係にあるといえる。到達の事実が認められれば，その前提として意思表示が発せられたことが論理的に認められるからである――その意味では，この意思表示を発した事実を別に摘示する必要はないともいえよう――。

　意思表示の到達は，その効力が生じるための要件であり（民97Ⅰ），意思表示によって行う解除（権行使）についても妥当し，解除の効果発生を主張する者は，解除の意思表示が相手方に到達した事実を証明しなければならない。

③ 解除の意思表示が到達した日

　③の事実は，解除権発生後の解除であることを根拠づける事実になると解される。仮に，本件で，平成26年9月30日が経過する前に解除の意思表示を発したとしても，意思表示が同日の経過後に名あて人に到達すれば，解除の効力の発生を妨げないと解する。換言すれば，解除の意思表示が同日の経過後に到達した事実を証明しなければならないというべきであり，その意味で，この事実の証明を要すると解する。

　また，この事実は，次の「解除後の一定期間の経過」の時点を導き出すための期間の起算点を明らかにするためにも証明を要する事実となる。

実際には，解除の意思表示は，配達証明付きの内容証明郵便で行われるのが通常であるから，内容証明郵便とその配達証明書が提出されることによって，②から④までの事実は証明されることになる。

④ 解除後の一定期間の経過

④の事実は，③の事実，つまり解除の意思表示が到達した日が明らかにされることによって具体的日付でもって定まるものであり，その結果，確定期限と同視でき，その到来は執行開始要件であり，執行文付与機関の審査の対象外となり，具体的に定まる日の到来前であっても，執行文を付与してよい。そして，本問で解除の意思表示が平成26年10月20日被告に到達した場合，その翌日（21日）から起算して1か月というのは，応当日の前日である11月20日が経過することによって，すなわち，11月21日がその履行期限ということになる。

執行文の記載

前記(5)「事実到来とその後の一定期間の経過」の項（77頁）で述べたように，執行文付与機関の認識を執行機関へ伝え，執行手続へ架橋するために，執行を開始することができるか否かの基準となる日付を執行文に補充することになる（「**執行文の債務名義補充機能**」）。本件の場合，執行文様式(2)の「債務名義に係る請求権の一部について強制執行をすることができる範囲」欄に次のように記載することになる。

　条項6項　（執行開始できる日　平成26年11月21日）

【**記載方法別案**】　この「執行開始できる日」の記載については，従前からこのような形式が示されている（（旧）民実講議案Ⅱ153頁，205頁，新民訴実務研究Ⅱ216頁，263頁）。ただ，このように「執行開始できる日」そのものを明示的に記載するのではなく，その前提となった事実，つまり裁判所書記官が提出された証明文書から直接認定した事実を記載する方法も考えられる。つまり，執行文付与機関たる裁判所書記官が認定した事実とは，解除の意思表示が被告に到達した事実及びその日であるから，例えば，具体的には，次のように記載することになろう。

　条項6項　（解除の意思表示が被告に到達した日平成26年10月20日）

その理由とするところは，「事実到来後の一定期間の経過」が具体的にいつを指すものかについて，和解条項の表現によっては議論の余地がある場合も想定され，執行文付与機関と執行機関との間に，これについての認識の相違が生ずる事態がないとはいえないからでもある。次の研究問題3-12参照

研究問題 3-12　（契約解除＋一定期間の経過）

「6　前項により解除の意思表示があったときは，被告は，原告に対し，解除の意思表示の到達の日の翌日から1か月以内に本件建物を明け渡す。」

研究問題3-11の和解調書の条項6項がこのような内容のものであった場合，研究問題3-11とは何か意味が異なるか？

解　説

研究問題3-11と本問との違いは，その起算日を同じくしながら，前者が「1か月を経過した日」と記載してあるのに対し，後者は「1か月以内に」と記載してあり，この両者

第3　事実到来（条件成就）執行文

の表現が具体的に同一時点を指すものか，それとも異なる時点を指すものかである。
　既に述べたように（前記69頁），前者の「1か月を経過した日」というのは，最も明確な定め方であると考えられる。
　これに対し，本問の定め方は，やや多義的であり，当事者がどのような意図でこの内容の合意をしたかを考慮する必要がありそうである。しかし，既に成立した和解調書の解釈としては，他の条項から推認されるケースを除いては当事者の主観を考慮することは困難である。
　研究問題3-11と同様に，解除の意思表示が平成26年10月20日に被告に到達したと仮定する。その到達日の翌日から起算して「1か月以内」というとき，その始期から1か月を定めたものであるが，「以内に」とは，1か月を経過する最後の日までということを意味するので，これに着目すれば「期限」を定めたものと考えられる（高辻正己ほか編・法令用語辞典（第七次改訂版）115頁）。つまり，翌日の10月21日から起算して1か月が満了する「11月20日まで」という意味に理解でき，履行期限という意味では，**その最終日である「11月20日限り」明け渡す**ものであると理解できる。したがって，「1か月を経過した日」と「1か月以内」とでは，その具体的履行期限は異なるものと解する。
　ところが，これに対しては，「1か月以内」は債務者の任意履行を定めた期間であって，1か月が経過することによって強制執行することができるという趣旨であるとする理解もある。この理解に従えば，1か月が経過した日が強制執行可能日となり，「1か月を経過した日」との表現と同一日を指すことになる。「1か月以内」という表現に，債務者の任意履行を定めた期間との意味を読み取ることはおよそ不可能と考えるがいかがであろうか。
　いずれにしても，「×か月以内に」という表現は，二義的な解釈の可能性を孕む表現であるようにも思われることから，和解条項を作成するにあたっては，できれば避けるのが望ましいとも考えられる。また，事実到来後一定期間が経過したときに請求できるとしている債務名義に付与する執行文を記載するにあたっても，仮に執行文付与機関と執行機関との解釈認識にズレがあったとしても当事者にその影響が生じないように，先に別案として提案したように，「（執行開始できる日）」を直接表記するのではなく，その前提となる執行文付与機関が認定した事実を執行文に記載するのが相当であることもあろう。

(8)　**過怠特約**（過怠約款）
　ア　**意　義**
　　過怠特約とは，当事者がある特定の給付（Ⓐ）を約し，その給付（履行）を怠ったとき，給付（Ⓐ）の内容が変容し，又は別個の給付（Ⓑ）を行うべきことを約するものである。この給付（Ⓐ）には，一定の不作為も含まれる。したがって，その場合の給付（履行）の怠りは，作為となる。
　　過怠特約として総称される特約類型はいくつかあるが，論者によって，その呼び方もいくつかあるように思われる。これまでに述べたところで，過怠特約の性質を有する条項についても述べてきた。和解において合意されるこの種のものとしては，次に掲げるものが比較的

多いと思われるが，重要なのは，各類型の名称ではなく，**その特約がどのような意味を持っているか**に帰着する（新民訴実務研究Ⅱ207頁参照）。

 a **失権特約**（失権約款，当然解除特約）
 b **期限の利益喪失特約**（期限の利益喪失約款）
 c **無催告解除特約**（催告不要特約，解除権留保約款）
 d **違約金特約**

既に述べたとおり，一定の作為をすべきでないのに作為に出たという場合も，ここでの過怠に含まれるが，実務では，金銭の支払や物の引渡しを怠るように，ある特定の事実がないこと，つまり，**消極的事実**に係る形態であることが多い。例えば，「被告が前項の金員の支払を怠ったときは，……」というのがその典型である。

これについては，**証明責任分配の原則を考慮した合理的な意思解釈**によって，この過怠特約条項等を**読み替える手法**をとることになる。

イ 期限の利益喪失特約

 ≪類型≫ X項 △△は，○○に対し，前項の金員を次のとおり分割して支払う。
    1 平成××年××月××日限り××円
    2 ……
   Y項 △△が前項の支払を**怠ったときは，同項の期限の利益を失う。**

(ア) 意 義

期限の利益喪失特約とは，例えば，一定額の金銭につき分割払の約束をし，又は将来の一定時期に給付を行う約束をする場合において，将来一定の事実が到来発生することによって，債務者に許与された期限の利益を失わせ，債務者は，直ちにその全部の給付をしなければならないことを定めるものである。通常は，類型に掲げたように，分割給付の条項を掲げ，その不履行があったときに「期限の利益を失う。」という形で合意されることが多い（民事実務講義案Ⅰ329頁以下参照）。

(イ) 機能・効果

この「期限の利益を喪失する。」というのは，類型のX項で特約された「分割」又は「期限」の定めの効力を失わせるというものであり，条項の性質としては**形成条項**である。

債務者が期限の利益を失った場合，債務者は，類型のX項に基づき，X項に分割や期限の定めがないものとして給付をすべき義務を負うことになるのである。したがって，同一給付につき分割や期限付きの給付条項が存在する場合，期限の利益を失ったときに（その残額を）直ちに給付すべき旨の条項（文言）を別に設ける論理的必要はないのである。

第3　事実到来（条件成就）執行文

しかし，実務においては，この場合でも，例えば，「期限の利益を失い，△△は，○○に対し，残額を直ちに支払う。」との文言を設けることが多い（民事実務講義案Ⅰ330頁）。

> 【「期限の利益を失い，……残額を直ちに支払う」】
> 期限の利益喪失前後において給付の範囲が同一である場合でも，本文に述べるように，「残額を直ちに支払う。」との給付約束文言を改めて明示することが多い。この場合，理論的には，給付条項としては，「類型Ⅹ項」のような分割払等を約する条項だけで足りるわけであるが，更に進んで，期限の利益喪失及び残額即時払の条項を給付条項ではないと解するまでもない。

期限の利益を失った後の給付が分割等によって給付する範囲を超えないときは，このように，改めて給付条項を設ける必要はない。これに対し，期限の利益喪失後の給付が期限の利益喪失前のそれを超えるとき，又は別の給付請求権（例えば，遅延損害金請求権）が発生し，その給付をすべきときは，その部分について給付条項を設ける必要がある（民事実務講義案Ⅰ332頁以下，研究問題3-14参照）。

研究問題 3-13　（期限の利益喪失条項）

「1　被告は，原告に対し，本件貸金残元金100万円の支払義務があることを認める。
　2　被告は，原告に対し，前項の金員を分割して，平成25年10月から同26年7月まで毎月末日限り10万円ずつ支払う。
　3　被告が前項の分割金の支払を2回分以上怠ったときは，当然に期限の利益を失う。」

この和解条項を含む和解調書について，原告から，平成25年11月26日，条項2項について自己のために執行文を付与されたい旨の申立てがあった。この場合，原告が証明文書を提出する方法によってその到来を証明しなければならない事実があるか？また，執行文付与機関は，直ちに執行文を付与してよいか？

解　説

1．請求が係る「到来すべき事実」の存否

　条項2項に表示の「平成25年10月から平成26年7月までの毎月末日の到来」は，分割金の各支払期を確定期限をもって定めたものである。他に，「到来すべき事実」は認められない。

2．執行開始要件

　1．で抽出した事実は，確定期限の到来であり，それは，執行開始要件（民執法30Ⅰ）であり，執行文付与機関においてその到来を審査・調査すべき事項ではない。換言すれば，確定期限の到来は，執行文付与の要件ではない。

　仮に，請求についての確定期限の到来が執行文付与の要件であるとすれば，本ケースにおいて，条項2項に執行文を付与するに当たり，その時点で既に支払期限が到来している平成25年10月31日に支払うべき10万円の限度でのみ執行文を付与すべきことになる（それを超える部分については付与を拒絶する。）。しかし，現行法の制度として，確定期限の到来が執行開始要件であり（民執法30Ⅰ），執行文付与の要件ではないことから，本ケースにおいては，**条項2項全部について執行文を付与することができるのである。**

3．一応の結論

　原告が執行文付与機関に対して証明文書を提出する方法によって証明しなければならない「到来すべき事実」はなく，条項2項につき単純執行文を付与する。

　本問に掲げた和解条項は，研究問題3-5（70頁）に掲げた和解条項に期限の利益喪失特約が付加されている形態であるが，両者を比較すると，この場合，期限の利益喪失特約の存否は，執行文付与に影響を及ぼしてはいないことが分かる。

4．**問題の所在**

　原告が執行文付与を申し立てた時期は，平成25年11月26日であり，その時点においては，初回の分割金支払期である平成25年10月31日が到来・経過しているにすぎず，論理的に2回分の遅滞は生じていないと考えられる。そうすると，被告は条項3項によって期限の利益を未だ喪失していないことになり，この時点では，初回の分割金に限定された，つまり，「請求権の一部」について執行文を付与すべきことになるのか，という点が問題となる。

5．**結　論**

　4．のとおり，平成25年11月26日時点では，被告は期限の利益を喪失しているとはいえない。しかし，債権者が執行文の付与を得るために，執行文付与機関に対して証明すべき事実はないのであって，執行文付与機関は，当該和解調書が債務名義として効力を維持している場合には，執行文を付与すべきであって，申立人から一部についての付与申立てであることが明示されている場合を除き，条項2項にそのまま執行文を付与することになる。換言すれば，条項2項についての執行文付与に当たっては，条項3項の期限の利益喪失条項が存在していなくても，その全額（部）について執行文を付与することが可能である――これは，確定期限の到来が執行開始要件として執行機関が認定すべき事項とされている結果であるといえる（前記1⑵エ「執行開始要件である事実の除外」の項58頁）。――。

　もちろん，これは執行文付与の段階におけることであって，**執行開始の段階では期限の利益喪失条項の存否によって違いが生ずる**。つまり，<u>期限の利益喪失条項が存在しなければ</u>，執行機関は，各分割金の支払期が到来した範囲においてのみ執行開始することになる。これに対し，期限の利益喪失条項が存在するときには，次に見るように，論理上期限の利益を喪失しうる時期以降であれば，その全額について，それを請求債権として執行開始することができる。

6．**期限の利益喪失特約の構造と機能**

　条項2項では分割払を約しているのに対し，債権者（原告）は，債務者（被告）が期限の利益を失ったとして，即時全額の支払を請求することがこの特約の機能であるが，即時全額の請求をすることができるということは，債権者にとって有利な事項である。そのため，債務者が期限の利益を失ったことは，債権者において証明すべき事項であるようにみえる。

第3　事実到来（条件成就）執行文

しかし，「期限の利益を失う」というのは，**法律効果**であって，事実ではない。したがって，「期限の利益を失うこと」自体を当事者が証明するわけではない。債権者は，期限の利益を失うという効果を生じさせる具体的事実を証明すべきことになる。本問の和解条項でいうと，それは，条項3項に定めがあり，「被告が第2項の分割金の支払を2回分以上怠ったとき」に，期限の利益喪失の効果が生じる。

【期限の利益喪失特約】
［即時全額請求］
‖
［被告の期限の利益喪失］⇔法律効果
　　　　　　　　↑
㋐　~~被告の2回分以上の支払の怠り~~…債権者に証明責任なし
㋑　平成25年11月30日の経過

期限の利益喪失の効果を援用する債権者としては，「被告が第2項の分割金の支払を2回分以上怠った」ことを証明すべきであるようにみえるが，分割金の支払は，被告が債務として負担しているものの履行であるから，「支払ったこと」について債務者である被告にその証明責任がある。債権者（原告）は，「被告が支払を怠ったこと」について証明責任を負わない。

では，債権者（原告）は，どのような事実を証明することによって，被告が期限の利益を失っているという効果を根拠づけることができるか。

例えば，「毎月末日限り支払うべき分割金を1回でも怠ったときは期限の利益を失う。」との趣旨の特約の場合，**証明責任分配の原則を考慮した合理的意思解釈**からすれば，『各分割金の弁済期が経過したときは，債務者はその後に到来すべき期限の利益を失い，残額全部の弁済期が経過したものとする。ただし，各弁済期経過前に弁済したときはこの限りでない。』と読み替えて理解する（新民訴実務研究Ⅱ213頁，司法研修所編・民事訴訟における要件事実第1巻272頁以下参照）。これと同様に，本和解条項を理解すると，分割金が2回分に達する第2回目の分割金支払期限である平成25年11月30日が経過したときに債務者はその後に到来すべき期限の利益を失うものと理解される（期限の利益喪失の「**停止期限**」）。これに対し，未だ期限の利益を失っていないとして債務者（被告）が争う場合，債務者において弁済していることを立証すべきで，これは請求異議事由として主張されることになる。

したがって，本問の場合，債務者が期限の利益を失い一括して支払うべき立場となるのは，平成25年11月30日が経過した日，すなわち平成25年12月1日の到来したときである。いずれにしても確定期限となり，即時全額の請求は，確定期限の到来に係っていることになる。

そのため，執行開始の関係では，平成25年12月1日以後であれば，この期限の利益喪失特約がその効果を発揮していると理解することができ，条項2項に定める全額100万円を即時に支払うことを請求することができることになる。つまり，同日以後であれば，執行機関は，その全額である100万円を請求債権として強制執行を実施することができる。

以上のことから，ここに掲げた和解条項の場合，期限の利益喪失特約の条項は，執行文付与段階ではなく，執行開始の段階において，その効果を発揮することになる。

2 事実到来（条件成就）執行文各論

研究問題 3-14　（期限の利益喪失後の遅延損害金支払）

「1　被告は，原告に対し，本件貸金残元金100万円の支払義務があることを認める。

2　被告は，原告に対し，前項の金員を分割して，平成25年10月から同26年7月まで毎月末日限り10万円ずつ支払う。

3　被告が前項の分割金の支払を2回分以上怠ったときは，当然に同項の期限の利益を失う。

4　被告が前項により期限の利益を失ったときは，被告は，原告に対し，第2項の残額に対する期限の利益を失った日の翌日から支払済みまで年2割の割合による遅延損害金を支払う。」

この条項を含む和解調書について――研究問題3-13に条項4項の遅延損害金の給付条項が付加されている。――，原告から，

Q1　平成25年<u>11月26日</u>，条項2項及び4項について，自己のために執行文を付与されたい旨の申立てがあった。

Q2　平成26年1月24日，条項2項及び4項について，自己のために執行文を付与されたい旨の申立てがあった。

この場合，原告が証明文書を提出する方法によってその到来を証明しなければならない事実があるか？　また，執行文付与機関は，直ちに執行文を付与してよいか？

解　説

1．条項2項の元金請求について

条項2項の元金請求については，確定期限の到来に係るだけであり，研究問題3-13で述べたとおりであり，条項4項が付加されていることによって違いは生じない。また，執行文付与申立時期の違いも問題にならない。

2．**遅延損害金請求権の根拠事実**

本件遅延損害金請求権の発生を基礎づける根拠事実は，条項の文言上は，「被告が期限の利益を失ったこと」であるとみえる。しかし，「期限の利益を失う」というのは<u>法律効果であって事実ではない</u>。「期限の利益を失うこと」自体が証明の対象となることはなく，その原因事

【遅延損害金請求権の発生】

［遅延損害金請求（権）］
‖
［被告の期限の利益喪失］⇔法律効果
　　　　↑
⑦　被告の2回分以上の支払の怠り…債権者に証明責任なし

④　平成25年11月30日の経過

実が証明の対象となる。本件で，被告が期限の利益を失うのは，「条項2項による分割金の支払を2回分以上怠ったこと」であるが，この事実に関しては，債権者である原告にとっては消極的事実であること，条項2項に定める分割金の支払は，被告（債務者）が債務として負担しており，その履行として行うべきものであることから，「支払った事実」について債務者である被告に証明責任があると解される。

そうすると，証明責任分配の原則に従って解釈すれば，この遅延損害金請求権の発生を根拠づける事実は，研究問題3-13においてみたと同様，第2回目の分割金の支払期である**「平成25年11月30日が経過したこと」**ということになる。これは，遅延損害金請求権に

第3　事実到来（条件成就）執行文

ついてその（発生の）始期を定めたものと同一であり，同日の経過によって遅延損害金が発生することになるはずである。

さらに，「平成25年11月30日が経過したこと」は，「平成25年12月1日が到来したこと」と同義であり，この遅延損害金請求は，平成25年12月1日が到来することによって発生することになる。このことは，遅延損害金請求が確定期限の到来に係るものであることを意味し，それは，執行開始要件に該当する（民執法30Ⅰ）。その結果，この条項4項についての執行文においては，平成25年11月30日が経過したことは付与の要件ではなく，債権者は，平成25年11月30日が経過したことを証明する必要はないし，裁判所書記官も，そのことを認定する必要がない。

3．遅延損害金請求権発生前の執行文付与申立て（Q1）

Q1では，平成25年11月26日に執行文付与の申立てがされており，その時点では，「2回分以上」の怠りという事態に至らないため，遅延損害金請求権が発生する余地はない。しかし，執行文付与手続的には，平成25年11月30日が経過したこと，つまり「平成25年12月1日が到来したこと」は確定期限の到来であって，それは民執法30条1項に規定する執行開始要件であり，執行文付与機関が審査認定すべき事項ではなく，執行文付与機関は，その事実の到来の有無にかかわらず条項4項についても執行文を付与して差し支えないし，付与すべきである。

4．具体的遅延損害金の始期の特定（Q2）

Q2は，Q1とは異なり，論理的に遅延損害金請求権の発生後と考えられる時期の付与申立てである。債権者が請求権の範囲を限定することなく付与の申立てを行ってきたときは，執行文付与機関は，条項2項及び4項にそのまま単純執行文を付与して差し支えないし，付与すべきである。

この場合，一見するとその条項からは**遅延損害金発生の始期**が明らかでないように思われるが，これまでに述べたところから導かれるように，**遅延損害金発生の始期は「平成25年12月1日」**であり，その始期は，**実質的には和解調書中に明示されていると理解すべき**である。したがって，この場合に，裁判所書記官は，その付与する執行文に，特に遅延損害金の始期を記載する必要はないと考える。

ところで，Q2の付与申立時期は，約定の分割金の支払期が既に3回経過している時点である。そうすると，実体的には，それまでの間に元金又は遅延損害金の内入弁済がなされたことも予想されるところである。もちろん，だからといって，執行文付与機関として，債権者に対し，内入弁済の有無を明らかにするように求める義務もなければ，その権限もないというべきである。

これに対し，債権者が内入弁済の事実を明示して，その残額についての執行文付与申立を行ってきた場合には，請求権の量的一部についての付与申立てとして，執行文付与機関もその限度で付与すべきことになる。その場合には，執行文様式(2)を用い，その「債務名義に係る請求権の一部について強制執行をすることができる範囲」欄に，申立てに係る額又はそれを特定しうる事項を記載することになる。執行文付与についても，処分権主義が妥当する。

ウ **無催告解除特約**（催告不要特約，解除権留保特約（約款））

≪類型≫　X項　△△が××を怠ったときは，○○は**何らの催告を要しないで本件◇◇契約を解除することができる**。

Y項　前項により**解除されたとき**は，△△は，○○に対し，……を明け渡す。

これは，先にみた(7)「解除権の発生と解除」の項（82頁以下）に掲げた類型と同じであり，債務者がすべき給付を怠ることによって債権者に解除権が発生するとの合意である。類型X項は形成条項であるが，このように，債務者の債務不履行を理由として債権者が解除するのは，法定解除（民541）であり，このような特約条項は，法定解除権発生の要件である催告を不要とし，法定解除権発生の要件を緩和する点に，形成条項としての意味がある（民事実務講義案Ⅰ333頁）。そのため，この類型は「催告不要特約」とも呼ばれるのである。

この類型の場合，**債権者は**，執行文付与申立てに当たっては，

① 　解除権の発生原因事実（ただし，債務者が債務の履行を怠った事実については，証明責任を負わない。）

②-1 　契約を解除する旨の**意思表示をし**，それが名あて人（△△）**に到達した事実**

②-2 　解除の意思表示が到達した日

について証明責任を負い，証明文書を提出する方法によって証明しなければならない。

この類型の場合にあっては，前記のとおり，債権者（○○）は，債務者（△△）がその債務の履行を怠った事実を証明する必要はないが，研究問題3-11（83頁）で解説したように，解除権の発生は法律効果であることから，①の解除権の発生を根拠づける事実，つまり**解除権発生要件に論理的に該当する事実が到来したことを証明**しなければならないので，注意を要する。

エ **失権特約**（失権約款，当然解除特約）

≪類型≫　X項　△△が××を怠ったときは，本件◇◇契約は**当然解除となる**。

Y項　前項により解除**となったとき**は，△△は，○○に対し，……を明け渡す。

これは，先にみた「当然解除」の類型である（(6)「当然解除」の項80頁参照）。一定の事実が発生することによって契約関係が解消され，同契約を原因として生じていた権利が失われるに至るから「失権特約」とも称される。先の「無催告解除特約」とは，解除権の発生及びその行使という過程を経ることを要しない点において異なる。

この類型においても，執行文付与を申し立てる債権者は，△△が債務の履行を怠った事実を証明する必要はない。逆に，△△において，××を履行した事実を請求異議事由として主張・立証することになる（民執法35）。

ただし，「当然解除」の効果が発生する要件に論理的に該当する事実（一般的には，債務者が履行すべき債務について和解条項中で期限の定めがされており，それを「怠ったときは」と合意されているのが通常であろう。）が到来したことを証明しなければならない場合が通常である（その期限の性質は，Y項の明渡請求との関係では**「停止期限」**であるようにみえる（新民訴実務研究Ⅱ215頁【設例⑤】参照。また，司法研修所編・民事訴訟における要件事実第1巻266頁以下参照））。

オ **違約金特約**

第3 事実到来（条件成就）執行文

≪類型≫　X項　△△は，○○に対し，平成？年？月？日限り××を明け渡す。
　　　　　Y項　△△が前項の明渡しを**怠ったとき**は，△△は，○○に対し，**違約金として……円を支払う**。

　類型に示した条項の文言から判明するように，一定の給付を怠ることを原因として新たな別個の給付請求権が発生する形態である。

【「違約金の」性質】
　違約金は，賠償額の予定と推定される（民法420Ⅲ）。したがって，和解で，一定の怠りがあった場合に違約金を支払うとの条項も，先に述べた遅延損害金を支払う旨の条項と同じ性質になるはずである。

　一見すると，「××の明渡しを怠った事実」が，違約金請求権の発生根拠事実であるように見えるが，「明渡しを怠った事実」は消極的事実であり，被告が債務として履行すべき性質のものであるから，証明責任分配の原則から考えて，債権者（○○）に「債務者が明渡しを怠ったこと」についてその証明責任があるわけではない。この類型においても，申立債権者（○○）は，執行文付与を得るために，債務者（△△）が「××の明渡しを怠った事実」を証明する必要はない。

　このような場合，上記エと同様に理解すべきである（新民訴実務研究Ⅱ215頁【設例⑤】参照）。すなわち，このX項とY項とを**全体的**に，かつ，**証明責任分配の原則を考慮して合理的に解釈**して，Y項を次のように読み替えることになるのである。

≪読替え≫　Y'項「△△は，○○に対し，**平成？年？月？日を経過したときに違約金**として……円を**支払う**。**ただし，△△が同期日限り××を明け渡したときはこの限りでない。**」

【違約金請求権の発生】
　［違約金請求（権）］
　　　↑
　㋐　被告の明渡しの怠り……債権者に証明責任なし
　㋑　平成？年？月？日の経過 ⇔ 確定期限の到来

　このように読み替えた上で，執行文付与の要件を考えれば，「平成？年？月？日が経過した事実」は違約金請求権の発生を根拠づける事実，つまり**「停止期限」**としての性質を有することが明らかになる。したがって，違約金請求は，「平成？年？月？日が経過した事実」の到来に係ることになり，これは，債権者の証明すべき事実となる。もっとも，「平成？年？月？日が経過した事実」は，「平成？年？月？日の**翌日が到来した事実**」と同義であり，それは「確定期限の到来」であって，結局，**執行開始要件**となり，執行文付与機関が審査・調査すべき事項ではなく，執行機関が審査・判定すべき事項となる（民執法30Ⅰ）。

　したがって，執行文付与機関は，直ちに執行文を付与して差し支えなく（その場合の執行文の種類は「単純執行文」である。），ただ執行機関は，「平成？年？月？日の翌日」が到来しないと執行を開始することができない関係になるのである。これに対し，△△は，××を明け渡したことを「請求異議事由」として主張することになる（民執法35）。

【和解条項の合理的な解釈による読替え】
　上記のように和解条項を読み替えて理解することは，定められた条項の文言から大きく乖離するようにみえる。しかし，和解において合意する給付について，一定の事実が生じたときにその給付を行う旨の合意を行う場合，特にその債権者の立場としては，自

己がおよそ証明することが不可能又は困難な事実を証明しなければ同給付について執行文の付与を得た上で強制執行を行うことはできないような合意をすることは、その意思として考えられない。したがって、このような証明責任分配の原則の観点からする和解条項の読替え解釈は合理性のあるものである。

(9) 「債権者の証明すべき事実の到来」に関する総合的研究（事例演習）

研究問題 3-15

「1　原告と利害関係人は、平成26年5月1日限り、原告が利害関係人に平成24年7月1日に貸した本件建物の賃貸借契約を合意解除する。

2　原告は、利害関係人に対し、平成26年5月31日限り、前項の賃貸借契約の敷金の返還として60万円を、紅葉信用組合本店の利害関係人名義の普通預金口座（口座番号5105963）に振り込む方法により支払う。

3　原告は、被告に対し、本件建物を次の約定で賃貸し、被告はこれを賃借する。

(1)　使用目的　事務所

(2)　賃貸期間　平成26年5月1日から3年間

(3)　賃料及び支払方法　1か月7万円、毎月1日限り当月分を口座振込み

(4)　賃料改定……………………

(5)　敷金　34万円

(6)　特約……………………

4　被告は、原告に対し、前項(5)の敷金34万円を本和解の席上で支払い、原告はこれを受領した。

5　被告は、原告に対し、毎月1日限り、次の賃料を株式会社渋谷銀行本店の原告名義の当座預金口座（口座番号4989464）に振り込む方法により支払う。

(1)　平成26年5月から第3項(3)による当月分の賃料

(2)　第3項(4)により賃料が改定されたときは、改定された月から当月分の賃料

6　被告が前項(1)又は(2)の賃料の支払を怠り、その額が3か月分に達したときは、原告は、被告に対し、何らの催告を要しないで、第3項の賃貸借契約を解除することができる。

7　前項により解除の意思表示があったときは、被告は、原告に対し、

(1)　本件建物を明け渡す。

(2)　解除の意思表示の到達の日の翌日から前号による明渡し済みまで、契約解除時における賃料に相当する損害金を原告に持参又は送金する方法により支払う。」

Q1　この条項を含む和解調書について、一般的に、執行文付与の対象となる条項を摘示せよ。

Q2　Q1で摘示した各条項について、請求が「事実の到来に係る」場合の事実を摘示し、その事実のうち、その到来を執行文付与機関に対して証明文書を提出する方法によって証明しなければならないものを摘示せよ。

第3 事実到来（条件成就）執行文

> 解　説
> ※　以下，抽出した事実のうち，**ゴシック体**で表記したものが執行文付与機関に対して証明することを要する事実と解されるものである。

1．一般的に執行文付与の対象となるいわゆる「給付条項」
　　条項2項，条項5項，条項7項。

2．条項2項についての到来すべき事実の抽出と証明の要否
　　給付請求＝利害関係人の原告に対する敷金返還請求
　　事実 2-A　平成26年5月31日が到来した事実
　　　平成26年5月31日は，利害関係人の原告に対する敷金返還請求の履行期限である。そして，これは，確定期限であり，その到来は，民執法30条1項に定める執行開始要件として，執行機関が調査・認定すべき事項である。したがって，これは執行文付与の要件ではなく，執行文付与機関としては，この到来の事実を調査・認定する必要はない。そのため，債権者である利害関係人も，執行文付与を得るため，この事実を証明する必要はない。裁判所書記官は，同期限の到来前であっても執行文を付与してよいし，付与すべきである。
　　　このほかに，請求に係る到来すべき事実はない。

3．条項5項(1)についての到来すべき事実の抽出と証明の要否
　　給付請求＝原告の被告に対する賃料請求
　　事実 5-1-A　平成26年5月から毎月1日が到来した事実
　　　この毎月1日も確定期限であり，その到来は，民執法30条1項に定める執行開始要件として執行機関が調査・認定すべき事項である。したがって，執行文付与機関としては，この到来の事実を調査・認定する必要はない。
　　　このほかに，請求に係る到来すべき事実はない。

4．条項5項(2)についての到来すべき事実の抽出と証明の要否
　　給付請求＝原告の被告に対する賃料請求（改定後のもの）
　　事実 5-2-A　平成26年5月から毎月1日が到来した事実
　　　事実 5-1-A と同様である。
　　事実 5-2-B　**賃料が改定された事実及び改定後の賃料額**
　　　条項5項(2)は，改定後の賃料を支払うとの給付条項であり，本和解成立時においては，その具体的金額はもちろん定まってはいない。このような具体的給付額の定まらない条項が給付条項としてそもそも有効かという議論はあろう。しかし，和解調書において支払うべき金員の具体的数額が定まっていないとしても，そのことから直ちに給付条項として効力がないとはいえない。本件においては，賃料改定の事実とその額が証明されれば，給付条項としてその効力を発揮するに何ら問題はないと考える。条項自体を有効と考えて，本条項に基づいて具体的に強制執行を行う場合には，賃料が改定された事実及び改定後の賃料額を証明しなければならない。賃料が増額された場合，それは，債権者である原告に有利な事実であるから，債権者にその証明責任が帰属すると解される。したがって，債権者である原告は，この事実を証明文書を提出する方法によって証

明しなければならない。

5．条項7項(1)についての到来すべき事実の抽出と証明の要否

給付請求＝原告の被告に対する賃貸借契約終了による建物明渡請求

条項7項(1)の給付請求は，原告からの契約解除を理由にする賃貸借契約終了による建物明渡請求である。とすると，解除の効果を主張する債権者である原告は，①解除権が発生したこと，②解除の意思表示を発し，それが相手方である被告に到達したことを証明しなければならないと解される。

このうち，①の解除権が発生したことは，それ自体法律効果であるから，解除権の発生を根拠づける事実を証明しなければならないことになる。そして，和解条項の字義によれば，この解除権発生原因事実としては，「被告が賃料の支払を怠り，その額が3か月分に達したとき」であるが，被告が賃料の支払を怠ったことは，債権者たる原告にとっては消極的事実であり，かつ，賃料の支払は被告が債務として負担するものであることから，債務者である被告に「賃料を支払った事実」についての証明責任が帰属すると解すべきである。そこで，この条項を，証明責任分配の原則に従って読み替えることになり，そのことを前提に事実を抽出すれば次のとおりになろう。

事実 7-1-A 平成26年7月1日が経過した事実

和解条項によれば，賃料支払の遅滞を理由とする契約解除権は，債務者である被告がその賃料を3か月分以上遅滞することによって発生する関係にある。証明責任分配の原則の観点から，これを理解すると，<u>解除権は，論理的に賃料3か月分の遅滞が生じうる平成26年7月1日が経過することによって発生する，ただし，被告がその間賃料を支払えばこの限りではない</u>，という関係になるはずである。したがって，ここでは，「平成26年7月1日の経過」が解除権発生の根拠事実となる（(7)「解除権の発生と解除」の項82頁以下参照）。

もちろん，賃料3か月分の遅滞によって解除権が発生するのであるから，ここでは，平成26年7月1日が「到来した」事実ではなく，「経過した」事実である。そして，「平成26年7月1日が経過した」事実は，暦によって明らかとなるから，債権者は，特段の証明活動を要しないことになる（顕著な事実）。この事実は一般的には「確定期限の到来」にあたるが，執行開始要件としてのそれに該当しないことは既に述べた（研究問題3-11（83頁））。

事実 7-1-B 原告が被告に対し**本件賃貸借契約を解除する旨の意思表示をし，それが到達した事実**

本件賃貸借契約を解除する旨の意思表示が発せられ，かつ，その意思表示が相手方に到達した事実である。解除の効果を主張する者は，解除の意思表示が相手方に到達した事実を証明しなければならない。

解除権者は，解除する旨の意思表示を行うことによってその権利を行使し（民540Ⅰ），その意思表示が相手方に到達することによって意思表示（解除）の効力が生じる（民97Ⅰ）。

事実 7-1-C 上記解除の意思表示が被告に到達した日

第3　事実到来（条件成就）執行文

次に，解除権の発生からその行使としての意思表示，そして，その到達による効力の発生までの過程をみる。まず，平成26年7月1日の経過によって解除権が発生する。その後に解除の意思表示を発するのが通常である。もっとも，解除の意思表示が到達した時点が平成26年7月1日を経過した後であれば，実体的には有効な解除があったものと解してよいであろう。したがって，有効な解除となるためには，この到達の日時との先後関係を明らかにする必要があるというべきで，具体的には，「解除の意思表示がその名あて人である被告に到達した日」についてもその証明を要すると解する。

このほか，この条項の請求が係る到来べき事実はないと判断される。

6．条項7項(2)についての到来すべき事実の抽出と証明の要否

給付請求＝原告の被告に対する賃料相当損害金請求

契約の解除に関する事項は，前述の条項7項(1)について抽出した事実と同一である。賃料相当損害金は，賃貸借契約が終了するか，又は不存在のときに発生する性質のものであるから，契約解除に関する事実が証明されれば，原則として，賃料相当損害金請求権を根拠づける事実をも証明したことになるはずである。

|事実 7-2-A|　平成26年7月1日が経過した事実
|事実 7-2-B|　原告が被告に対し本件賃貸借契約を解除する旨の意思表示をし，それが到達した事実

この事実が証明されることによって推認されることは前記5．の事実 7-1-B の項において述べたのと同じである。

|事実 7-2-C|　解除の意思表示が被告に到達した日

この事実 7-2-C については，条項7項(1)の部分で述べた理由のほか，次に述べる理由からもその証明を要するものと解する。

賃料相当損害金は，解除の意思表示が到達した日の翌日から発生する関係にあるから，その起算日を明確にするために，解除の意思表示が被告に到達した日を証明しなければならない。一般的に，時の経過に従って発生する性質の請求権は，その始期及び終期とその発生単位（割合，率等）によって特定する。本条項の場合，他の条項と併せて解釈してもその始期（起算点）を論理的に定めることができない。賃料相当損害金の起算日が定まらなければ，請求の範囲が定まらない。そして，解除の意思表示が被告に到達した日が証明されることによってこの始期が定まる関係にある。したがって，執行文の債務名義補充機能から，この解除の意思表示が被告に到達した日を執行文の「債務名義に係る請求権の一部について強制執行をすることができる範囲」の欄に，条項を特定明示するとともに，執行開始可能日又は解除の意思表示が到達した日を記載するのが相当である（5(1)ウ「執行文の機能」20頁以下参照）。

|事実 7-2-D|　被告が現に本件建物を占有していること。

結論としては，この事実は，本件請求に係る到来すべき事実ではないと解する。その理由については，後出研究問題3-16において述べる（後記106頁事実9-Cの項）。

以上のほか，条項7項(2)に関し，到来すべき事実は見あたらない。

研究問題 3-16

「1　原告及び被告は，本件賃貸借契約が平成25年6月30日終了したことを確認する。

2　原告は，被告に対し，本件建物の明渡しを平成26年4月30日まで猶予する。

3　原告が第7項(1)の金員を支払ったときは，被告は，原告に対し，前項の期日限り，第7項(2)の支払を受けるのと引換えに，本件建物を明け渡す。

4　被告は，原告に対し，次の金員の支払義務があることを確認する。
　(1)　平成25年3月分から同年6月分までの1か月30万円の割合による本件建物の未払賃料としての合計120万円
　(2)　平成25年7月1日から本件建物明渡し済みまでの賃料相当損害金として1か月30万円の割合による金員

5　原告は，被告に対し，本件建物からの移転料として300万円の支払義務があることを確認する。

6　被告と原告は，第4項(1)と前項の債務とを対当額で相殺する。

7　原告は，被告に対し，第5項の金員中，前項の相殺によって控除した残額180万円を，次のとおり分割して支払う。
　(1)　平成25年10月31日限り80万円
　(2)　第2項の期日限り，第3項の明渡しを受けるのと引換えに100万円

8　利害関係人は，原告に対し，被告の第4項(2)の債務を連帯保証する。

9　被告及び利害関係人は，原告に対し，連帯して，第4項(2)の金員を次のとおり支払う。
　(1)　平成25年7月1日から同年10月31日までの120万円は，同年10月31日限り，株式会社どんぐり銀行本郷支店の原告名義の普通預金口座（口座番号1281363）に振り込む方法
　(2)　平成25年11月1日から本件建物明渡し済みまでの賃料相当損害金は，毎月末日限り30万円の割合による当月分の金員を，原告方に持参又は送金する方法

10　原告は，被告に対し，被告が本件建物の賃料として平成25年3月分から同年10月分まで1か月30万円ずつ東京法務局に供託した金員を，被告が取り戻すことに同意し，被告がこれを取り戻す。

11　被告及び利害関係人が第9項の支払を1回でも怠ったときは，被告は，当然に第2項の明渡猶予期限の利益及び原告に対する第7項(2)の移転料請求権をそれぞれ失う。

12　原告は，その余の請求を放棄する。
　　………………」

Q1　この条項を含む和解調書について，一般的に，執行文付与の対象となる条項を摘示せよ。

Q2　Q1で摘示した各条項について，請求が「事実の到来に係る」場合の事実を摘示し，その事実のうち，その到来を執行文付与機関に対して証明文書を提出する方法によって

第3 事実到来（条件成就）執行文

証明しなければならないものを摘示せよ。

|解　説|

1．一般的に執行文付与の対象となるいわゆる「給付条項」
　　条項3項，条項7項(1)，条項7項(2)，条項9項(1)及び同項(2)。
2．条項3項についての到来すべき事実の抽出と証明の要否
　　※　以下，抽出した事実のうち，**ゴシック体**で表記したものが執行文付与機関に対して証明することを要する事実と解されるものである。
　　給付請求＝原告の被告に対する建物明渡請求

|事実 3-A①|　原告が第7項(1)の金員（移転料80万円）を支払ったこと
　　この金員の支払は，条項3項の建物明渡請求に対しては，債権者たる原告の「**先給付**」の関係にある（(4)「先給付」の項72頁参照）。本和解によって賃貸借契約が解除されていることから，本件建物の明渡請求権は既に発生しているが，その履行請求を阻止する事実のひとつとして移転料80万円の支払という先給付の事実が存在する。そして，移転料80万円を支払った事実は，債権者の証明責任に属すべき事実であり，執行開始要件（民執法30，31）にも該当しない。
　　よって，債権者である原告は，この事実を証明文書を提出する方法によって証明しなければならない。

|事実 3-A②|　平成25年10月31日が到来したこと
　　この事実は，条項3項の関係からみれば，移転料80万円支払という先給付についての**期限**である。そして，移転料80万円の支払に関する確定期限である。しかも，この期限に遅れたことの効果に関する合意は，特に和解条項中に存在しない（仮に，期限に遅れたことによって何らかの効果を定めてあれば，その点についての検討が必要となる。）。したがって，事実 3-A①が証明されれば，条項3項の関係では，この「平成25年10月31日が到来した事実」の証明も，更には「移転料80万円を支払った日」の証明も論理的には必要ない。

|事実 3-B|　前項（第2項）の期日（H26.4.30）が到来したこと
　　この事実は，本件建物の明渡しについての確定期限を定めたものと見える。しかし，論理的には，3-A①の事実が条項3項全体に係っており，その意味で「潜在化」しており，3-A①の事実到来が証明されることによって**確定期限と同視**される関係にある（研究問題3-7（74頁）参照）。
　　いずれにしろ，確定期限の到来であり，**執行開始要件**（民執法30Ⅰ）となり，執行文付与機関に対しては証明不要の事実である。
　　なお，条項2項の明渡猶予期限と本条項3項の明渡請求期限とを同一日でもって定めることの問題性は，先に述べたとおりである（研究問題3-4（67頁）参照）。ここでは，現在，一般的に広くこの表現による和解条項が作成されていると考えられることから，一応それに従った条項とした。

|事実 3-C①|　原告が第7項(2)の金員（移転料100万円）を引換えに支払ったこと
　　この原告から被告への移転料100万円の給付は，条項3項の建物明渡請求とは「**引換**

給付」の関係にある。したがって，この移転料100万円の支払又はその提供は，**執行開始要件**であり（民執法31Ⅰ），執行文付与の要件ではない。債権者である原告は，執行文付与機関に対して，この事実を証明する必要がない。裁判所書記官は，この事実を認定しなくても執行文を付与することができる。

事実 3-C②　第2項の期日（H26.4.30）の到来したこと（条項7項(2)）

この事実は，執行開始要件である引換給付における反対給付の確定期限としての性質のものであり，条項3項の関係においては，到来すべき事実としての意味を持たない。

なお，実体において，3-Bの事実と同一であり，いずれにしろ，執行文付与機関に対しその到来したことを証明することを要しない。

事実 3-D　被告及び利害関係人が条項9項（賃料相当損害金）の支払を怠ったこと（条項11項）

条項3項につき「到来すべき事実」を検討するに当たっては，条項11項の移転料請求権喪失の条項が条項3項にどのような影響を与えるかを検討する必要がある。なぜなら，被告及び利害関係人に条項9項の定める賃料相当損害金支払遅滞の事実があるときは，実体的には，被告は，

ⓐ　本件建物の明渡猶予期限（H26.4.30まで）の利益を失い，かつ
ⓑ　この明渡しと同時履行の関係にあるはずの（条項7項(2)の）移転料支払請求権をも喪失する

関係にあるからである。したがって，この**条項11項に該当するとき**は，実体的には，原告は，平成26年4月30日の到来を待たずに，かつ，移転料100万円の支払も要せずに本件建物の明渡しを請求できる，つまり，明渡しの強制執行の実施に着手できる関係にあるはずである。その意味で，**条項11項に該当するとき**は，平成26年4月30日という明渡**期限の定めが消失**し，移転料100万円の支払という**反対給付義務が消失する**と理解できる。

もっとも，この両事実は，これまでの検討で，いずれも執行開始要件であることから，執行文付与機関に対し，その事実が到来したことの証明を要しない事実であり，元来，執行文付与機関による審査・調査の対象外の事項であって，執行文付与に関しては影響ないことと考えられる。換言すれば，執行機関が執行開始要件の審査・調査において考慮すべき事項となる。

以上のことを前提とすると，条項3項の執行開始要件としては，次のように考えるべきことになろう。

まず，条項11項の字義どおりみれば，債権者たる原告は，被告が条項9項（賃料相当損害金）の支払を怠ったことを証明して，執行開始要件に相当する定めが消失したことを主張すべき関係にあるように見えるが，被告が負担する債務の履行を「**怠った**」ことについて，債権者に証明責任はなく，債務者である被告が賃料相当損害金を支払ったことについて証明責任を負う。民事執行法が定める執行開始要件は，いずれも債権者が証明すべき事実に属すると理解されるし，ここで，債権者である原告が，被告が賃料相当損害金の支払を怠ったことを証明しなければ建物明渡しの執行を開始できないというこ

第3　事実到来（条件成就）執行文

とが当事者の合理的意思とは考えられない。

　条項9項による賃料相当損害金の第1回目の支払期である平成25年10月31日が経過すれば（この時点において，被告は，賃料相当損害金支払債務について**論理的に遅滞に陥りうる**ことになる。），条項11項の失権の要件に該当しうることになり，債権者たる原告は，平成26年4月30日の到来を待たずに，かつ，移転料100万円の支払も要せずに本件建物の明渡しを請求できることになるはずである。結果的に，本条項3項に関しては，**条項11項が存在することから**，執行開始要件としての確定期限は，平成25年11月1日となり，条項7項(2)の定めによる移転料100万円の反対給付の支払は執行開始要件とはならないと解されるのである。

　このように，条項11項の存在を前提に，証明責任分配の原則を考慮して条項3項を合理的に読み替えれば（研究問題3-10（80頁），(8)オ「違約金特約」の項95頁参照），必ずしも正確ではないかもしれないが，次のような趣旨になろう。

「2　　　（削除）

　3の1　原告が第7項(1)の金員を支払ったときは，被告は，原告に対し，**本件建物を明け渡す**。ただし，被告が第9項(1)の金員を支払い，かつ，平成26年4月30日までの間第9項(2)の各金員を支払うときは，この限りでない。

　3の2　前項ただし書の場合においては，被告は，原告に対し，**平成26年4月30日限り**，第7項(2)の金員の支払を受けるのと引換えに，本件建物を明け渡す。」

　これにより，証明責任分配の原則を加味した当事者の合理的意思解釈として，被告が遅滞なく約定の賃料相当損害金を支払うときは，本件建物の明渡しを平成26年4月30日まで猶予するものであると理解できるのである。そうすると，賃料相当損害金支払の事実が本件建物明渡請求を阻止する事実であると考えられ，債務者である被告が同損害金支払の事実を証明すべきことになる。債務者である被告は，この賃料相当損害金支払の事実を主張して明渡期限未到来又は引換給付未履行を執行異議（民執法11）又は請求異議訴訟（民執法35）において主張することになろう（この債務者の争う方法について，執行異議と請求異議のいずれになるかは，にわかには決し難い。執行開始要件を充たさないとの主張のようにも見えるが，執行機関に対し要求される執行開始要件は，上述のとおり充たされているのであって，その意味で，執行は違法とは言えないように考えられるからである。そうであれば，請求異議訴訟において主張すべき事由になると考えられるところではある。）。

3．**条項7項(1)についての到来すべき事実の抽出と証明の要否**

　給付請求＝被告の原告に対する移転料（300万円中の）80万円の支払請求

　[事実 7-A]　平成25年10月31日が到来したこと

　この事実は，移転料内金80万円の支払についての**確定期限の到来**であり，**執行開始要件**であり（民執法30Ⅰ），執行文付与の要件ではなく，債権者は，執行文付与機関に対して証明することを要しない。

　条項7項(1)において給付が約束されているのは，移転料300万円のうち，和解成立時に相殺処理された後の残額180万円のうち先に給付すべきことが約束された80万円の支払である。そして，和解条項を全体として観察しても，移転料内金80万円に関し，この

他に「到来すべき事実」は認められない。

4．条項7項(2)についての到来すべき事実の抽出と証明の要否

給付請求＝被告の原告に対する移転料（300万円中の）100万円の支払請求

|事実 7-B| 条項2項の期日（H26.4.30）の到来

この事実も 7-Aの事実と同様に，移転料残額100万円の支払についての**確定期限の到来**であり，**執行開始要件**となり（民執法30Ⅰ），執行文付与機関に対して証明することを要しない。

|事実 7-C| 被告が条項3項により本件建物を引換えに明け渡したこと

被告が条項3項に従い本件建物を原告に明け渡すことは，条項7項(2)の被告の移転料残額100万円の支払請求と**引換給付**の関係にある。したがって，この建物明渡しは**執行開始要件**であり（民執法31Ⅰ），債権者である被告は，執行文付与機関に対して，本件建物明渡しの事実を証明することを要しない。

|事実 7-D| 被告及び利害関係人が条項9項（賃料相当損害金）の支払を怠ったこと（条項11項）

↓（合理的解釈）↓

被告が条項9項の金員を遅滞なく支払ったこと。

事実 3-Dの項において見たように，条項7項(2)についてもその「到来すべき事実」を検討するにあたっては，条項11項の失権条項がどのような影響を与えるかを考える必要がある。特に，条項11項の字義どおりであれば，被告は，ここで検討の対象としている請求である移転料100万円の支払請求権を失う関係にある。

仮に，条項11項の「被告らが支払を怠ったこと」を移転料残額100万円支払請求権の権利消滅事実と理解すれば，この債務者である原告が，請求異議訴訟において，被告らの賃料相当損害金支払過怠の事実を主張立証すべきことになる。しかし，それでは，債務者である原告に，被告らの履行のないことという消極的事実についての証明責任を負わせることとなり，当事者の通常の意思に合致しない。請求異議訴訟においても訴訟手続一般と同様に証明責任分配の原則が妥当すべきであって，執行文付与機関に証明すべき事実を考えるにあたっても，この請求異議訴訟など訴訟手続における証明責任分配の原則と平仄を図るべきである。したがって，ここでも，本件建物の賃料相当損害金を約定どおり支払った事実について，被告がその証明責任を負うと理解すべきである。

このような観点から条項11項及び条項7項(2)を観察すると，**被告が約定の賃料相当損害金を遅滞なく支払うことが，**

⑦ 本件建物を明渡猶予期限として合意された期限（H26.4.30）まで占有を継続できる権限の，

④ 移転料残額100万円の支払請求権の，

各**根拠事実**である性質を有するものであることが分かる。

根拠事実として捉えれば，正確には，被告が許与された明渡猶予期限までの間を通じて約定の賃料相当損害金を遅滞なく支払ったことを根拠事実として捉えれば，本条項による移転料残額請求は，債権者（被告）の証明すべき事実の到来に係ることとなり，こ

第3 事実到来（条件成就）執行文

れは執行開始要件に該当しないことから，執行文付与機関に対して文書を提出する方法によって証明しなければならない事実であると理解される。したがって，被告は，条項7項(2)について自己のために執行文の付与を受けるためには，本件建物明渡猶予期限である**平成26年4月30日までの約定賃料相当損害金を遅滞なく支払った事実を証明しな**ければならないと解される。

このように，条項11項の存在を前提に，証明責任分配の原則の観点から条項7項を合理的に解釈し，その条項を読み替えれば，必ずしも正確ではないかもしれないが，次のような趣旨になろう。

「7の(1) 原告は，被告に対し，平成25年10月31日限り，第5項の金員中，前項の相殺によって控除した残額のうち80万円を支払う。

7の(2) 被告及び利害関係人が第9項の金員を（遅滞なく）支払ったときは，原告は，被告に対し，第2項の期日限り，第5項の金員中，前項の相殺によって控除した残額のうち100万円を第3項の明渡しを受けるのと引換えに支払う。」

条項11項の字義又は表現は「**権利消滅**」条項であるにもかかわらず，このように「**権利根拠**」事実の条項として解釈読替えを行うことは，不自然で無理があるようにもみえる。しかし，当事者が合意した内容についての**合理的意思解釈**は，証明責任分配の原則と無縁であるはずはない。合意内容を全体として子細に検討すれば，本件建物の明渡しと引換えに支払うことが約束された移転料のうちの100万円の支払請求権は，合意された明渡猶予期限までの使用の対価に相当する賃料相当損害金が約定どおりに支払われた場合に発生する趣旨の合意であると理解できるのである（合意された移転料総額は300万円であるが，これは可分給付であり，少なくとも，そのうちの100万円については，本文のような趣旨の合意であると解することに問題はないと思われる。）。

5．条項9項(1)についての到来すべき事実の抽出と証明の要否

給付請求＝原告の被告及び利害関係人に対するH25.7.1～H25.10.31の賃料相当損害金120万円の（連帯）支払請求

事実 9-A　平成25年10月31日が到来したこと

この事実は，確定期限の到来であり，執行開始要件となり（民執法30Ⅰ），その事実を執行文付与機関に対し証明することを要しない。また，条項を全体として観察しても，この他に「到来すべき事実」は認められない。

6．条項9項(2)についての到来すべき事実の抽出と証明の要否

給付請求＝原告の被告及び利害関係人に対するH25.11.1～明渡済みまでの1か月30万円の割合による賃料相当損害金の（連帯）支払請求

事実 9-B　平成25年11月以降毎月末日が到来したこと

この事実も，確定期限の到来であり，執行開始要件となり（民執法30Ⅰ），その到来を執行文付与機関に対し証明することを要しない。また，条項を全体として観察しても，この他に「到来すべき事実」は認められない。

事実 9-C　執行文付与申立て時点で被告が本件建物を占有していること

原告の被告らに対する賃料相当損害金請求権は，被告が本件建物を占有使用するいわばその対価として，その対価の償還請求権として発生するものと考えられる。そうすると，この事実が，賃料相当損害金請求権の根拠事実と目されるようにみえる。これは，いわゆる「所有権訴訟」と呼ばれる類型においては，そのとおりであると考える。つまり，「所有権訴訟」と呼ばれる類型にあっては，原告はその請求原因として，①前主の所有，②自己の所有権取得原因事実及び③被告が目的物を占有している等の事実を主張立証しなければならない。これに準じて考えれば，本件のような賃料相当損害金請求にあっても，被告が現に目的物を占有している事実を証明しなければならないようにみえる。

　しかし，本件和解のようなケースにおいて，これに従い，執行文付与にあたっても被告が本件建物を現に占有している事実の証明を要すべきものとすれば，そのことは，本条項のような賃料相当損害金請求に限らず，条項3項の明渡請求についても同様であるはずである。

　思うに，権利の存在を宣言して給付を命じ又は約す判決又は和解調書等の債務名義が存在することが前提となる執行文付与手続過程と，それがない訴訟手続における主張の構造とを全く同一に論ずることはできないだろうと考える。本件の場合では，債務者が明渡しや賃料相当損害金の支払を約している以上，その消滅を基礎づける事由が生じない限り同請求権は存続していると考えるべきであり，債権者は，被告が現に本件建物を占有している事実を改めて執行文付与機関に対し証明する必要はないと解すべきである。

　仮に，被告が既に本件建物を明け渡し，現在は占有していないと主張するのであれば，それは，債権者の請求に対する「権利消滅事由」として請求異議訴訟（民執法35）において，明渡しの事実を主張立証すべきことになると考える。

第4 承継執行文

1 承継執行文の意義

民執法27条2項の規定によって付与する執行文を，講学上又は実務上『**承継執行文**』と称している。

判決や和解調書などの債務名義には，判決等の効力を受け，そこに表示されている給付請求権の主体であり客体であるところの「当事者」が表示されている（例えば，債務名義である文書中において「当事者の表示」の項に，「原告」「被告」「申立人」「相手方」あるいは「利害関係人」として表示されている。）。この債務名義に表示された当事者に債務名義としての効力が及び（民執法23Ⅰ①），この者が債権者又は債務者となって強制執行をすることになる（第3までに述べたのは，このような強制執行の形態を想定している。）。

ここで述べるのは，債務名義に表示されている当事者以外の者を債権者又は債務者とする強制執行の形態であり，『**承継執行文**』は，**債務名義に表示された当事者以外の者を債権者又は債務者とする執行文**である（民執法27Ⅱ）。

> 【「承継執行文」という用語】
> 「承継執行文」という用語も，講学上又は実務上の用語であって，法律上の用語ではない。この用語は，旧々民訴法497条の2第1項が判決の執行力拡張の一般的規定であり，同条2項の規定が旧々民訴法519条の一般・特定承継の場合の承継執行文付与に関する規定を準用していたことに由来すると考えられる。
> 現行民執法23及び27条の規定によれば，この種の執行文が付与されるのは，必ずしも「承継」の場合に限定されるものではない。したがって，概念的にやや正確さに欠けるところはある。正確には，「**民執法27条2項の規定による執行文**」又は当事者が交替するという意味で「**交替執行文**」と称するのが正確であろうと考える。
> もっとも，この用語が「承継」以外の事由による執行力拡張の場面においても旧法当時から広く通用しているところでもあり，「承継」以外の事由も含むものであることは共通の認識となっていると推測されることから，本講義案においても「承継執行文」の用語によることとする。なお，執行文研究下5頁参照

改めて，一般的に定義すれば，

承継執行文とは，**債務名義に表示された債権者又は債務者以外のために，又はこれに対して債務名義の執行力が及ぶ場合に，それらの者を執行債権者又は執行債務者とするとともに，その執行力が及んでいること（執行力の現存）と内容とを表示した執行文である**

ということができる。そして，この定義の中には，次の三つの事項が含まれている。

① 債務名義の執行力が存在すること。
② 債務名義に表示された債権者又は債務者以外の者を執行債権者又は執行債務者とすること（＝執行力の主観的範囲）。
③ 執行力の内容を表示すること。

このうち，①は，執行文付与の一般的要件であり，単純執行文及び事実到来執行文と共通の要素である。②が承継執行文の固有の要素であり，③はそれと関連して，請求に係る給付の内容が変容する場合があることを意味する（4⑵「承継人概念の整理」の項114頁参照）。

2 執行力の主観的（人的）範囲

特定の債務名義の執行力が人的にどのような範囲に及ぶか，換言すれば，特定の債務名義が存

在する場合に，その債務名義に基づいて，誰が執行債権者として又誰が執行債務者として登場し得るか（執行当事者となりうる者＝執行当事者適格）が，執行力の主観的（人的）範囲の問題である（第1の4(4)「債務名義の執行力」の項13頁参照）。

この執行力の主観的範囲は，民事執行法が規定している。**民執法23条**が規定する主観的（人的）範囲は，次のとおりである。

(1) **当事者**（民執法23Ⅰ①，Ⅱ）

債務名義に，その債務名義形成手続の当事者（原告，被告，申立人，相手方，債権者，債務者等）として表示されている者である。この者は，債務名義形成手続に直接に関与し又は関与する機会が保障された者であるから，その手続の結果である債務名義に拘束され，その効力が有利にも不利益にも及ぶのは当然である（「**手続保障の下での自己責任の原則**」）。

ここにいう当事者には，和解や調停手続に「利害関係人」として参加し，債務名義に表示された給付請求権の主体又は客体となっている者も含まれる。この利害関係人も，実体法上の権利義務の主体として，債務名義形成手続に関与した者であり，その自己責任として債務名義の効力に服するのは当然と考えられる。

(2) **第三者の訴訟担当の場合の利益帰属主体**（民執法23Ⅰ②）

実体上の権利義務の主体ではない者が他人のために当事者となって訴訟を追行する場合がある（他人のために訴訟の当事者となる者を「担当者」，その他人を「被担当者」と呼ぶこともある。）。例えば，破産管財人（破78Ⅰ，80）や選定当事者（民訴法30）がその典型である。これらの者は，破産者又は選定者のために**当事者となって**訴訟を追行しているのであって，その訴訟の結果は利益帰属主体である破産者又は選定者に及ぶ。民事執行法は，

【株主代表訴訟】
　取締役の責任を追及する株主代表訴訟（会社法847）も，この訴訟担当に属すると解される。この訴訟では，原告は株主であり，被告は取締役である。そして，会社は，利益帰属主体であり，民執法23条1項2号に規定する「他人」である。
　なお，この訴訟の判決主文は，「被告は，×○株式会社に対し，……円を支払え。」というものになる。
　株主代表訴訟の判決と執行文については，執行文研究下435頁参照

この利益帰属主体を『他人』と称している。この利益帰属主体は，債務名義形成手続に「当事者」として関与していないが，成立した債務名義の執行力を受け，その債務名義に基づき，自ら債権者となって強制執行をすることができるし，他方，自ら強制執行の債務者となる。なお，「担当者」等債務名義形成手続の当事者となった者は，(1)の当事者として債務名義の効力を受ける。

債権者代位訴訟（民423参照）も法定訴訟担当であると理解され，代位債権者が当事者となり，債務者に対して利益帰属主体（「他人」）として執行力が及ぶと解される（詳細については，執行文研究下432頁以下参照）。ただし，執行証書については除かれる（民執法23Ⅰ，Ⅱ）。

(3) **債務名義成立後（口頭弁論終結後）の承継人**（民執法23Ⅰ③，Ⅱ）

※　損害賠償命令においては，審理終結後（犯罪被害者保護法31）に承継した者である。

一般的には，債務名義に表示されている当事者（前記(1)）から，又は担当者が手続の追行をしたときの利益帰属主体（前記(2)）から，**債務名義成立後に**，判決にあっては**口頭弁論終結後に**（後記3(3)ウ参照）その地位を承継した者（ア，イ参照）である。

債務名義表示の当事者からの債務名義成立後（判決においては口頭弁論終結後）の承継人が

第4 承継執行文

あり，更にその者からの承継人（再承継人）も含まれる（なお，この承継の時期の基礎理論については，執行文研究下83頁以下参照）。

ア 実体上の承継人

債務名義に表示された給付請求権又はそれに対応する義務を，その同一性を変ずることなく移転的に承継する場合，承継人は，その権利義務に付着する債務名義の効果をも受ける。

(ア) 一般承継

相続（民882，896）や会社の合併（会社法750Ⅰ，754Ⅰ）がその典型である。相続や合併は，前主の権利及び義務の一切を承継するものであり，例えば，相続人は被相続人が有していた権利義務をそのまま承継するのであって，被相続人が債務名義の効力を受けていたとすれば，その相続人も同様に債務名義の効力を受けることになる。

> **【権利能力なき社団】**
> 権利能力なき社団を債務者とする債務名義によって，権利能力なき社団の構成員全員に総有的に帰属する不動産に対する強制執行については，権利能力なき社団が登記名義人になることができないことから，強制執行の可否，承継執行文の付与の可否等について，争いがあったが，最判平22.6.29は，このような場合には，債務名義の正本のほか，当該不動産が権利能力なき社団の構成員全員の総有に属することを確認する確定判決又はそれに準ずる書面を添付すれば強制執行ができる旨を判示した。債権者は，権利能力なき社団自体を執行債務者として執行文の付与を申請し，執行文を得て，当該不動産が権利能力なき社団の構成員全員の総有に属することを確認する確定判決等を添付すれば，不動産に対する強制執行を申し立てることができる。債権者は強制執行を申し立てるにあたり，登記名義人を相手方として当該債務名義に承継執行文を得る必要はない。

(イ) 特定承継

債務名義に表示された給付請求権の譲受け（債権譲渡＝民466）や給付義務の引受け（債務引受け＝大判大6.11.1民録23-1715等）がその典型である。そのほか，弁済による代位（民501）もこの特定承継の例である（弁済による代位と執行文については，6(6)「弁済による代位」の項135頁参照。また，執行文研究下268頁以下に詳細な解説がある。）。

(ウ) 管理権の移転

実体上の権利義務の同一性及びその帰属自体に変動はないが，権利義務に関する**管理権の帰属**が変動する場合である。例えば，債務名義成立後に債権者又は債務者が破産手続開始決定を受け，その財産管理権が破産管財人に帰属する場合がその典型である。

これについては，破産手続開始決定の効力又は破産管財人の法的地位に関して学説上見解の相違があるが，破産手続開始決定によって破産者自身が実体的な意味での債権者又は債務者でなくなるわけではない。依然として破産者自身が債権者又は債務者であって，ただ，破産者はその財産を自由に処分する権能を喪失するに至るにすぎない。その意味で，（プラス及びマイナスの）財産権の帰属自体は変わらないが，その管理処分権が破産管財人という別人格に帰属するに至ると理解するのが正当であると考える。この管理処分権のみの移転も，実体上の承継の一種と理解することができる。

イ 実体上の承継以外の事由による承継人

実体上の権利義務自体が第三者に実体的に移転するものではないが，債務名義に表示された給付請求権又はそれに対応する義務に関し，**第三者が債務名義上の当事者から一定の法的地位を承継し，それによって第三者が債務名義表示の給付請求権と同一利益の実現を内容とする別個の権利義務を取得したものと評価**され，それによって執行力が拡張される場合であ

る。特定物の引渡しを内容とする債務名義成立後に，その特定物の占有を債務名義上の債務者から承継的に取得した第三者（**係争物についての占有の承継**）がその典型である（大決昭5.4.24民集9-415，大決昭9.10.4民集13-1864等。この類型及び裁判例については，執行文研究下328以下参照）。

(4) 請求の目的物の所持者（民執法23Ⅲ）

もっぱら当事者，その承継人（民執法23Ⅰ③）や他人（民執法23Ⅰ②）のために，給付請求の目的物を所持する者であり，受寄者や管理人がこれに該当する。この所持者には，**自己のために占有する者**は含まれない。賃借人や使用借人は，自己のために目的物を所持（占有）するものであるから，本条項の「所持者」に該当しない（後記8(2)「目的物の所持者」の項145頁）。

これに対し，法人における代表者，無能力者における法定代理人，主人の店舗内で目的物を所持する雇人は，いずれも単なる**所持機関**にすぎず，当事者（法人等）自身を債務者とする執行で対処することができる。また，「占有補助者」とここでの「所持者」とは異なる。「占有補助者」とは，所持機関と同様に独立の所持が認められない者であって（例えば，建物賃借人の同居の親族など），占有者を債務者とする執行力ある債務名義に基づいて，その執行の際に排除することが可能である性質のものである。したがって，占有補助者を債務者とする承継執行文は，本来必要はない。もっとも，「占有補助者」か否かは，本来債務名義形成過程や執行文付与手続の過程において決定できる性質のものではなく，執行機関（執行官）が執行場所に臨み，その占有形態から具体的に判断することになる性質のものであると考える。

本条項の「所持者」は，**債務名義成立前（口頭弁論終結前）**からの所持者であってもよい（民執法23Ⅲ）。

この類型の執行力拡張は，その性質上，**債務者側の拡張（執行債務者適格）**に限定される（民執法23Ⅲ）。

また，執行証書の場合は除かれる（民執法23Ⅲ，Ⅰ）。

3 既判力拡張と執行力拡張との類似と相違

前記2(3)イの類型（実体上の承継以外の事由による承継人）を理解するために，既判力拡張と執行力拡張の類似点と相違点を整理する。

(1) 既判力及び執行力はともに原則として確定判決の効力

和解調書や調停調書に既判力があるかは議論のあるところであり，仮執行宣言付判決は未だ既判力はないが執行力は認められるという相違はあるが，既判力及び執行力とも確定判決の効力である点では共通性が認められる。

確定判決の**既判力**は，民訴法114条が規定し，その主観的範囲（既判力の拡張される人的範囲）については，民訴法115条が規定している。

これに対し，確定判決を含む債務名義の**執行力**は，民執法22条が規定し，その執行力の主観的範囲（執行力の拡張される人的範囲）について，民執法23条が規定している。

【民訴法115条2項の規定の意義】

ところで，民訴法115条2項は，仮執行の宣言について既判力の主観的範囲に関する同条1項の規定を準用すると規定しており，依然として民訴法が判決の執行力についての規整をしているよう

第4 承継執行文

にみえる。この民訴法115条2項に対応する旧民訴法201条3項の規定については、民事執行法が制定されたことを承けて、その意味を失ったとする有力な指摘があったのも事実である。このような指摘がありながら、また民事執行法の理解が定着した後であるにもかかわらず、現行民訴法が旧法の規定をそのまま維持している理由は明らかではないが、敢えてその意義を見出すとすれば、民訴法115条2項の規定は、いわゆる判決の「**広義の執行力**」をも念頭に置いたものと考えることもできよう（広義の執行力については、13頁、160頁、198頁参照）。民事執行法が規整する「**狭義の執行力**」の主観的範囲は、民執法23条の規定に従うことになる。

(2) 主観的範囲に関する規定の類似性

既判力の及ぶ人的範囲を規定した<u>民訴法115条1項</u>の規定する内容は、債務名義の執行力の人的範囲を規定した<u>民執法23条1項及び2項</u>と酷似したものとなっている（現に、民訴法115条の規定に当たっては、民執法23条の規定との整合性が図れるように整備されたようである。法務省民事局参事官室・一問一答新民事訴訟法128頁）。

(3) 拡張される意味の相違

例えば、原告Aが被告Bに対し、所有権に基づき土地の引渡請求訴訟を提起し、その勝訴の確定判決を得たが、口頭弁論終結後に第三者Cが被告Bから土地の占有を承継的に取得し、現に占有しているというケースを想定する。

ア 既判力によって確定される内容

まず、この確定判決によって、既判力をもって確定されるのは、
① 標準時である口頭弁論終結時における
② 『**原告Aの被告Bに対する**所有権に基づく土地引渡請求権の存在』
である。

イ 請求権のズレ

この既判力が占有承継人Cに拡張され、Cを拘束するとしても、その意味内容は、承継人Cは、『**原告Aの被告Bに対する**所有権に基づく<u>土地引渡請求権の存在</u>』を争えないというにとどまるものである。けっして、「原告Aの**第三者（承継人）Cに対する**所有権に基づく土地明渡請求権の存在」が確定されるわけではない。換言すれば、第三者Cの立場から言えば、自己が民訴法115条1項3号に規定する承継人であるとしても、その確定判決によって<u>**第三者C自身の明渡義務の存在が確定されるわけではない**</u>。このことは、権利義務の実体上の承継においても同様である。

これに対し、第三者（承継人）Cにこの確定判決の執行力が拡張されるという意味は、その強制執行が実施されることによって、**あたかも**「原告Aの<u>**第三者（承継人）Cに対する**所有権に基づく土地明渡請求権</u>」が実現されたと同一の利益状態が実現されることになるのである。

被告Bから目的土地の占有を得た第三者Cは、被告Bから**明渡義務それ自体を譲り受けたものではなく**（つまり、相続や債務引受け等の実体的な承継原因がない。）、目的物である土地の占有を承継的に取得した関係にあるにすぎないのである。

ウ 時間的ズレ

既判力によってその存否が確定される請求権は、**標準時（事実審の口頭弁論終結時）**にお

けるものであって,既判力は時間的限界を有する。その意味で,既判力は過去の一定の時点における権利の存否を確定し,拘束するにすぎない。後の訴訟において,既判力の効果として,標準時における権利の存否と矛盾する主張が遮断される。

これに対し,執行力は,強制執行が実施されることによって**「現在の」状態に変更を加える**ものである。換言すれば,承継人のための又は承継人に対する強制執行は,承継人の又は承継人に対する給付請求権を,「現在」あるものとして実現することになるのである。

エ　観念的世界と事実的世界

既判力は,そもそも前訴と後訴の関係を念頭に置いたものであり,既判力が人的に拡張されるということは,承継人は,<u>前主の権利義務の存在</u>を後訴において争うことができないという拘束を受けるのである。それは,法的安定性を確保しようとするものであり,どちらかというと「観念的世界」に属する。

これに対し,執行力が拡張されるということは,**承継人のために又は承継人に対し,給付の内容を強制的に実現するもの**であって,**合目的的な理念**(中野貞一郎「弁論終結後の承継人」民事訴訟法の論点Ⅰ232頁の言葉を借りれば,『より早く,より高く,より強く!!』ということになろう。)**に指導**される。特に,債務者の承継人は,自らの権利・財産について執行を受けるという負担を負うことになる。このように,執行力とその拡張は,「事実世界」に属すると評価することができる。

(4)　まとめ

かつては(特に,民事執行法制定前),既判力が拡張される人的範囲と執行力が拡張される人的範囲は同一に論じられていた。それは,旧々民訴法(大正15年制定)201条が確定判決の効力の主観的(人的)範囲を規定し,旧々民訴法497条の2の規定がその201条の規定を論理的前提とする形式で執行力の拡張される主観的範囲を規定していたことにも理由がある(かつての規定の詳細については,執行文研究下8頁以下参照)。

しかし,以上に述べたように,既判力と執行力の作用の相違,更には,それが人的に拡張される場合の作用の相違が意識されるに伴い,両者の拡張される範囲が主観的にも客観的にも必ずしも同一とはいえない,少なくとも**拡張される意味が異なる**のではないかということが確認されるに至った。そこで,既判力を中心とした確定判決の効力の主観的範囲に関する民訴法の規定とは独立して,執行力の主観的範囲を規整する実定法が整備されることとされ,民事執行法23条の規定が設けられたのである。

したがって,執行力の主観的(人的)範囲を規整する実定法は,民訴法115条ではなく,民執法23条であり,同条は,確定判決の既判力とは独立して,債務名義の執行力の主観的範囲を独自に定め規整するものとの位置づけをすることができる(この点については,執行文研究下40頁以下参照)。

4　実体上の権利義務自体を承継していない者が承継人となる根拠

(1)　経　緯

承継人が執行力(既判力も同様であるが)の拡張を受けるとしても,具体的に,その「承継人」の範囲・限界はどこにあるかについて,つまり,「承継人」概念の意義については,前提

第4 承継執行文

として，執行力が拡張される実質的根拠を解明しなければならない。この「承継人」概念をめぐっては，既判力拡張を中心に，これまで多くの学説が主張されている。

裁判所書記官の実務として，これらの学説を意識する必要性は乏しいと思われるが，興味があれば，執行文研究下14以下を参照されたい。本来的には，あらかじめ定立された「承継人」概念があって，それに基づいて既判力なり執行力なりの拡張される人的範囲が決定されるのが論理的であるが，実際には，「効力拡張の必要性」が先行し，後からそれに適した「承継人」概念を構築してきた面も否定できない。例えば，判例が具体的事例について既判力や執行力の人的拡張を肯定し，学説が理論的な根拠付けを行ってきたのも事実である。また，別の局面では，訴訟承継（民訴法49，50）の理解とも関連していた。つまり，訴訟承継が訴訟係属中の人的範囲の拡大であるに対し，既判力や執行力の拡張は訴訟終了後の人的範囲の拡大であり，両者を一応パラレルな関係において理解することもされてきた。

(2) 承継人概念の整理

民執法23条1項3号が規定し，執行力が拡張される「承継人」の概念を整理すれば，一応次のように理解できよう（執行文研究下82頁以下参照）。すなわち，

承継人とは，

　『前主がその意思に基づいて処分した利益を承継したと同等の地位にあり，実体法上も前主の処分の結果を承認すべき関係にある者』

といえる。

これに該当する者は，相手方との信義衡平の観点からも，既に前主と相手方との間に成立している債務名義の効力を甘受すべきであると解される。

前主から権利，義務又は法律上の地位を承継的に取得した者は，前主以上の地位を取得するはずがない。例えば，前主が敗訴判決を受けていれば，ある種そのような負担のある法律上の地位を承継するのが原則である。

そして，このように理解される承継人を改めて一般論として**類型化**して整理すれば次のようになろうか。

1　実体上の権利義務がその同一性を保ちつつ第三者に移転された場合——前記2⑶ア「実体上の承継人」項の(ｱ)一般承継及び(ｲ)特定承継——

2　実体上の権利義務の同一性及びその帰属には変動はないが管理処分権の移動によって手続上の当事者適格だけが変動する場合——前記2⑶ア「実体上の承継人」項の(ｳ)管理権の移転——

3　実体上の権利義務自体が第三者に移転するものではないが，第三者が債務名義上の当事者から一定の法的地位を承継したことにより，第三者が債務名義に表示された給付請求権と同一利益の実現を内容とする別個の権利義務を取得したと評価される場合——前記2⑶イ「実体上の承継以外の事由による承継人」——

5　承継執行文付与手続概論
(1)　承継執行文付与申立て

　ア　債務名義としての一般的要件

承継執行文を付与するに当たって，その対象である債務名義は，債務名義としての一般的

要件を備えることを要する（第1の4(2)「債務名義の要件」の項11頁以下，新民訴実務研究Ⅱ188頁以下参照）。

イ　執行文付与の一般的要件

執行文を付与するための一般的な要件を備えることも必要である（新民訴実務研究Ⅱ201頁以下参照）。

ウ　申立書の記載事項

(ア)　当事者の表示（民執規16Ⅰ①）

付与申立書の当事者の表示は，執行債権者，債務者となるべき者を表示すべきことになる（住所も記載する。）。したがって，承継執行文付与申立てにあたっては，債務名義に表示されている者とは異なる者が，債権者又は債務者として表示されることになる。これは承継執行文特有のものであり，誰を債権者とし，誰を債務者とするかを，申立人は明示する。

なお，債務名義が不動産の引渡し又は明渡しの請求権を表示したものであり，これを本案とする占有移転禁止仮処分命令が執行され，かつ，保全法62条1項の規定により当該不動産を占有する者に対して当該債務名義に基づく引渡し又は明渡しの強制執行をすることができる場合等で，その強制執行をする前に当該不動産を占有する者を特定することを困難とする特別の事情があるときは，債権者がこれらを証する文書を提出したときに限り，債務者を特定しないで執行文を付与することができる（法27Ⅲ）。

【承継執行文の形式としての特殊性】
　承継執行文は，債務名義に表示されている当事者以外の者を執行債権者又は執行債務者として表示することになるから，執行文の形式として，他のいわゆる単純執行文や事実到来執行文とは明らかに異なることになる。
　既に述べたように，実務においては，一般的ないわゆる単純執行文に対応するために「執行文様式(1)」を，事実到来執行文を含めた特殊執行文に対応するために「執行文様式(2)」を用いているが，少なくとも，民事執行法及び同規則は，事実到来執行文として特殊な執行文の形式を要求しているものではない。
　しかし，承継執行文にあっては，その性質上，交替すべき債権者又は債務者を表示することになるから，他の執行文形式とは異なる特徴を示すことになる（執行文研究下4頁参照）。

(イ)　民執法27条2項又は3項の規定による執行文付与を求める旨（民執規16Ⅰ③）

(ウ)　民執法27条2項又は3項の規定による執行文付与を求める事由（民執規16Ⅰ③）

承継執行文付与の根拠となる事実である。例えば，相続によって権利義務を取得したという場合には，相続による権利移転効力を根拠づける事実（例えば，「被告▽▽は平成×年×月×日死亡し，債務者Yはその配偶者，債務者Zはその子である。」という程度）を明記する。

エ　証明文書の提出

証明文書を提出すべきことは，事実到来執行文付与申立てと同様である。もっとも，承継執行文については，民執法27条2項の規定形式上，債務名義表示の当事者以外の者に対し又はその者のために強制執行をすることができることが執行文付与機関に明白である場合にも付与することができるとされている。

なお，証明についての事実到来執行文付与に関する民執法27条1項と承継執行文付与に関する同条2項との規定形式の相違については，第3の1(3)「債権者の証明すべき事実到来の「証明」」の項61頁参照。

第4　承継執行文

(2) 承継原因事実の証明

いわゆる承継執行文を付与するためには，申立てに係る債権者のために又は債務者に対して強制執行をすることができることが，①執行文付与機関に明白であること又は②そのことを証する文書が提出されることが必要である（民執法27Ⅱ）。

ア　証明の対象

民執法23条が規定する者であることを直接に示す事実又は推認させる事実の証明が要求され，その証明文書の提出が必要である。

イ　証明責任の分配

承継原因事実の証明においても，基本的には，**証明責任分配の原則に従う**。事実到来執行文に関する民執法27条1項の規定によれば，申立債権者は，その証明責任に属する事実の到来を証明すればよいことは明らかである。これに対し，承継執行文付与に関する民執法27条2項の規定形式からは，この証明責任分配の原則に従うべきことが明らかではない。しかし，申立債権者にとっておよそ証明困難な事実の証明を要求することは制度として不合理であり，この執行力の主観的拡張についても，申立債権者は，原則として，その証明責任を負う事実についてのみ証明を要することになると解される。

ただし，執行文付与手続が**書面による債権者のみの一方的審尋手続**であり，その結果，執行文が付与されれば強制執行が開始され，相手方である債務者がそれを排除するために自ら**起訴責任を負担**する関係に至ることから，執行文付与手続における審査をやや慎重に行うべきことも要請される。そこで，証明責任分配の原則から導かれる証明すべき事実のほか，それを超える一定の事項についても，その事項の性質を考慮し，比較的証明方法が容易であるなどの事項について，債権者に証明を求めるべきと解されるものがある。

(3) 承継人として執行力が拡張される基準時

ア　意　義

執行力拡張にあたって，**基準時**というものが問題とされるのは，「承継人」の場合のみである（民執法23Ⅰ③）。執行力の拡張を受ける承継人は，債務名義に表示された当事者からの承継人のすべてが含まれるのではなく，

① **判決にあっては口頭弁論終結後**の承継人であること
② 判決以外の債務名義にあっては**債務名義成立後**の承継人であること

が要件である。

手続担当者と利益帰属主体の類型（民執法23Ⅰ②）や目的物の所持者（民執法23Ⅲ）については，時的な制約は存しない。

基準時と承継の先後は，通常は日の先後によるが，同日の場合には時間的先後によることになる（執行文研究下92頁参照）。

もちろん，承継執行文の付与を申し立てる債権者は，執行力拡張の効力を主張するのであるから，執行文付与機関に明白な場合を除き，この基準時後の承継人であることも証明すべき責任を負う（東京地判昭61.6.17金融商事756-22，執行文研究下92頁）。

イ　口頭弁論終結時又は債務名義成立時

口頭弁論終結時は，債務名義形成の訴訟手続において，口頭弁論を終結する旨の裁判がさ

れた時点であり，それ以後に承継の事由が生じた者が，執行力拡張を受ける承継人となる。

和解調書等については，その和解等合意の成立した時点が基準時であり，事実上調書が完成した時点ではない（民事実務講義案Ⅰ91頁参照）。和解等の成立後に承継の事由が生じた者が執行力拡張を受ける承継人となる。

例えば，相続により権利義務を承継する場合であれば，被相続人がこの時点後に死亡したことが要件となる。

ウ　認　定

債務名義成立時及び口頭弁論終結時は，その記録によって確認する。いずれも事件記録によって明らかになる事項である。現行民訴法の下での判決書には，口頭弁論終

> 【執行力が拡張される「基準時」という用語】
> 既判力については，その「基準時」又「標準時」ということが言われる。その意味は，既に述べたように，既判力自体が「時的限界」を有する性質のものであることによる。
> これに対し，本文で「執行力拡張の基準時」というのは，何時の時点以降に登場した承継人のために，又はそれに対して執行力が拡張されるか，その時点を意味するものとして用いている。したがって，既判力の時的限界として用いられる「基準時」又は「標準時」とはその意味が異なる。
> 執行力拡張について，このような用語を用いること自体が妥当か否か一つの問題ではあるが，以上に述べた意味で「執行力拡張の基準時」という語を用いることとする。
> 結局，その意味は，「債務名義成立後」又は判決にあっては「口頭弁論終結後」ということである。
> また，法は「……後」と規定しているから，この基準時は含まない。

結の日を記載すべきこととされている（民訴法253Ⅰ④）が，この記載があっても，事件記録の調書によって確認すべきである（民訴法160Ⅲ，民事実務講義案Ⅰ92頁以下参照）。

(4) 執行文付与機関による処分に対する不服等

ア　執行文の付与等に関する異議（民執法32）

執行文付与機関としての裁判所書記官の処分に対する異議申立方法（民訴法121）の特殊な形態である。

異議の対象は，裁判所書記官を含んだ執行文付与機関の執行文付与処分及び拒絶処分の双方である。

イ　執行文付与の訴え（民執法33）

制度としては，この訴えは，執行文付与機関の処分に対する不服申立方法ではない。その意味で，この訴えを提起するには，執行文付与機関の処分は必要的ではない。この訴えは，執行文付与機関における付与手続が証明文書を提出する方法に限定されていることから，**それ以外の証拠方法**（例えば，人証）**による証明の途**を用意したものである（民執法33Ⅰの規定形式参照）。したがって，執行文付与申立債権者において，文書による証明が困難と判断し，人証による証明によらざるを得ないと考えるときには，当初から，この執行文付与の訴えによることが可能である。

ウ　執行文付与に対する異議の訴え（民執法34）

事実到来執行文又は承継執行文という特殊執行文（民執法27）が付与された場合に，その付与を争うのがこの執行文付与に対する異議の訴えである（後記149頁研究問題4-3参照）。

第4　承継執行文

6　承継執行文付与各論1
(1)　相続による承継
　被相続人が死亡することによって，同人の権利義務の一切は，相続人に移転する。そして，その権利義務につき債務名義が存在すれば，その債務名義の効力も相続人に及ぶ。
　ア　相続による承継において一般的に検討すべき事項
　　以下に掲げる(ア)～(ク)の事項は，相続による承継において**定型的に検討すべき事項**となるものであるから，**整理して理解しておく必要がある**。
　　なお，以下に述べるところは，可分給付を内容とする債権債務について妥当するところであって，不可分給付にあっては，後述するとおり別個の考慮を必要とする（(2)「不可分給付と共同相続」の項122頁参照）。
　　(ア)　**債務名義に表示された当事者が死亡したこと＝被相続人が死亡したこと**
　　　相続は，死亡によって開始するのであって（民882），死亡の事実は，相続による権利義務の移転を根拠づける基本的事実である。
　　(イ)　**債務名義に表示された当事者が死亡した日＝被相続人が死亡した日**
　　　承継人のために又は承継人に対して執行力が拡張されるのは，債務名義成立後又は判決にあっては口頭弁論終結後の承継人である（民執法23Ⅰ③）。
　　　したがって，承継執行文の付与申立債権者は，この基準時後の承継人であることを証明しなければならない。つまり，相続による権利義務の移転の関係では，債務名義成立後（判決にあっては口頭弁論終結後）に相続が開始した，すなわち死亡したことを証明するために，その死亡の日を証明する必要がある（前記5(3)116頁）。
　　　以上が原則であるが，和解や調停調書においては，論理上の特殊性がある。例えば，和解の成立した被告が死亡したとして，被告の相続人に対する承継執行文の付与を求める場合，和解成立期日に被告本人が出頭していれば，その出頭の事実は，その和解調書の「出頭した当事者等」欄の記載で判明する。換言すれば，和解成立時において被告は生存していたことを和解調書自体が証明している（民事実務講義案Ⅰ92頁以下参照）。そして，被告は，承継執行文付与申立てのあった現在の時点においては死亡しているというのであれば，それは，**論理的には**「債務名義成立後」に死亡したことなるからである。したがって，このように，和解調書等の「出頭した当事者等」欄に被相続人が出頭した旨の記載があれば，「被相続人が死亡した日」を証明する必要はないことになる。
　　　なお，ここに述べたことは，承継事由の発生が債務名義成立後か否かにのみ係る性質のものであって，「後」であればその具体的日まで明らかにする必要のない事項である。これに対して，請求によっては死亡した日まで明らかにする必要があるケースもあり，その場合には調書の「出頭した当事者等」の記載のみでは足りず，死亡した日の証明を要する（(2)「不可分給付と共同相続」の項122頁）。
　　　もっとも，この「死亡した日」は，死亡した事実を証明するために提出されるであろう「除籍謄本」の記載によって同時に証明される関係にある。
　　(ウ)　**申立てに係る者が法定相続人であること**
　　　申立てに係る者（債務名義に表示された当事者以外の者）が相続によって権利義務を承

継しているとするとき，権利義務の移転原因事実として，その者が相続人であることを証明しなければならない。具体的には，法定相続人であることを示す資格，例えば被相続人の「子」であることとか「配偶者」であることなどを意味する（民887，889，890）。この事実は，相続による権利義務の「移転」を根拠づける事実である。

次いで，**可分給付**に関する場合，その**相続分**が問題になる。可分給付においては，その債権債務がその相続分に応じて当然に分割されて，移転承継されるからである（民899，最判昭29.4.8民集8-4-819）。例えば，金銭債権（金銭債務）は，原則として可分給付を目的とするものであり，被相続人に帰属した金銭債権（金銭債務）は，相続によって，各共同相続人に，その相続分に応じて当然に分割されて承継帰属する。

したがって，この関係では，移転する「範囲」を根拠づける事実でもある。この相続分については，「法定相続人たる資格（子，配偶者等の別）」が証明されれば，その相続分が定まる関係にある（民900，901）。

なお，「子」については，従前は，「嫡出子」か「嫡出でない子」かによって，その相続分が異なっていた。しかし，民法900条4号ただし書前段部分（嫡出でない子の相続分を嫡出子の相続分の2分の1とする部分）が，最高裁の違憲決定（最大決平25.9.4民集67-6-1320）を受けて削除されたことに伴い，平成25年9月5日以後に開始した相続について，嫡出子も嫡出でない子も同じ割合で相続することとなった。

さらに，同決定においては，遅くとも相続開始時である平成13年7月当時には，同号ただし書前段部分は，憲法14条1項に違反していたとされており，上記当時以降に開始した相続についても，遺産分割の審判や遺産分割の協議等により確定的に法律関係が生じているものを除いて，嫡出子と嫡出でない子とが同じ割合で相続することとされていることから，執行文の付与に当たっては，どのような内容の執行文を付与するかについて検討を要する。

㈢ 他に相続人が戸籍上存在しないこと

申立てに係る債権者又は債務者のほかに相続人が存在するか否かは，具体的には，可分給付におけるその相続分に影響する事実である。例えば，配偶者と子一人が相続によって承継したと主張されている場合に，その他に子が存在する場合には，子の相続分は減少することになる。

問題は，「他に相続人が存在しないこと」を承継執行文付与手続において，債権者において証明しなければならない事

【相続による権利義務移転範囲についての争い】

例えば，「債務者乙は，債権者甲に対し，100万円を支払え。」との債務名義が存在する場合に，その債務名義成立後に債務者乙が死亡したと仮定する。債権者甲が，乙の相続人として配偶者A及び子Bがあるとして，A及びBに対しそれぞれ50万ずつの範囲で承継執行文付与を求める場合である。

この場合，債権者甲は，①乙の死亡の事実，②その死亡の日，③Aが配偶者であり，Bが子であることを証明することになる。

これに対し，債務者とされた子Bは，（執行文付与に対する異議の訴え（民執法34）等によって）自己（B）が承継している義務は50万円より少ないとの主張を根拠付けるために，自分のほかに子Cがいることを証明することになる——ちなみに，配偶者Aとの関係では，子が何人存在しようともその相続分に影響はしない。——。

ほかに子である相続人Cが存在することが認定されれば，裁判所は，債務者Bに対しては，25万円を超える請求に係る強制執行は許さない旨の裁判をする（研究問題4-3参照）。

第4 承継執行文

実と理解するか否かである。

訴訟の場面においては，相続の効果を主張する側において「他に相続人が存在し**ない**こと」について証明責任があるのではなく，相続による移転の範囲を争う側において「他に相続人が存在**する**こと」について証明責任が帰属するものと理解されている。これに従えば，相続による権利又は義務の移転を主張して承継執行文付与を申し立てる債権者において，「他に相続人が存在しないこと」について証明するのではなく，相続による権利義務移転の範囲を争う債務者側において「他に相続人が存在すること」について証明責任を負うことになる。これは，戸籍の記載によれば，相続人の存否の証明は容易であるが，実体的な相続人の範囲は戸籍の記載によって定まるのではなく，相続による権利義務の移転を主張する者に「他に相続人が存在しないこと」の証明責任があると解すれば，極めて困難な証明を求めることになり，不合理であることを実質的な理由とすると思われる。

このことは，承継執行文付与手続においても妥当する。したがって，承継執行文付与を求める債権者は，申立てに係る債権者又は債務者の相続資格を証明し，それを前提にした相続分による権利義務移転の範囲による執行文の付与を求めることができるといえる。

しかし，相続を理由として承継執行文付与申立てがされる場合，被相続人を中心とする戸籍謄本は必ず提出すべき性質の文書であること，被相続人を中心とする身分関係は，通常は戸籍の記載によって把握することができることから，申立債権者に対し，戸籍上の記載によって相続人の範囲を明らかにすることを求めることは，困難を強いることにはならない。加えて，執行文付与手続が債権者側の**一方的審尋手続**であり，その付与によって強制執行手続に移行することが可能となり，相続分を争う場合，債務者において起訴責任を負担してその是正を図ることになることを考慮すれば，通常提出される戸籍謄本の記載から審査できる限りでは，実体に適合した承継執行文を付与する扱いとするのが相当である。したがって，相続分，換言すれば，相続人の範囲については，戸籍に記載されている限度では，これを審査し，承継執行文付与手続に反映させることを実務の扱いとすべきである。

相続を理由として承継執行文付与を求める債権者は，その主張する相続分を根拠付けるために，実体的な意味で「他に相続人が存在しないこと」の証明まで行う必要はないが，戸籍の記載によって被相続人を中心とする身分関係を明らかにし，戸籍上他に相続人が存在しないことを証明すべきである。

この点については，従前，債権者は「他に相続人の存在しないこと（又は他の共同相続人全員が相続放棄をしたという事実）」について証明すべきであると解されているが（（旧）民実講義案Ⅱ164，執行文研究下161頁以下），これも上記のような意味であって，戸籍の記載を超えて，実体的に他に相続人が存在しないことの証明を求めるものではない。

(オ)　申立てに係る者が相続放棄をしていないこと

相続放棄は（民938以下），いったん生じた相続の効力を相続開始時に遡って消滅させる事由であり（民939），相続の効果を争う側において相続放棄の申述があった事実を証明すべきであると解される。したがって，承継執行文付与申立債権者において，申立てに係る債権者又は債務者が相続放棄の申述をしていないことを証明する必要はない（相続放棄と

承継執行文付与をめぐる諸問題については，執行文研究下207頁以下参照)。

なお，㈏のとおり，可分給付に関し，提出された戸籍謄本から申立てに係る者のほかに「他に相続人が存在すること」が判明する場合には，その存在する「他の相続人」が相続放棄の申述を行った事実等相続人ではないことを証明しなければならない（新民訴実務研究Ⅱ228頁）。そうでないと，戸籍の記載から判明する全法定相続人を前提に算定される法定相続分を超えて申立てに係る者が権利又は義務を承継していることが根拠づけられないことになるからである。

㈹　申立てに係る者が限定承認をしていないこと

限定承認（民922～）の事実についても，相続放棄と同様に考えられる。

なお，申立債権者が，申立てに係る者について限定承認がされたことを前提にした付与申立てをした場合の考慮すべき事項については，後記⑶「相続人の限定承認」の項133頁，執行文研究下217頁以下参照

㈺　申立てに係る者につき相続欠格事由がないこと

相続人には欠格事由（民891）がないのが原則であり，相続による移転の効果を主張する側において「欠格事由のないこと」を証明する必要はなく，相続による移転の効果を争う側において「欠格事由が存在することを」証明すべきである。

㈻　申立てに係る者につき廃除されていないこと

廃除（民892，893）も相続欠格事由と同様に考えられる。

イ　相続による権利義務の移転に関するケース

債務名義に表示された当事者が死亡し，相続によって権利義務が移転する場合，承継執行文付与は，アの㈠から㈣までの事項の証明によって行うことになる。

[研究問題 4-1]　（金銭債権・債務の相続）

「4　被告（乙川努）は，原告（甲野建利）に対し，300万円及びこれに対する平成26年4月1日から支払済みまで年5分の割合による金員を支払う。

5　……………………

6　……………………

7　訴訟費用は各自の負担とする。」

との和解条項を含む和解調書の条項4項について，

Q1　原告甲野が，「被告乙川努は死亡した。乙川A子はその妻，乙川B夫及び乙山C子はその子である。」としてこの3名に対する執行文付与の申立てを行った。この場合，甲野は，執行文付与機関に対しどのような事実を証明しなければならないか？

Q2　原告甲野の妻甲野X美，その子甲野Y雄と称する者が，「原告甲野建利は死亡した。」として，自身らのための執行文付与を申し立てた。この場合，申立人X美及びY雄は，執行文付与機関に対しどのような事実を証明しなければならないか？

Q3　Q1及びQ2の各場合について，付与の要件が充たされたとして，その付与すべき執行文を作成しなさい。➡参考執行文式は151，152頁参照

第4　承継執行文

(2)　不可分給付と共同相続
　ア　はじめに
　　(1)において述べたところは，基本的には，金銭等の給付を目的とする「可分給付」について妥当する。それに対し，一棟の建物の明渡し，一筆の土地の引渡しなど（性質上）不可分給付を内容とする債務名義にあっては，その給付の性質から可分給付とは異なる考慮が必要になる（新民訴実務研究Ⅱ229頁参照）。
　　不可分給付と共同相続をめぐって，特に留意しなければならないのは，土地や建物自体の明渡請求が不可分であることはもちろんであるが——この場合，目的物は不可分の1個の物であり，物理的にこれを分割して給付すること自体その性質上考えられない。——，賃貸借契約に基づく**未払賃料**又は**賃料相当損害金**も不可分給付になることがあるという点である。この種の給付は，金銭の支払を目的とするものとして，一見「可分給付」に見えるが，共同相続が絡むことによって「**不可分債務**」に**転化する**ことがあるからである。それは，賃料や賃料相当損害金は，土地や建物の**不可分的利用の対価**としての性質を有しているところ，その**不可分的利用という利益を享受している者が複数人存在**する場合には，その**複数人が，各自，その全額について支払うべき義務を負う**と理解するのが合理的であるからである（大判大11.11.24民集1-670）（賃料又は賃料相当損害金と債務者側の相続について，執行文研究下198頁以下参照）。
　　以下，まず，前提として，不可分債権関係の意義と効力について概観し，次いで賃貸借関係の相続に関する問題についてケースごとに検討する。
　イ　不可分債権関係の意義と効力
　　(ｱ)　不可分債権関係の意義
　　　一個の不可分給付について，複数の債権者又は債務者が，それぞれ債権を有し又は債務を負担する債権関係であり，債権者複数の場合を不可分債権と，債務者複数の場合を不可分債務と称する。
　　　不可分債権においては，一個の給付を目的とする独立の債権が債権者の数だけ成立する。
　　　不可分債務においては，一個の給付を目的とする独立の債務が債務者の数だけ成立する。
　　(ｲ)　不可分債権関係の効力
　　　a　不可分債権
　　　　不可分債権の各債権者は，総債権者のために全部の履行を請求することができる（民428）。全債権者が共同して履行の請求をする必要はない。債権者

【不可分債権—共有物の引渡し等】
　例えば，「乙は，甲に対し，別紙物件目録記載の建物を明け渡せ。」との確定判決が存在するとして，その口頭弁論終結後に，建物の所有者であった甲が死亡し，配偶者Aと子B及び同Cが相続人であったとする。この場合に，Aのみが申立債権者となって自己のために，乙に対する承継執行文付与を申し立てることは，何ら問題がない。この場合，建物明渡請求はABCにとっては不可分債権であるが，この3名が共同して執行文付与申立てをしなければならないものではない。
　この申立てを受けた執行文付与機関は，Aだけを債権者とする執行文を付与することができる。また，その際に，本文に述べるように，執行文の文言を「債権者は，債務者に対し，全債権者のために，この債務名義による強制執行をすることができる。」とする必要はない。
　この場合，ABCは，それぞれ，一棟の建物の明渡しを求める権利を有しているのであって，そのうちの一人が明渡しを受ければ，他の者の権利も消滅する関係にある。したがって，明渡執行申立ても，全債権者が共同して行う必要はない。

は，**単独で，自己に給付すべきことを**請求することができる。訴えの提起や強制執行も，各債権者は**自己の名のみによって**行うことができる。他の債権者全員と共同の執行当事者となる必要はない（執行文研究下178頁以下参照）。

ところで，不可分債権者の一人のために執行文を付与するに当たっては，かつては「全債権者のために付与する」旨を執行文に記載すべきであるとの意見が存在した。しかし，それは，不可分債権の性質を正確に理解していないことに由来するものと思われ，執行文にそのような趣旨の記載をする必要はないというべきである（この点の詳細は，執行文研究下189頁以下参照）。

b 不可分債務

不可分債務については，連帯債務に関する規定が準用される（民430）。債務者は，各自，その全部について給付を行うべき義務を負う（詳細は，執行文研究下185頁以下参照）。

この場合も，債権者は，不可分債務を負う者全員を共同の相手方として執行文付与申立てをしなければならないものでもなければ，執行文付与機関も不可分債務を負う複数者全員を債務者とする執行文を付与しなければならないものではない。

もっとも，債務者らが一個の物を共同占有しているときは，共同占有者全員に対する執行文の付与された債務名義正本を執行機関に提出しなければ，債権者は，強制執行によってこの物の引渡しを得ることはできない。換言すれば，この場合，債務名義の形成手続や執行文付与は，共同占有者全員を共同の相手方としてする必要はない（各別の手続で債務名義や執行文を得ることができる）が，強制執行を実施する段階では，共同占有者全員に対する債務名義等が必要である。

ウ **賃貸人側の相続**

(ア) 相続開始前の未収賃料

賃貸人である被相続人が死亡するまでに既に発生している未収賃料債権は，**被相続人に金銭債権として発生帰属**し，相続人らは**その金銭債権を相続によって承継取得**する関係にある。したがって，この部分は，金銭の支払という可分給付を目的とする債権の相続の問題であって，相続財産中の可分債権は法律上当然に分割されて共同相続人がその相続分に応じて権利を承継する（民899，最判昭29.4.8民集8-4-819）。その結果，**相続開始までに既に発生している未収賃料は，各相続人の相続分に応じて分割債権関係として各相続人に帰属**し，各相続人は，その相続分の範囲で未収賃料の支払を求めることになる。

(イ) 相続開始後の賃料

かつて相続開始後の賃料については，不可分債権であると解する見解が有力であった。その理由として，賃貸人としての地位は相続によって共同相続人に承継され（民896），相続人らは「共同賃貸人」となること，賃貸借契約の目的物を賃借人に使用収益させる義務は，性質上不可分の給付を目的とするものとして不可分債務に属すると解し，この不可分給付の対価として発生する債権（賃料）も特段の事情がない限り性質上不可分債権であると理解するものであった（執行文講義案改訂版125頁参照）。しかし，最判平17.9.8（民集59-7-1931）は，相続開始後の賃料については，相続開始によって遺産共有となった不動産（遺産）を共同相続人が相続開始後に使用管理して収取されるものであるから，遺産と

第4 承継執行文

は別個の財産であって、「**共同相続人の共有財産**」であると解されるとし、共有物の使用収益は、各共有者がその持分に応じてすることができるものであるから、相続開始から遺産分割までの間に共同相続に係る不動産から生ずる金銭債権たる賃料債権は、各共同相続人がその相続分に応じて取得することになる。そうすると**遺産たる賃貸不動産から生ずる金銭債権たる賃料債権は、可分債権である**から、民法427により、当然に分割されて、共有者たる共同相続人がその相続分に応じて、分割単独債権として確定的に取得すると判示した。

判例に従えば、相続開始前までに発生している未払賃料と同様に、各相続人の相続分に応じて分割債権関係として各相続人に帰属し、各相続人は、その相続分の範囲で未払賃料の支払を求めることになる。

(ウ) 相続開始前の未収賃料相当損害金

賃貸人であった被相続人が死亡するまでに賃料相当損害金が既に発生している場合、同債権は、被相続人に金銭債権として帰属し、相続人らは、その金銭債権を相続によって承継取得する関係にある。この点は、相続開始前に既に発生している未収賃料債権と同様であり、共同相続の場合、各相続人の相続分に応じて分割債権として各相続人に帰属することになる。

(エ) 相続開始後の賃料相当損害金

前記(イ)のとおり、相続開始後の賃料は、各共同相続人がその相続分に応じて分割単独債権として確定的に取得される（最判平17.9.8 民集59-7-1931）。そして、共有に係る土地が不法に占有されたことを理由として、共有者の全員又はその一部の者から不法占有者に対してその損害賠償を求める場合には、共有者は、それぞれの共有持分の割合に応じて請求すべきであり、その割合を超えて請求することは許されないとされている（最判昭41.3.3判タ190-115、最判昭51.9.7判時831-35）。これは、**共有物に関する不法行為による損害賠償請求権**は、民法が規定する多数当事者の債権関係の原則（民427）に従い、**不可分債権ではなく、可分債権である**と理解するものである。これらの判例及び民法が多数当事者の債権関係については分割されることを原則としていることを前提とすれば、相続開始後の賃料相当損害金請求権についても共有者の持分に応じて、分割されると解される。

エ **賃借人側の相続**

(ア) 相続開始前の未払賃料

賃借人である被相続人が死亡するまでに既に発生している未払賃料債務は、被相続人に金銭債務として発生帰属し、相続人らはその金銭債務を相続によって承継取得する関係にある。したがって、この部分は、金銭の支払という可分給付を内容とする債務の相続の問題であって、共同相続人はその相続分に応じて債務を承継する（民899）。その結果、相続開始までに既に発生している未払賃料債務は、各相続人の相続分に応じて分割されて各相続人に承継帰属する。賃料債権者である賃貸人の立場からすれば、相続開始前の未払賃料については、各相続人に対し、その相続分に従って請求すべきことになる。

(イ) 相続開始後の賃料

一般論として、数人の者の負担する債務が、各債務者が共同不可分に受ける利益の対価

としての意義を有する場合には，原則として不可分債務になると解されている（我妻栄・新訂債権総論390頁）。

賃借人である被相続人が死亡することによって，その賃借人としての地位は相続によって共同相続人に承継され，相続人らは「**共同賃借人**」となる（この理解を前提とする判例として，最判昭36.12.22民集15-12-2893）。被相続人らが共同賃借人としての地位にあるのであれば，目的物について**不可分的な使用収益**ができるのであって，賃料はその不可分的給付の対価としての性質を有することになり，特段の事情のない限り，賃料債務は性質上不可分債務となると解される（大判大11.11.24民集1-670）。

以上から，相続開始後の賃料債務は，各相続人に不可分債務として発生帰属し，相続人は，各自その全額について支払うべき義務を負うことになる。換言すれば，賃貸人は，共同相続人の一人に対して，相続開始後の賃料の全額について支払を請求することができる。

(ウ) 相続開始前の未払賃料相当損害金

被相続人が死亡するまでに既に賃料相当損害金が発生している場合，同債務は，被相続人に金銭債務として帰属し，相続人らはその金銭債務を相続によって承継取得する関係にある。相続開始前に既に発生している未払賃料債務と同様であり，共同相続の場合，各相続人の相続分に応じて分割され，分割債務として各相続人に帰属することになる。

(エ) 相続開始後の賃料相当損害金

賃貸借契約終了後において被相続人である賃借人の相続人らが負担すべき賃料相当損害金債務は，目的物の不可分的使用収益の対価としての性質を有しているから，賃料と同様に不可分債務であると解することができる（大判昭8.7.29新聞3593-7）。この理解に従えば，相続開始後の賃料相当損害金は，共同相続人に不可分債務として発生帰属し，相続人は，各自その全額について支払うべき義務を負うことになる。換言すれば，目的物の所有者は，共同相続人の一人に対して，相続開始後の賃料相当損害金全額について支払を請求することができる。この点は，前記ウ(エ)の賃貸人側に共同相続が生じた場合（124頁）と異なる。

このエの「賃借人側の相続」の各ケースをまとめれば次のようになろう。

① 相続開始前に既に発生していた賃料や賃料相当損害金

　これは，通常の金銭債権として相続分に応じて分割される。

② 相続開始後に発生する賃料や遅延損害金

　相続人が不可分的に利用する対価としての性質。その給付は，不可分債権としての性質に転化する。

```
時
系  ←賃借人死亡＝相続開始
列    相続人A，B
↓
```

この場合には，相続開始日，つまり被相続人死亡の日までの未払賃料債務又は未払賃料相当損害金債務（-----部分）は，相続によって相続人A及びBに，その相続分に応じて分

第4　承継執行文

割されて帰属する。

　これに対し，相続開始後（＝＝部分）は，相続人A及びBは，被相続人の地位を承継して本件建物等の物を不可分的に利用する関係になる。両名の支払うべき賃料又は賃料相当損害金は，その自らの利用の対価として支払うべき関係になり，その不可分的利用の対価である同給付は，「**不可分給付**」となる。

　このようなケースの場合には，**相続開始の日を境**にして，**その日までは相続分に応じて分割され**，**その翌日からは不可分的に**，つまりその全額についての債務が相続人各自に帰属することになるから――被相続人が死亡した日について考えてみると，被相続人が午前零時に死亡したとすれば別であるが，同日が到来することによってその日分の賃料相当損害金は発生する。その後に相続が開始すれば，同日分は遺産に組入れられることになる。――，被相続人が死亡した日を常に証明しなければならない（仮に，和解調書にあって，同成立期日に本人として出頭していた旨の記載があったとしても，この場合には，死亡した日の証明が必要になる。和解調書の記載からでは承継の基準時後の死亡の事実は論理的に推認できても，具体的にいつ死亡したかは明らかにならないからである。）。

オ　共同賃貸借の解除についての特殊問題

　上記までの問題とも関係するが，共同賃貸借（複数の貸主又は借主）にあっては，「**解除権の不可分性**」（民544Ⅰ）や「**共有物の管理に関する事項**」（民252）などその解除の方法についてやや特殊な問題があるので注意を要する（研究問題 4-2，執行文研究下187頁以下，新民訴実務研究Ⅱ229頁以下）。

研究問題 4-2　（賃料等と相続）

「1　原告（甲）は，被告（乙）に対し，別紙物件目録記載の建物を次の約定で賃貸し，被告はこれを賃借する。

　(1)　使用目的　住居

　(2)　賃貸期間　平成26年1月1日から3年間

　(3)　賃料及び支払方法　1か月8万円，毎月末日限り翌月分を口座振込み

　(4)　敷金　24万円

　(5)　特約　………………

2　被告は，原告に対し，前項(4)の敷金24万円を本和解の席上で支払い，原告はこれを受領した。

3　被告は，原告に対し，平成25年12月から毎月末日限り，第1項(3)の賃料を株式会社健全銀行本店の原告名義の普通預金口座（口座番号1234567）に振り込む方法により支払う。

4　被告が前項の賃料の支払を怠り，その額が3か月分に達したときは，原告は，被告に対し，何らの催告を要しないで，第1項の賃貸借契約を解除することができる。

5　前項により解除の意思表示があったときは，被告は，原告に対し，

　(1)　本件建物を明け渡す。

(2)　解除の意思表示の到達の日の翌日から前号による明渡済みまで，1か月16万円の割合による損害金を原告方に持参又は送金する方法により支払う。」
との和解条項を含む和解調書について，次の各問に答えなさい。

Q1　この和解成立後である平成26年3月31日に原告甲が死亡し，その相続人として妻A，子B及び同Cがあるときに，妻Aが自己のために条項3項並びに条項第5項(1)及び(2)につき執行文付与の申立てを行った。この場合，ⓐ申立人Aは，どのような事実について証明文書を提出する方法によって証明すべきか？　ⓑ裁判所書記官は，Aのために執行文を付与することができるか？　ⓒ仮に付与できる場合，どのような内容の執行文を付与すべきか？

Q2　この和解成立後である平成26年3月31日に被告乙が死亡し，その相続人として妻K，子L及び同Mがあり，同人らが現に本件建物に居住している。このケースで，原告甲が自己のために，条項3項並びに条項5項(1)及び(2)について，K，L及びMに対する執行文付与の申立てを行った。この場合，ⓐ申立人甲は，どのような事実について証明文書を提出する方法によって証明すべきか？　ⓑ裁判所書記官は，甲のためにK，L及びMに対する執行文を付与することができるか？　ⓒ仮に付与できる場合，どのような内容の執行文を付与すべきか？

解説

Q1について

1　はじめに

申立人Aが執行文付与を求めている条項は，条項3項，条項5項(1)及び条項5項(2)である。

ア　条項3項＝賃料請求

相続開始前に既に発生している賃料債権及び相続開始後に発生した賃料債権は，いずれも被相続人（甲）に金銭債権として帰属し，相続によってA，B及びCにその相続分に応じて承継取得される。したがって，妻Aが2分の1の割合，子B及び同Cがそれぞれ4分の1の割合で分割して取得する。

もちろん，被告乙がA，B又はCのいずれかにその全額を支払えば，他の相続人の債権は消滅する。

イ　条項5項(1)＝建物明渡請求

建物明渡請求権は，性質上不可分の給付を目的とするものであり，不可分債権である。したがって，債権者であるA，B及びCは各自で，被告乙に対し，自己に本件建物を明け渡すべく請求することができる。A，B及びC3名が共同して明渡請求を行う必要はない（6(2)イ「不可分債権関係の意義と効力」122頁参照）。

ウ　条項5項(2)＝解除後の損害金請求

既に述べたように（(2)ウ「賃貸人側の相続」の項123頁），賃料相当損害金請求については，まず，相続開始前に既に発生している賃料相当損害金債権は，相続によって共同相続人にその相続分に応じて分割して帰属する。また，相続開始後の賃料相当損害金債権も，（前記判例に従い）各相続人にその相続分に応じて分割して帰属すると考えられる。

第4　承継執行文

2　証明すべき事実
　ア　原告甲が死亡した事実及び死亡した日
　　　原告甲が死亡した事実は，相続による権利（法律上の地位）承継を根拠付ける事実として，相続による権利（法律上の地位）承継を主張する債権者において証明しなければならない。
　　　また，原告甲が死亡した日は，①申立人Aが債務名義成立後の承継人であることを示すために証明を要することになる。
　イ　申立人Aが原告甲死亡当時同人の妻であったこと
　　　申立人Aが民執法23条1項3号の規定による承継人であることを根拠付ける事実である。被相続人の配偶者は常に相続人となり（民890），権利義務を承継する。また，妻（配偶者）という相続資格である事実が証明されることによって，同人の具体的相続分が定まる関係にあり，特に，可分給付を内容とする請求にあっては，次の他の相続人の存否と相俟って具体的請求の範囲を基礎付ける事実となる。
　ウ　Aのほかに相続人（子）がいること
　　　不可分給付を目的とする請求にあっては，申立人A以外に債権者が存在するか否かは申立人Aの請求内容に消長を来さない。これに対し，可分給付を目的とする請求にあっては，他の相続人（債権者）の存否及びその相続資格が，申立人Aの権利内容に影響する。Aは被相続人の配偶者であるから，常に相続人となるのであるが，他の共同相続人がいかなる資格者であるかによって，その相続分が異なるからである。本件にあっては，第一順位の相続人は子であるから，配偶者Aの相続分は2分の1となる（民900①）。
　エ　平成26年2月28日が経過したこと（遅滞額3か月分）
　　　和解条項の文言上は，被告が賃料の支払を怠りその遅滞額が3か月分に達したことが解除権発生の要件とみえる。しかし，債権者である原告に，被告乙が賃料の支払を怠ったことについて証明責任が帰属するわけではない。証明責任分配の原則から本和解条項を解釈すれば，賃料遅滞額が論理的に3か月分に達する<u>平成26年2月28日が経過することによって原告側に解除権が発生し</u>，ただ，被告乙が賃料を一部でも支払えば解除権の発生が障害されるという関係にあることになる（第3の2(7)「解除権の発生と解除」の項84頁以下，研究問題3-11，15参照）。
　　　もっとも，この「2月28日が経過したこと」との事実自体は，暦によって明らかになり，執行文付与機関に顕著な事実であり，債権者において，そのことの証明活動を要しない。
　オ　契約解除の意思表示がされたこと並びに同意思表示が被告乙に到達したこと及びその日
　　(ｱ)　被相続人の生前における解除
　　　　被相続人（甲）がその生前において解除をした場合は，既に述べたように契約解除の意思表示がされたことと同意思表示が相手方である被告乙に到達した事実の証明を要する。また，解除の意思表示が到達した日は，条項5項(2)の**損害金起算日を確定させるためにも**，その証明が必要である（第3の2(7)「解除権の発生と解除」の項82頁参

照）。

(イ) **相続人から行う解除**

相続人から解除を行う場合にあっても，(ア)で述べた被相続人が生前において解除する場合と同様の事項の証明が必要になる。

それに加えて，相続開始後，相続人から契約解除の意思表示を行うについては，特殊な問題がある。すなわち，契約当事者が複数ある場合には，その解除の意思表示は，当事者全員から又は当事者全員に対して行わなければその効力が生じないからである（民544Ⅰ『解除権の不可分性』）。

ところで，他方では，共有物の管理に関する事項については，共有者の持分価額の過半数によって行われなければならない（民252）。仮に，本件原告甲が本件建物の所有者であり，同人が死亡することによってA，B及びCに所有権が相続によって承継されることになれば，A，B及びCは本件建物を共有することになり，同建物についての賃貸借契約を解除することは「**共有物の管理に関する事項**」に該当し——共有物の保存行為であれば各共有者は単独で行うことができるが（民252ただし書），賃貸借契約の解除は保存行為に属するものではなく管理行為である。——，持分価額の過半数によって行うことになる。

このように，民法544条1項と民法252条のいずれの規定が適用されるかについて，判例（最判昭39.2.25民集18-2-329）は，<u>共有物についての賃貸借契約を共有物の管理として解除する場合には，民法252条だけが適用され，民法544条1項の規定の適用は排除される</u>としている。

これに従えば，A，B及びCが本件建物の共有者である場合には，その持分は，法定相続分に従えば，Aが2分の1，B及びCが各4分の1となり，Aの持分価額は過半数に達しておらず，Aは単独で賃貸借契約を解除することはできない。**Aは，B又はCのいずれかと共に解除の意思表示をしたことを証明しなければならない**。

3 執行文付与の可否

前記2に摘示の事実が証明されれば，Aのために，債務者乙に対する執行文（承継執行文）を付与することができる。もちろん，執行文付与を申し立てているのはAだけであるから，B又はCのために（BやCを債権者と表示する）執行文を付与することは許されない。

4 執行文の内容

本件ケースにおいて，<u>相続人らから解除の意思表示を行った場合</u>を想定し（前記2オ(イ)），その適式な解除の意思表示が被告乙に平成×年×月×日に到達したとすると，付与すべき執行文の「債権者」欄には『原告甲の承継人　A』と表示した上で，「強制執行をすることができる範囲」欄に次のように記載することになろう。

　1　条項3項につき，平成26年1月1日から平成×年×月×日までの賃料の2分の1の額
　2　条項5項(1)
　3　条項5項(2)につき，平成×年×月○日からの損害金の2分の1の額

第4 承継執行文

注）「平成×年×月×日」は解除の意思表示の到達日を示す。
「平成×年×月○日」は解除の意思表示の到達日の翌日を示す。

Q2について

1 はじめに

申立人甲が執行文付与を求めている条項は，条項3項，条項5項(1)及び条項5項(2)である。

ア 条項3項＝賃料債務

相続開始前に既に発生している賃料債務は，被相続人（乙）に金銭債務として帰属し，相続によってK，L及びMにその相続分に応じて承継取得される。したがって，相続開始（平成26年3月31日）前に既に発生している賃料債務（平成26年1月分～同年4月分→8万円×4月＝32万円……4月分の賃料債務は3月31日が到来することによって発生するから，相続開始前に発生する金銭債務と推測される。）は，妻Kが2分の1の割合，子L及び同Mがそれぞれ4分の1の割合で分割して負担する。

相続開始後は，相続人K，L及びMが共同賃借人の地位に立ち，その賃料債務は不可分的使用収益の対価として，K，L及びMに不可分債務として発生帰属する。したがって，平成26年5月分以降の賃料については，K，L及びMが各自でその全額（8万円/月）を負担する関係になる。

イ 条項5項(1)＝建物明渡債務

建物明渡しは，性質上不可分給付をその内容とするものであり，不可分債務である。したがって，被告乙の相続人K，L及びMは，それぞれ本件建物全部を明け渡す義務を負う関係にある（大判大7.3.19民集1-670）。

ウ 条項5項(2)＝解除後の損害金債務

賃料相当損害金債務についても賃料と同様に理解すれば，相続開始前に既に発生している賃料相当損害金債務は，金銭債務として，相続によって各共同相続人にその相続分に応じて分割されて帰属負担される。そして，相続開始後の賃料相当損害金債務は，各共同相続人に不可分債務として発生帰属する（大判昭8.7.29新聞3593-7）。この点，賃貸人側に共同相続が開始した場合と異なる。

2 証明すべき事実

ア 被告乙が死亡した事実及び死亡した日

被告乙が死亡した事実は，相続による義務（法律上の地位）承継を根拠付ける事実として，相続による義務（法律上の地位）承継を主張する債権者において証明しなければならない。

また，被告乙が死亡した日は，①債務者K，L及びMが債務名義成立後の承継人であることを示すために証明を要するとともに，②請求に係る給付が相続開始の日を境に可分給付から不可分給付へとその性質が変わる関係にあり，特に不可分給付に変わる場合には，債権者に有利になることから，申立債権者は，請求の範囲を明確にするために証明しなければならない。

イ K，L及びMが被告乙死亡当時同人の妻又は子であったこと

これは，K，L及びMが民執法23条1項3号に規定する承継人であることを根拠付ける事実である。被相続人の子は，第一順位の法定相続人であり（民887Ⅰ），被相続人の配偶者は常に相続人となり（民890），それぞれ権利義務を承継する。また，妻（配偶者）又は子という相続資格である事実が証明されることによって，同人らの各法定相続分が定まる関係にあり，特に可分給付にあっては，次項の「他の相続人の存否」と相俟ってK，L及びMが承継する具体的債務の範囲を基礎付けることになる。

ウ　K，L及びMの他に戸籍上相続人は存在しないこと

(ｱ)　不可分債務一般

不可分債務にあっては，各債務者はその全部の給付を行うべき義務を負うから，申立てに係る債務者以外に債務者が存在するか，つまりは他に相続人が存在するか否かは，債務を承継するか否か及びその承継する範囲に影響を及ぼさない。

(ｲ)　相続人の占有

ところで，条項5項(1)は典型的な不可分給付を内容とするものであるが，仮に，被相続人乙には，もう一人Nという子があったとし，現に本件建物に居住していた場合を想定する。

条項5項(1)についてK，L及びMに対する執行文が付与され，執行文の付与された債務名義の正本に基づいて明渡しの強制執行に着手したとしても，Nが本件建物に現住することによって本件建物に対するNの占有が認定される以上，その強制執行は不能に帰する。Nは執行当事者と

> 【目的建物に現に居住しない相続人】
> 本文に述べるところと異なり，相続人Nが存在するが同人は本件建物に現に居住していなかった場合を想定する。
> このように，Nが本件建物に現に居住していなかったとしても，被相続人の占有に属したものは，相続によって当然に相続人の占有に移ると解されることから（最判昭44.10.30民集23-10-1881），Nは本件建物に対する占有権を取得している。そのため，建物明渡しの強制執行手続においては，現に居住していない相続人Nも債務者とするのが本来である。
> もっとも，実際の明渡執行においては，目的物を誰が現に占有しているかが問題とされることから，実際には，目的建物に現に居住している相続人を債務者とすることで，明渡しの目的が達せられることが多い。

されていないのであるから，Nの占有を強制的に排除することはできない。したがって，債権者甲は，Nに対する承継執行文の付与を得て，K，L，M及びNを執行債務者として明渡しの強制執行の実施を申し立てることになる。ただし，このことは，承継執行文は常にK，L，M及びNの全員に対して同時に付与されなければならないというわけではない。K，L，M及びNは，**各自全部義務を負担**しているのであって，各別の手続で承継執行文を付与することに何ら理論的な問題はない。本件建物を占有している者全員について執行名義（執行文の付与された債務名義の正本）が揃わなければ，明渡しの強制執行を実施することができないのであって，そのことは，**執行文を共同的に同時に付与しなければならないということではない**。

(ｳ)　可分債務

これに対し，可分債務にあっては，他の相続人（債務者）の存否及びその相続資格が具体的相続分に影響するため，申立債権者甲の請求内容（範囲）に大きく関わりを

第4 承継執行文

持つことになる。本件にあっては，被相続人乙の相続人は配偶者Kと子L及び同Mであるから，配偶者Kの相続分は2分の1，子L及びMの相続分は各4分の1ということになる（民900①）。

エ　平成26年2月28日が経過したこと（遅滞額3か月分）
　　Q1についての2エにおいて述べたことと同様である。

オ　契約解除の意思表示がされ，それが被告乙又はK，L及びMに到達したこと及び解除の意思表示が到達した日

　(ア)　被相続人（乙）の生前における解除
　　　原告甲が被告乙の生前に解除の意思表示を行った場合は，①契約解除の意思表示がされたこと及び②同解除の意思表示が相手方である乙に到達した事実の証明を要する（第3の2(7)「解除権の発生と解除」の項82頁，研究問題3-11参照）。

　(イ)　**相続人に対する解除**
　　　賃借権は相続によって相続人に承継され，共同相続人は**共同賃借人**としての地位にあることになる。この法律関係を前提に，賃貸人である原告甲が契約解除をする場合，民法544条1項が規定する**「解除権の不可分性」**の問題となり，**甲は全相続人に対して解除の意思表示をしなければならない**（大判大11.11.24民集1-670）。——このケースの場合，Q1と異なり，原告甲が本件建物を所有するとしてもそれは単独所有であり，共有物ではないため，民法252条が適用される余地はない——。したがって，承継執行文付与を申し立てる原告甲は，契約解除の意思表示を被告乙の全相続人であるK，L及びMに対して発したこと及び同意思表示がその全員に到達したことを証明しなければならない。

　　　また，この解除の意思表示が全員に到達することによって，解除の効果が生じ，賃貸借契約が終了するに至り，その後は賃料相当損害金債務が発生することになるから，その賃料相当損害金債務の発生の起算日を明らかにする意味から，解除の意思表示が到達した日についても証明を要する。この解除の意思表示が到達した日は，賃貸借契約の終了を意味するわけであるから，K，L及びMのうち最後に意思表示が到達した者に到達した日ということになるが，実際的には，各人ごとに到達した日を証明することになる。

　　　なお，相続人の一部が他の相続人に賃貸人との交渉につき代理権を授与していたような場合には，代理人に対する解除の意思表示は全相続人に対して有効となる（最判昭42.2.21民集21-1-155）。

3　執行文付与の可否
　前記2に摘示の各事実が証明されれば，原告甲のために，被告乙の承継人K，L及びMに対する執行文（承継執行文）を付与することができる。

4　執行文の内容
　本件において，相続人らに対して契約解除の意思表示を行った場合を想定し（前記2オ(イ)），その適式な解除の意思表示が被告乙の承継人K，L及びMに揃って平成×年×月×日に到達したとする。

まず，付与すべき執行文の「債務者」欄には，『被告乙の承継人　K，L及びM』と表示する。そして，「強制執行をすることができる範囲」欄には，次のように記載することになろう。

債務者Kに対し，
1　条項3項につき，① 平成26年1月1日から同年4月30日までの賃料の2分の1の額
② 平成26年5月1日から平成×年×月×日までの賃料全額
2　条項5項(1)
3　条項5項(2)につき，平成×年×月○日からの損害金全額

債務者L及び同Mに対し，それぞれ，
1　条項3項につき，① 平成26年1月1日から同年4月30日までの賃料の4分の1の額
② 平成26年5月1日から平成×年×月×日までの賃料全額
2　条項5項(1)
3　条項5項(2)につき，平成×年×月○日からの損害金全額

注）「平成×年×月×日」は解除の意思表示の到達日を示す。
「平成×年×月○日」は解除の意思表示の到達日の翌日を示す。

(3) 相続人の限定承認

ア　限定承認

債務名義表示の債務者の相続人が限定承認をした場合，相続人はその債務を承継するが，その相続債務につき，債権者のために相続人の固有の財産をもって責任財産とすることはなく，被相続人が承継する**相続財産の限度**で責任を負うとの留保を付しての承認である（民922）。限定承認は，このようなものであるから，相続人は，被相続人に帰属していた債務を承継した債務者となる。

イ　限定承認と訴訟

限定承認は，相続人の責任を相続財産に限定するにすぎず，相続人は，被相続人の債務を免れるものではない。そのため，債権者は，相続人に対し，なお債務の履行を請求することができる。ただ，その責任が相続財産に限定されることから，仮に，相続人に対し給付訴訟が提起され，その請求を認容する場合，被告が限定承認をしたことが判明していれば，その判決は，例えば，「被告は，原告に対し，100万円を被告が××から相続した財産の存する限度において支払え。」との主文を掲げるべきとされている（大判昭7.6.2民集11-1099）。

ウ　限定承認が判明する場合の執行文

債務名義成立後に債務者が死亡して相続が開始し，その相続人に対し承継執行文付与の申立てがされた場合，相続人が限定承

【限定承認あるときの承継執行文】
債務者が限定承認をしていることが判明するときの承継執行文には，
債務者の資格として，
　『被告乙山三郎の承継人』
と表示し，かつ，
「債務名義に係る請求権の一部について強制執行をすることができる範囲」欄に，
　『被相続人乙山三郎の相続財産の限度』
と表示する。

第4　承継執行文

認をしていても，相続人に対しては，その相続分に応じて執行文を付与することができる。ただし，申立てにおいて債務者とされた相続人が限定承認をしていることが裁判所書記官に判明しているときは——多くは，執行文付与申立てにおいて，債権者の方から限定承認がされたことを積極的に明らかにすることになる。——，イの場合に準じて，「相続財産の限度」で強制執行をすることができることを執行文に表示すべきである（執行文研究下217頁以下，特に221頁以下参照）。もちろん，裁判所書記官は，債務者とされた相続人が限定承認をしているか否かについて職権で探知する必要はなく，事件記録及び債権者の申立てによって限定承認の事実を把握できなければ，通常の形態の執行文を付与せざるを得ないし，それで足りる。

(4)　法人の合併

　ア　合併の意義と効力

　　法人の合併は，権利義務の一般承継の原因事実である。会社の合併には，吸収合併と新設合併の2種の形態がある。

　　吸収合併は，合併する会社のうちの一会社が存続し（存続会社），他の会社はその存続会社に吸収されて解散する。**新設合併**は，合併する会社全部が解散し，同時に新会社を設立し，その中に入り込む形態である。

　イ　合併による権利義務の移転と執行文

　　合併により，解散会社の権利義務は，一括して，法律上当然に存続会社又は新設会社に移転帰属する（会社法750Ⅰ，754Ⅰ）。したがって，合併による権利義務の承継は，相続によるそれと同様に考えればよい。合併において，権利義務の一部について，その移転を留保することはできない。

　　合併の事実は，存続会社又は新設会社の商業登記事項証明書の記載によって確認することができる。商業登記事項証明書によって，合併の事実等が確認できれば，存続会社又は新設会社を承継人とする執行文を付与する（合併と承継執行文については，執行文研究下224頁以下参照）。

【商号（名称）変更と執行文】

　法人の商号（名称）が変更された場合，現商号と債務名義上の商号との間に不一致が生ずるから，そのままでは，強制執行実施上不都合を生じる。しかし，法人格には異同はないのであり，権利義務の帰属に変更はない。

　この場合，債務名義に付与すべき執行文は単純執行文であるが，その法人格の同一性を明示するために，執行文の債権者又は債務者の表示に，『(旧商号　○×)』と付記するのが相当である。

【組織変更と執行文】

　債務名義成立後に，当事者である有限会社が株式会社に組織変更した場合（有限会社法67）も，前記「商号（名称）変更」の場合と同様に，執行文の債権者又は債務者の表示に『(組織変更後の名称　株式会社×○社)』と付記する。

　組織変更も，法人格は同一であり，権利義務の移転が生ずるものではない。ただ，組織変更の場合，有限会社登記簿上「解散」として登記され，新たに株式会社登記簿が編成されることから，商業登記上は，旧会社が消失し，新会社が設立されるような外形となり，その間，権利義務の移転があるようにもみえる。しかし，これは，登記技術上の制約によるものであって，実体的には，組織変更の前後において，法人格の変動はなく，権利義務の異同もない。

　したがって，この場合，法人の商号（名称）変更と同様に，単純執行文を付与すべきことになる。

---

(5)　給付請求権の債権譲渡

　ア　債権譲渡

　　債務名義に表示されている給付請求権を，債務名義成立後（判決にあっては口頭弁論終結後）に，当事者である債権者から譲り受けた者も（民466），民執法23条1項3号の承継人に

該当する。債務名義のある債権を譲り受けた者は，その原因たる債権の贈与や売買契約等を文書で証明し，自己のために承継執行文の付与を得ることができる（債権譲渡と承継執行文については，執行文研究下227頁以下参照）。

イ　対抗要件である通知の必要性

債権譲渡において検討すべきは，承継執行文付与にあたって，債権譲渡の対抗要件，特に対債務者対抗要件（民467）を具えていることを要するかである。

債権譲渡の対抗要件についての理解にはいくつかの見解があるが，承継執行文付与手続においては，書面による**一方的審尋手続**であること，通知又は承諾の事実の証明は比較的容易であることから，「通知又は承諾のされたこと」を債権者に証明させるのが相当であると考えられる（執行文研究下235頁以下参照）。

(6) **弁済による代位**

ア　意義と効果

債務者以外の第三者が債務者のために弁済した場合又は保証人若しくは物上保証人が債権者に満足を与えた場合，弁済者等は，債務者に対し，求償権を取得する（民608，702，459，462等）。この場合，弁済によって債権者の債権（原債権）は消滅するはずであるが，弁済者が取得した求償権を確保するために，原債権を弁済者に移転させ，求償権の範囲内で原債権を行使することを認めるものである（最判昭59.5.29民集38-7-885）。この代位には，債権者の承諾を必要とする任意代位（民499）と弁済につき正当の利益を有する者（例えば，保証人や物上保証人等）が弁済することによって法律上当然に生じる法定代位（民500）とがある。

例えば，保証人が弁済したとき，保証人である弁済者は，債務者に対し，求償権を取得する（民459，462）とともに，それを確保するために，債権者から原債権を移転的に承継する（最判昭59.5.29民集38-7-885）。弁済者は，これによって，債務者に対し，求償権と原債権とを有することになる。弁済者が代位によって取得した原債権と求償権とは，元本額，弁済期，利息・遅延損害金の有無・割合を異にするから総債権額が各別に変動するなど別異の債権であるが，原債権は，求償権を確保するために存続する附従的な性質を有し，求償権が消滅したときはこれによって当然に消滅し，その行使は，求償権の存する限度に制約される（最判昭61.2.20民集40-1-43。なお，最判昭60.1.22判時1148-111）。

【**弁済による代位のポイント**】

弁済による代位は，信用保証協会等受託保証人による弁済によるものが実務上多い。また，原債権者が原債権を被担保債権とする抵当権等の担保権を有する場合，代位によって原債権が弁済者に移転し，随伴性によって担保権も弁済者に移転する。この場合，弁済者は，その抵当権等をも代位して行使することができることはもちろんであるが，その抵当権実行の際の請求債権は，求償権ではなく，**原債権**であること（したがって，附帯請求も原債権につき定められる率による。）に留意しなければならない。代位行使する抵当権の被担保債権が「求償権」に代わるわけではない。

本文に掲げた判例は，いずれも弁済者代位の制度及び効果等を理解する上で重要な判例である。特に，執行事件では，この代位がよく登場するので，これらの判例の述べるところをよく理解して処理しなければならない（執行文研究下268頁以下及びそこに掲げる文献を参照）。

弁済による代位は，このようなものであるから，原債権につき債務名義があるとき，弁済によって原債権を取得した弁済者は，執行力の拡張を受ける承継人に該当する（民執法23Ⅰ

第4　承継執行文

③)。弁済による代位の効果並びに執行力の拡張及び承継執行文付与については，執行文研究下268以下に詳しい。
　イ　弁済によって代位する者のための承継執行文
　　債務名義ある債権について弁済し，それによって代位する弁済者は，その債務名義について，自己のために承継執行文を得ることができる。
　　弁済による代位によって原債権を行使する場合，それは，求償権を確保するために認められるものであり，行使するのは原債権全額であるとしても，それによって現実に受領（満足）できるのは，<u>求償権の額に限定される</u>ことになる。そのため，求償権の額がその附帯請求も含めて原債権額を下回るときは，原債権行使によって弁済者が受領（満足）できる範囲が附帯請求も含めた求償権の額に制限されることを執行文に明示することが相当である（執行文研究下291頁以下参照）。この場合，弁済者は，求償権の範囲（額）の限度で，いわばその額に制限された原債権の移転を受けるのではない（例えば，（旧）民実講義案Ⅱ168は，求償できる額の範囲内で原債権を承継取得するとするが，これは正当ではない。）。あくまで，弁済者は，**弁済時に存在した原債権の全額とこれに対するその後に発生する附帯請求について移転を受け**るのであり，求償権及びその附帯請求の額が原債権及びその附帯請求の額を下回っているときでも，代位する弁済者に対する<u>配当の基準となる債権額は，**原債権額である**</u>（執行文研究下276頁――これによって，配当加入する他の債権者の利益を害することにもならない。――）。
　　弁済者代位により原債権の移転を受けたことを証する文書としては，原債権の弁済についての領収書等がある。弁済者が弁済について正当の利益を有しないときは，債権者の同意を得て代位することになる（民499Ⅰ）が，この場合の原債権の移転については，指名債権譲渡の方法による対抗要件を備えることが要求される（民499Ⅱ，467）。したがって，この場合には，債権譲渡と同じく，債務者に対する原債権移転の通知をしなければならず，債権譲渡の項（134頁）で述べたように，弁済者が承継執行文付与申立てをするに当たっては，その通知をしたことを証明しなければならないと解するのが相当である（執行文研究下300頁以下参照）。

(7)　**債務名義表示債権の差押え**
　　債権，特に金銭債権に対する強制執行として差押命令が発せられ，その命令が債務者に送達された日から1週間が経過すれば，差押債権者は，差し押さえた債権を取り立てることができる（民執法155Ⅰ）。この取立権は，その債権自体を差押債権者が取得するわけではないが，他人の債権を取り立てて自己の債権の弁済に充てることを認めるものである。取立権を得た差押債権者は，取立てに必要な差押債務者の一切の権利を自己の名で裁判上及び裁判外において行使することができる。
　　第三債務者が，差押債権者の取立てに任意に応じなかったときは，差押債権者は，第三債務者に対し，取立訴訟を提起することができる（民執法157Ⅰ）が，差し押さえられた債権につき債務名義（差押債務者を債権者とし，第三債務者を債務者とする）があるときは，差押債権者は，取立権という法定財産管理権を取得した者として，その債務名義の執行力の拡張を受け得る者となる。したがって，取立権を得た差押債権者は，取立訴訟を提起することなく，その債務名義について，自己のために承継執行文付与を得ることができる（執行文研究下312以下及びそこに掲げる文献参照）。

転付命令又は譲渡命令を得た差押債権者は，同命令が確定することによって（民執法159Ⅴ，161Ⅳ），その差し押さえられた債権自体を取得することになり，取立権とその法律構成は異なるが，同様に，債務名義がある場合，その執行力の拡張を受け，自己のために承継執行文付与を得ることができる（執行文研究下321頁以下参照）。

7 承継執行文付与各論2

(1) 係争物の所有権の承継取得

ア 典型例と理論構成

特定の目的物を引き渡す（明け渡す）べきことを内容とする債務名義が成立した後（判決にあっては口頭弁論終結後），債務名義上の債権者から目的物の所有権を譲り受けたような者である。換言すれば，債務名義に表示されている請求権の目的物に関し，債権者側に権利についての承継が生じた場合である。

これについては，所有権を主たる権利又は地位とし，引渡請求権について債務名義を得ていることを従たる地位と理解し，主物と従物に関する民法87条2項の規定を類推適用して所有権の譲受人のためにも債務名義の執行力が拡張される，すなわち民執法23条1項3号の承継人に該当すると理解されているのが一般的である（なお，4「実体上の権利義務を承継していない者が承継人となる根拠」の項113頁参照）。

イ 所有権の承継取得者は対抗要件を具備することを要するか？

この場合，目的物について所有権を譲り受けた承継人と引き渡すべき給付義務を負う債務者とが対抗関係にないことは明らかである。対抗関係にない以上，対抗要件の具備は必要ないと考えられる。もっとも，賃貸借の目的物である不動産の所有権を譲り受けた者は，その登記を取得しなければ，賃借人に対して目的不動産の所有者であること又賃貸人たる地位にあることを主張することはできず，賃料請求はもちろん，賃貸借契約を解除する権利を有することを主張することはできないとするのが判例である（最判昭49.3.19民集28-2-325）。この判例の趣旨に従い，権利資格保護要件としての登記を取得することを要すると解すべきである（詳細は，執行文研究下345頁参照）。

(2) 係争物の占有の承継的取得

係争物についての占有の承継取得というのは，債務名義に表示されている給付義務（例えば，明渡義務）について，その義務自体の承継（例えば，債務引受け）はないものの，第三者（丙）が目的物について債務名義表示の当事者である債務者（乙）からその占有を承継的に取得する場合である。この場合，例えば，債務名義上の債務者（乙）から第三者（丙）に占有が移転されるに当たっては，その原因関係として貸借契約を締結していることなどが考えられるが，その場合，第三者（丙）が，債務者（乙）が負っている明渡義務について債務引受けをすることは通常考えられない。そのため，第三者（丙）は，前記6「承継執行文付与各論1」に掲げた相続や債権譲渡のように権利義務を実体的に承継する場合と異なり，債務者（乙）の明渡義務を実体的に承継しているものとはいえない。

このように，目的物について債務者から承継的に占有を取得した者は，債務名義に表示された義務を実体法上承継するものではないが，いわばこれと同視することができるものとして，

第4　承継執行文

債務名義成立後の承継人（民執法23Ⅰ③）に該当し，執行力の拡張を受けると解されている（その結論的な整理は前記113頁）。

これに当たるものとして，次のような類型がある。

ア　目的物についての占有の承継取得

(ｱ)　総　説

例えば，債権者Aが建物の占有者Bに対して建物明渡しを内容とする債務名義を得ているところ，その債務名義成立後（和解調書であれば和解成立後，判決であればその口頭弁論終結後）にBが第三者Cに対しこの建物を賃貸し，その占有を移転し，Cが現に占有している場合がこの典型である。土地の引渡し（明渡し）や動産の引渡しを内容とする債務名義についても同様である。

(ｲ)　承継人該当性

この第三者が民執法23条1項3号に規定する承継人に該当するための要件は，次のように整理できる（執行文研究下352参照）。

① 　第三者（C）が債務名義成立後に目的物の占有を取得したこと
② 　第三者（C）の占有は，債務名義上の債務者（B）から伝来的に取得したものであること
③ 　債務名義表示の請求権が物権的請求権でないときは，債権者（A）が物権者であること
④ 　債権者（A）と第三者（C）とが対抗又はそれに準ずる関係にあるときは，債権者は，対抗要件を具備するか，第三者が対抗要件の欠缺を主張する正当な利益を有する者ではないこと

①は，執行力拡張を受ける承継の基準時に関するものであり，第三者（C）の目的物に対する占有は，債務名義の成立後，判決にあってはその口頭弁論終結後に取得したものでなければならない。

②は，第三者（C）の占有が，債務名義上の債務者（B）に由来するものであることを意味し，債務者（B）の意思に基づき占有を取得したものであることを要する。例えば，第三者（C）が目的物について，債務者（B）から，売買等により譲り受け，使用貸借又は賃借するなどである。これに対し，第三者（C）が，債務者に無断で占有する場合（原始的な占有取得）は，これに当たらない。

③は，債務名義に表示されている請求権の法的性質に関するものである。仮に，請求権が債権的請求権である場合，債権の効力は原則として第三者に対しては及ばない。その場合に，第三者に対して債務名義の執行力を拡張することができるかという問題がある。これについては，債務名義に表示されている請求権が債権に基づくもの（例えば，賃貸借終了による返還請求権等）であったとしても，債権者が物権者であるときは，占有を取得した第三者に対し債務名義の執行力が及ぶと解される（執行文研究下336頁，353頁参照）。この物権保持者の認定は，債務名義の記載だけでなく，その記録及び申立債権者が提出する証明文書によって行う（執行文研究下336頁）。

④も債務名義表示の請求権の法的性質に関するものである。例えば，債権者（A）の建

物明渡請求が債務者（B）との売買により譲り受けたことに基づくとき，債務者（B）が第三者（C）に対し，その建物を譲渡し引き渡したケースがその典型である。この場合，債権者（A）と第三者（C）とは，対抗関係にあり，債権者（A）が対抗要件を備えるか，又は第三者（C）が登記の欠缺を主張する正当な利益を有する者ではないことが，第三者（C）が承継人に該当するための要件となると解される（実質説。執行文研究下46頁以下，356頁以下参照）。

(ウ) 承継執行文付与手続上の留意点

(イ)に掲げた②から④までの事項に該当する場合，第三者は民執法23条1項3号に規定する承継人に該当する。しかし，この要件を，執行文付与手続において具体的に認定することは，必ずしも容易ではない。

①のうち，第三者が目的物を現に占有する事実は，目的物の現況に関する事項であり，比較的その証明は容易である。しかし，その占有開始が，債務名義成立後であることを債権者が証明することは，必ずしも容易ではない。また，②は，第三者の目的物に対する占有取得原因（売買や賃貸借等）を明らかにすることができればよいが，債権者がそのことを文書で証明することは容易ではない。

【承継人該当性の証明方法】
占有を承継した第三者の承継人該当性の証明方法として，例えば，債務者に表示された債務者（B）に対する強制執行を実際に試み，執行官に臨場してもらい，執行官が第三者（C）と面談し，現在，目的物につき第三者（C）が占有しているとする「執行不能調書」によって証明するということも考えられる。しかし，執行官は，臨場し，目的物について債務者（B）が占有しているとの認定ができなければ執行不能とせざるを得ないのであり，それ以上に，第三者（C）から，その占有開始時期や占有取得原因を聴取すべき必要があるわけではなく，この方法にも限界がある。

イ　地上建物所有権承継取得

(ア) 総説

例えば，債権者（A）の所有する土地上に債務者（B）が建物を所有する場合に，債務者（B）が債権者（A）に対し地上建物を収去して土地を明け渡すべきことを内容とする債務名義を債権者（A）が取得した後，第三者（C）が債務者（B）から地上建物の所有権を譲り受けたときである。

この場合，債務者又は同人から所有権を譲り受けた第三者は，**「地上建物を所有する方法によって」**債権者所有の土地を占有している関係にある（詳細は，執行文研究下362以下参照）。

この類型は，目的物が土地であり，その占有の形態が「地上建物を所有する」方法によってされている点が特徴であるが，アに掲げた類型と基本的には同様である。

この類型に属するものとして，次の判例がある（その他の裁判例については，執行文研究下365頁以下参照）。

1　借地人である債権者Eの借地上にFが建物を所有していたところ，EF間において建物収去土地明渡しを内容とする裁判上の和解が成立した。その後，第三者Gが債務名義上の債務者であるFから地上建物の所有権を譲り受けた場合，Gは，執行力の拡張を受ける承継人に該当するとして，同人に対し承継執行文を付与すべきとする（大

第4　承継執行文

決昭5.4.24民集9-415）。
　　　　②　賃貸借終了による建物収去土地明渡義務を内容とする和解成立後，地上建物の所有権を譲り受けた者について，地上建物を譲り受けることによって敷地の占有を承継したものであるとして，債務名義である和解調書の執行力が拡張されるとする（大決昭9.10.4民集13-1846）。
　(イ)　承継人該当性
　　　この第三者が民執法23条１項３号に規定する承継人に該当するための要件は，次のとおり整理することができる（執行文研究下372頁参照）。
　　　①　第三者（Ｃ）が債務名義成立後に目的物である土地について，その地上建物の所有権を取得する方法で占有を取得したこと
　　　②　第三者（Ｃ）の地上建物の所有権は，債務名義上の債務者（Ｂ）から伝来的に取得したものであること
　　　③　債務名義表示の請求権が物権的請求権でないときは，債権者（Ａ）が物権者であること
　　　④　債権者（Ａ）と第三者（Ｃ）とが対抗又はそれに準ずる関係にあるときは，債権者は，対抗要件を具備するか，第三者が対抗要件の欠缺を主張する正当な利益を有する者ではないこと
　　　①は，第三者（Ｃ）の地上建物の所有権取得が債務名義成立後であることを要件とする。この所有権取得は，原則として，実体的な権利取得を意味する。この権利取得については，登記を経由することを要しない。この点に関し，建物収去土地明渡しを内容とする判決の口頭弁論終結前に地上建物の所有権を譲り受け，口頭弁論終結後にその移転登記を経由した者につき，所有権の譲受けを介してあらわれる占有の承継が問題であり，それが口頭弁論終結後であることを要し対抗要件の有無は問題ではないとし，承継人には当たらないことから請求異議を認めた裁判例がある（東京地判昭46.10.14判時656-76，なお，最判昭35.6.17民集14-8-1396）。
　　　②に関し，地上建物の所有権取得原因は，契約のほか，競売のような強制処分による場合も含まれる（東京地判昭36.2.18下民12-2-307，東京高判昭41.4.12下民17-4Ⅰ236，執行文研究下374以下）。
　　　③及び④を含め，以上のほかは前記アで述べたところと同じである。
　(ウ)　承継執行文付与手続上の留意点
　　　この類型においても，アの類型において述べたと同様の問題がある。もっとも，地上建物の所有権移転について移転登記が経由されているときは，その登記簿の記載によって所有権移転時期やその原因を認めることができるから，①及び②の事項は証明することができる。その意味では，アに掲げた類型と比較すれば，承継の事実を文書によって証明することが比較的容易な場合がある。
　ウ　**地上建物賃借権**（占有使用）**取得**
　(ア)　総　説
　　　例えば，債権者（Ａ）の所有する土地上に債務者（Ｂ）が建物を所有する場合に，債務者が債権者に対し地上建物を収去して土地を明け渡すべきことを内容とする債務名義を債

権者（A）が取得した後，同債務者から第三者（C）が地上建物について賃借権の設定を受けるなど何らかの利用権の設定を受けた場合である（執行文研究下387頁以下参照）。

この場合，債務名義表示の債務者（B）は，依然として<u>地上建物を所有する方法</u>によって土地を占有しているが，建物賃借人である第三者（C）の敷地に対する占有は，土地賃借人（B）の敷地に対する占有と無関係に原始的に取得されたものではなく，土地賃借人（B）の敷地に対する占有に基づき取得されたものであるから，占有の関係から見ると一種の承継があるものとみることができ，建物賃借人（C）は執行力拡張を受ける承継人に該当する（最判昭26.4.13民集5-5-242）。

(イ) 承継人該当性

地上建物につき用益権を取得するなどして建物の占有を得た第三者が民執法23条1項3号に規定する承継人に該当するための要件は，次のとおり整理できる（執行文研究下399頁参照）。

① 債務名義成立後に，第三者が地上建物を占有するに至ったこと
② 第三者の地上建物の占有は，債務名義上の債務者から伝来的に取得したものであること
③ 第三者による地上建物の占有は，現実のものであること
④ 債務名義表示の請求権が物権的請求権でないときは，債権者が物権者であること

②及び③については，その典型は，地上建物の所有者である債務名義上の債務者から建物につき賃借権等の利用権の設定を受け，その引渡しを受けた者である。また，地上建物の賃借人から賃借権譲渡を受け又は転借し，占有する者も含まれる。

(ウ) 承継執行文付与手続上の留意点

(イ)に掲げた事項のうち，①及び③のうち，第三者が現に地上建物を占有していることの証明は，比較的容易であろう。これに対し，②は，アに掲げた類型と同様に，その証明は容易でないと予想される。

仮に，承継人に該当することが証明されたとして，その場合に付与すべき執行文の内容については，考慮を要する。つまり，債務名義に表示されている給付内容は，「<u>地上建物の収去及び土地の明渡し</u>」であるところ，まず，債務名義上の債務者である地上建物の所有者（B）は，依然として，その建物を所有する方法で土地を占有しているのであるから，その建物所有者に対する執行文を付与する必要がある。次に，地上建物について占有を得た第三者（C）は，地上建物から退去する方法によって土地を明け渡すべきこととなるから（執行文研究下390頁以下参照），そのことを執行文に明示することが相当である（執行文研究下400頁以下参照）。

【執行文の記載】
建物収去土地明渡しを内容とする債務名義上の債務者（B）及び債務者から地上建物につき賃借権等の利用権の設定を受けて占有する第三者（C）に対する執行文においては，その「債務名義に係る請求権の一部について強制執行をすることができる範囲」欄に，
『債務者Cにつき，主文（条項○項）表示の建物からの退去及び同土地の明渡し』
と記載するのが相当である。

(3) **占有移転禁止仮処分執行後の目的物の占有取得者**

債務名義成立後（判決の場合の口頭弁論終結後）に，その債務者（B）から目的物について

第4 承継執行文

の占有を承継的に取得した第三者（Ｃ）に対し，債務名義の執行力が及ぶとしても，(2)においてみたように，債権者がそのことを証明して権利の実現を図ることは容易ではない。そこで，このような事態に備え，手続的にも債権者の権利実現を図ることを容易にしようとする制度が，民事保全法が規定する「占有移転禁止の仮処分」である（執行文研究下421頁以下参照。なお，民事保全法施行前の占有移転禁止仮処分の効力については，執行文研究下407頁以下参照）。

ア 占有移転禁止仮処分

民保法62は，仮処分命令（民保法24）のうちの「占有移転禁止仮処分」の効力について規定する。この占有移転禁止仮処分は，次の要素を含むものでなければならない（民保法25の2）。

① 債務者に対し，物の占有を第三者に移転することを禁止する「占有移転禁止命令」
② 債務者に対し，物の占有を解いて執行官へ引き渡せとの「執行官への引渡命令」
③ 執行官に対し，物の保管を命ずる「保管命令」
④ 執行官に対し，物について①の旨及び③により執行官が保管している旨を公示することを命ずる「公示命令」

イ 当事者恒定効

アに掲げる要素を満たす占有移転禁止仮処分の執行がされていれば，

㋐ 仮処分の執行について悪意でその<u>物を占有した者</u>（「悪意の占有取得者」。これには，仮処分債務者から伝来的にではなくして占有を取得した者（非承継の占有取得者）を含む。）に対し，本案の債務名義で，物の引渡し又は明渡しの強制執行をすることができ，また，

㋑ 仮処分執行後に，仮処分債務者から<u>占有を承継した者</u>（「占有承継者」）に対しては，たとえその承継した者が仮処分執行につき善意であっても，本案の債務名義で，物の引渡し又は明渡しの強制執行をすることができる。

この民保法62条1項が規定するこの効力を「当事者恒定効」という。例えば，債権者（Ａ）が建物を占有している者（Ｂ）を債務者としてこの仮処分を得てその執行をしたとする。その執行後に，第三者（Ｃ）が仮処分債務者（Ｂ）からその物についての占有を取得した。他方，債権者（Ａ）は，仮処分債務者（Ｂ）を被告として建物明渡請求訴訟（本案）を提起し，明渡しを内容とする債務名義を得たとする。債権者（Ａ）は，占有移転禁止仮処分執行後に物について占有を取得した第三者（Ｃ）に対し，その本案で得た債務名義によって明渡しの強制執行をすることができるのである。

このように，民保法62条が規定する当事者恒定効とは，本案の債務名義の執行力をそこに規定する者に対して及ぼすことができるとするものであり，それは，

【民執法23条と民保法62条の関係】

民執法23条は，債務名義の執行力の主観的範囲についての一般規定であるに対し，民保法62条1項は，占有移転禁止仮処分執行後においては，その主観的範囲がさらに拡大されることを規定する。民保法62条1項は「占有した者に対し，……強制執行をすることができる」と民執法23条と平仄を図った規定形式を採用しており，これによって，執行力の主観的範囲が拡大されている。そして，この民保法62条1項が規定する占有者に該当する場合，債務名義に表示された当事者以外の者を債務者とすることとなり，民執法27条2項の規定による執行文付与を得べきことになる。

加えて，この執行力の主観的範囲の拡大のほかに，民保法62条2項の規定は，仮処分債権者に対し，証明の軽減を図っているのである。

本案の債務名義の執行力の主観的範囲を拡張するものである。したがって，この民保法62条1項の規定は，民執法23条に対する特別の定めである。

ウ　当事者恒定効の範囲

　(ｱ)　占有承継者（前記イ(ｲ)）

　　仮処分債務者から物の占有を伝来的に取得した第三者に対しては，占有移転禁止仮処分執行の事実についての善意・悪意を問わずに，本案の債務名義の執行力が及ぶ（民保法62Ⅰ②）。

　(ｲ)　悪意の占有取得者（前記イ(ｱ)）

　　占有移転禁止仮処分が執行されていることを**知りながら，その物の占有を取得した第三者**に対しても，本案の債務名義の執行力が及ぶ（民保法62Ⅰ①）。

　　占有移転禁止仮処分執行後にその物について占有を取得した者のうち，仮処分債務者から伝来的にその占有を取得した者は，その善意悪意を問わず，(ｱ)によって本案の債務名義の執行力を受けることになるから，この類型は，物の占有が仮処分債務者から伝来的ではない（非承継の）第三者を対象とすることに意義がある。例えば，仮処分執行後に，その仮処分債務者とは無関係に，いわば勝手に物を占有するに至った者がこれに該当する。

エ　悪意の推定とその機能

　民保法62条2項は，占有移転禁止の「**仮処分の執行後にその目的物を占有した者は，その執行がされたことを知って占有したものと推定する。**」と規定する。これは，第三者の占有取得が，仮処分債務者から伝来的か否かを問わず，仮処分執行後に占有を取得した者は仮処分執行につき悪意と推定される。この規定には，次の二つの機能があると解される（執行文研究下423頁）。

【民保法62条2項の推定】
　民保法62条2項が規定する占有取得者についての悪意の推定は，占有移転禁止仮処分の公示が存続していたなどの前提事実を問うことなく，無前提に占有取得者の悪意を推定するものであるから，いわゆる「**暫定的真実**」を規定するものである。

　①　仮処分債務者から伝来的にではなく占有を取得した者，つまり「**非承継の占有者**」は，悪意の占有者と推定される。

　　その結果，この非承継の占有者に対する執行力拡張を根拠にその者に対する執行文付与を求める手続において，債権者は，非承継の占有者が仮処分執行について悪意であったことを証明する必要がない。この証明をしなくても，非承継の占有者に対する執行文の付与を得ることができる。

　②　①によって非承継の占有者について悪意の証明がなくてもその者に対する執行文を付与できることとなると，執行文付与の手続においては，第三者の占有取得が仮処分執行後であれば，その占有取得の態様が，仮処分債務者から「伝来的（承継）」なのか，「伝来的ではない（非承継）」のかを区別する必要がなくなる。

　　仮に，非承継の占有者が実体的には仮処分の執行について善意であったとしても，執行文付与手続においては，その善意悪意を調査する必要はなく執行文を付与することができる。物を占有する第三者が仮処分執行について悪意であることは，占有の態様が承継か非承継であるかの区別を前提として，「非承継」の場合の加重要件として定められている。そして，この民保法62条2項の規定によって，手続上，悪意であることの証明

第4 承継執行文

が不要に帰すのであるから,「承継」か「非承継」かの区別自体も意味を失ってしまうのである（執行文研究下424頁参照）。

以上のことから，占有移転禁止仮処分執行を経由しその本案の債務名義を得た債権者は，

Ⓐ 第三者が目的物を占有している事実
Ⓑ その第三者が目的物の占有を取得したのは仮処分執行後であること

を証明すれば，その第三者に対する民執法27条2項の規定による執行文の付与を得ることができる。

なお，債務名義が不動産の引渡し又は明渡しの請求権を表示したものであり，これを本案とする占有移転禁止仮処分命令が執行され，かつ，保全法62条1項の規定により当該不動産を占有する者に対して当該債務名義に基づく引渡し又は明渡しの強制執行をすることができる場合等で，その強制執行をする前に当該不動産を占有する者を特定することを困難とする特別の事情があるときは，債権者がこれらを証する文書を提出したときに限り，債務者を特定しないで執行文を付与することができる（法27Ⅲ）。この執行文が付された債務名義正本に基づく強制執行は，この執行文が付与された日から4週間を経過する前であって，当該強制執行において不動産の占有を解く際にその占有者を特定できる場合に限り，することができる（法27Ⅳ）。

オ 執行文付与手続における審査事項

執行文付与の申立てを受けた裁判所書記官は，債務名義及び執行文付与の一般的要件のほか，エに掲げたⒶ及びⒷの事実を，債権者が提出する証明文書によって認定可能かを審査する。

まず，Ⓐの事実を証明することは比較的容易である。例えば，債務名義に表示された者を債務者とする明渡しの強制執行を試みたとすると，その執行不能調書によって第三者の占有を証明できることもある。証明文書としてこのような執行不能調書に限定されるわけではなく，第三者が目的物を占有することが証明されれば足りる。

次に，Ⓑの事実については，例えば，占有移転禁止仮処分命令に基づき執行官が目的物を保管するに当たり作成した調書（仮処分調書）が考えられる。これには，仮処分執行時に，目的物を債務者が占有するとの執行官による占有認定が記載されているはずである——この占有認定ができたからこそ仮処分の執行ができたはずである。——。これに加えて，第三者が現在目的物を占有している事実（Ⓐ）により，仮処分執行時は債務者が占有し，その後は第三者が占有していることになり，この第三者は，仮処分執行後に占有を取得したものであると認定することができる。

このように，占有移転禁止仮処分の執行を経由した債権者は，その後本案で得られた債務名義による強制執行の場面では，実体的にも手続的にも有利な地位にあるといえよう。

カ 執行文の付与

以上のような審査を経ることによって，裁判所書記官は，物の引渡し（又は明渡し）を内容とする債務名義につき，仮処分執行後に目的物を占有する第三者（Ｃ）に対する執行文を付与する。この場合，執行文上に「債務者」として表示すべきは，その第三者であるが，執行文上に表示する資格については，民執法23条1項3号の「承継人」や同条3項の目的物の所持者と区別するために，『被告Bに対する占有移転禁止仮処分執行後の占有者』と表示す

ればよい（執行文研究下424頁）。
　キ　執行文付与を争う方法
　　仮処分執行後の物の占有者として執行文が付与され，引渡し等の強制執行の債務者とされた者（C）は，執行文付与等に関する異議の申立て（民執法32）又は執行文付与に対する異議の訴え（民執法34）において，
　　①　債権者（A）に対抗することができる権原によって目的物を占有していること
　　又は
　　②　仮処分が執行されたことを知らず，かつ，債務者（B）の占有の承継人ではないこと
　を主張立証して争う。
　　①は，例えば，債権者（A）の引渡請求権が売買に基づくものであるとき，占有する第三者（C）は民法177条の第三者であるとの主張，また，債権者（A）の引渡請求権が通謀虚偽表示による無効を理由とするものであるときに，占有する第三者（C）は善意の第三者（民94Ⅱ）であるとの主張である。

8　承継執行文付与各論3
(1)　手続担当者と利益帰属主体

　ある者（訴訟担当者）が他人（被担当者）のために当事者となって判決等の債務名義を得た場合，そこに表示される権利義務の主体は，債務名義に表示される当事者ではなく，その他人（被担当者）である。この場合，その債務名義の執行力は，債務名義に表示されている当事者（訴訟担当者）に及ぶのはもちろん（民執法23Ⅰ①），その他人（被担当者）にも及ぶ（民執法23Ⅰ②）。この他人を債権者又は債務者とする強制執行をするには，その者のための又はその者に対する承継執行文の付与を要する。

【訴訟担当者と被担当者の例】
(1)　破産管財人と破産者（執行文研究下435）
(2)　更生管財人と更生会社
(3)　選定当事者（民訴法47）と選定者
(4)　債権者代位権（民423）により権利行使する債権者と債務者（執行文研究下438）
(5)　取立訴訟（民執法155，157）の差押債権者と差押債務者又は質権設定者
(6)　株主代表訴訟（会社法847）の原告株主と会社（執行文研究下435）

　この訴訟担当者と被担当者の関係は，その訴訟記録から明らかになることがほとんどであるから，裁判所書記官に明白であるとして承継執行文を付与することが多い。

(2)　目的物の所持者
　ア　総　説
　　債務者（①債務名義に表示された当事者である債務者，②訴訟担当の場合の被担当者である債務者，③①又は②の債務者の承継人を含む。）のために，給付請求の目的物を所持する者に対しても債務名義の執行力は及ぶ（民執法23Ⅲ，前記2⑷「請求の目的物の所持者」の項111頁，執行文研究下447以下）。したがって，第三者がこの債務者のために目的物を所持する者であることが証明されれば，その者に対する承継執行文を付与することができる。目的物の所持の開始は，債務名義成立前でもよく，その時期を問わない。
　イ　所持者
　　物の管理人，受寄者，運送人などがこの所持者に該当する。これらの者は，その物の効用

第4　承継執行文

に基づく利益，所持することによる直接の利益を自己に帰す意思があるとはいえない。仮に，これらの者が営業として物を占有し，それによって報酬を得るとしても，それは，物の効用による利益とか，所持の直接の利益とはいえない。これに対し，物の賃借人や使用借人は，自己の利益のために所持する者であるから，この所持者には該当しない。

ウ　所持者と占有補助者

　　占有補助者は，この所持者には該当しない。所持者は，その物に対し独立の占有が認められるのに対し，占有補助者には，そもそも，独立の占有が認められないからである。

　　債務者の占有補助者と認められる者については，債務者に対する執行文の付与された債務名義によって，債務者に対する強制執行の過程で排除することができる。したがって，占有補助者に対する承継執行文の付与を得る必要はない。例えば，世帯主を債務者とする建物明渡しの債務名義によって債務者に対して明渡しの強制執行をする場合，別の債務名義や承継執行文の付与なしに，その債務者と同居する親族や雇人を排除することができる（同居の家族等につき，執行文研究下454頁以下参照）。

(3)　その他

　　以上のほか，民執法27条2項の規定によって付与する執行文については，いくつかの特殊な事項がある。それらについては，執行文研究下459頁以下参照

9　承継執行文付与に関する裁判所書記官の措置

(1)　承継執行文付与の申立て

ア　債権者及び債務者

　　債務名義に表示された当事者以外の者を債権者又は債務者とする場合，その者は，民執法23条に規定する者でなければならない。

イ　付与申立書の特別記載事項等

　　承継執行文付与を求める申立書には，民執法27条2項の規定による執行文の付与を求める旨とその事由を記載しなければならない（民執規16Ⅰ③）。

　　承継の事実が裁判所書記官に明らかでないときは，申立てに係る債権者又は債務者が承継人であることを証する文書を提出する。

ウ　債務名義正本を所持しない債権者の正本交付申請

　　債権者側に承継が生じ，その承継人が承継執行文付与を求める場合，承継人は，債務名義の正本を所持していない場合が想定される。その場合，自己のために執行文付与を求める承継人は，併せて判決等の正本の交付を請求する（民訴法91Ⅲ）。承継人は，利害関係人として正本の交付を請求することになるのであって，その疎明は，承継の事実を証する文書によることになる。また，正本の交付を受けるには，執行文付与手数料とは別に，手数料を要する（民訴費法別表第2）。

(2)　承継執行文付与要件の調査認定

ア　債務名義及び執行文付与の一般的要件

　　承継執行文付与に当たっても，債務名義としての一般的要件及び執行文付与の一般的要件を満たさなければならない。

もちろん，請求が債権者の証明すべき事実の到来に係る場合には，債権者の提出する証明文書によって，その事実が到来したことが証明されなければならない（民執法27Ⅱ）。
　イ　承継等の事実の証明
　　申立てに係る債権者又は債務者に債務名義の執行力が拡張されることが明らかなときは，執行文を付与することができる（民執法27Ⅱ）。
　　承継人であることが明らかでないとき，債権者は，証明文書を提出する方法によってそのことを証明する（民執法27Ⅱ）。証明文書については，「事実到来執行文」の項で述べたように（63頁），文書の成立の真正を審査した上，その記載内容を検討する。

(3)　**承継執行文の付与**
　執行文の記載事項については，民執規17条1項から4項までの規定に従う。以下，承継執行文固有の事項について述べる。
　ア　債権者又は債務者の資格表示
　　民執法27条2項の規定によって付与する執行文には，**申立てに従い，現実に執行力が拡張される者を債権者又は債務者として表示**する。その際に，債務名義上の当事者からの承継人であることを明示する。例えば，『**被告乙の承継人**』とか『**民事執行法23条1項2号の当事者被告の他人**』などである。この資格を表示するに当たっては，誰からの「承継人」であることを示せば足り，それ以上に，例えば相続人であるとか，目的物についての占有を取得したなど，その具体的事実を明示する必要は原則としてない。
　イ　承継人等の住所等表示
　　承継人等を執行文に表示するに当たっては，その者を特定するためにその住所等を併記するのが望ましい。従来，この点について，承継人の住所等を表記する扱いは必ずしもされていなかったが，人の特定はその住所等と氏名・名称で行うのが一般であり，この承継執行文の記載によって執行当事者が定まること（第1の5(1)「執行文の意義と機能」の項20頁参照）からすれば，この原則どおり，その住所等を表記するのが望ましい。もっとも，仮に，執行文中に承継人等の住所の表示がなかったとしても，債務名義に表示されている当事者からの承継人ということで特定可能性はあるとも考えられるから，不適式な執行文であるとまではいえない。

(4)　**承継執行文付与に付随する事務**
　ア　債務名義原本への付記（民執規18）
　　執行文を付与したときは，その旨等を債務名義の原本に付記しなければならない（民執規18Ⅰ）。承継執行文を付与した場合には，当事者の承継人である何某に対し（又は，ために）付与したことを付記する（民執規18Ⅰ②）。
　イ　申請による（承継）執行文謄本等の送達（民執法29）
　　承継執行文を付与した場合，その承継人のため，又は承継人に対し強制執行を行うには，あらかじめ，又は同時に，①債務名義の謄本（民執法29前段）及び②民執法27条の規定による（特殊）執行文が付与されたときはその謄本及び証明文書の謄本が債務者に対し送達されなければならない（民執法29後段）。すなわち，特殊執行文謄本等の送達が執行開始要件とされているのである。

第4　承継執行文

(ア)　債権者側の承継等

債務名義表示の請求権について，その債権者側に承継が生じ，その承継人のために執行文を付与したときは，債務者に対し，執行文謄本及び承継執行文付与に当たり提出された証明文書の謄本を，債権者からの申請を受けて送達する。この場合，債務者は，既に債務名義の謄本等の送達を受けていることが多いと思われる。

(イ)　債務者側の承継

債務者側に承継が生じ，その承継人に対する承継執行文を付与したときも，(ア)と同様に執行文謄本及び証明文書の謄本を送達するが，この場合，承継人である債務者は，債務名義の謄本等の送達を未だ受けていないことがほとんどであるから，その場合には，執行文付きの債務名義謄本（送達すべき書類の標題としては，例えば，「執行文付判決謄本」，「執行文付第×回口頭弁論調書（和解）謄本」）を送達する。

(ウ)　執行文謄本等の手数料

民執法29条が規定する執行開始要件のために送達すべき書類（執行文謄本等）の交付を受ける費用は，当事者等が負担すべき費用とされている（民訴費法2⑫）。したがって，この執行文謄本等の送達を申請する債権者は，送達によるべき書類につき，その謄本交付に必要な手数料を納めなければならない（民訴費法別表第二，前記第2の7⑶44頁，64頁）。

(5)　**内容を誤った執行文の是正方法**

ア　問題の所在

相続を原因とする承継執行文のように，債権者又は債務者について請求の範囲を特定明示するためにその相続分に従った記載を執行文に行う場面において，法規の理解を誤り又は相続資格を誤るなどして，誤った相続分に従った記載をする事態が想定される。そのことが執行文付与後に判明したときに，どのような是正方法があるかがここでの問題である。

イ　執行文の更正処分

一旦付与された執行文について，更正処分を行うことができるかは一つの問題ではあるが，執行文に明白な誤謬があるときには，更正処分ができるものと解されている（執行文研究下823頁以下参照）。もっとも，執行文は債務名義の正本の末尾に付記すべきものとされていることから（民執法26Ⅱ），執行文の更正も元の執行文付きの債務名義正本に付記する方法によって行うべきであると考えられる。物理的に独立した形式の更正処分書の方法によることは，意味がないし許されないと解する。そうすると，債権者の手許に債務名義の正本が現存し，それを裁判所書記官に提出する場合にこの更正処分が可能であるということになる。債権者が既に執行文の付与された債務名義正本を執行機関に提出して執行手続が開始されているような場合には，この執行文の更正処分は不可能ということになろう。

ウ　執行文付与に対する異議の訴え等

内容において誤った執行文が付与されたのであるから，それを争う者は，執行文付与等に関する異議の申立て（民執法32）又は執行文付与に対する異議の訴え（民執法34）の方法によるべきことになる。

研究問題 4-3　（相続分の誤り）

「1　被告（乙）は，原告（甲）に対し，2000万円及びこれに対する平成26年4月1日から支払済みまで年5分の割合による金員を支払え。
2　訴訟費用は被告の負担とする。
3　この判決は仮に執行することができる。」

との判決について，原告甲から，被告乙がその口頭弁論終結後に死亡し，その相続人は妻S及び子Tであるとして両名に対する承継執行文付与の申立てがあり，裁判所書記官は，被告乙の承継人Sに対し2分の1の額，同じくTに対しても2分の1の額での執行文を付与した。これを承けて，原告甲は，Tを債務者として，請求債権元金を1000万円とする強制執行手続を開始した。ところが，被告乙にはもう一人の子Uが存在する——Uは相続放棄もしていなければ，欠格事由もなく，適法な相続人である。承継執行文付与申立の際，申立人も裁判所書記官もその存在を見落としたにすぎないものとする。——。そこで，Tは，自己が負担すべき債務額は4分の1の額であるとして，付与された承継執行文が誤りであることを主張するためにどのような手続を採ることができるか？

解　説

Tは，付与された承継執行文の内容の誤り，つまり相続分に従った請求の範囲に誤りがあるとして「執行文付与に対する異議の訴え」を提起することができる（民執法34）。問題は，その訴えの「請求の趣旨」であり，それに対応して，Tの主張に理由がある場合の判決「主文」の在り方である。

一つの考え方として，誤った執行文であるから，裁判所としては，裁判所書記官が付与した執行文を取り消し，正当な相続分（Tに対しては4分の1の額）に従った執行文を付与すべきことを命ずることが考えられる。しかし，既に付与された執行文を取り消すことは，既に開始されている強制執行手続のすべてを履滅させることになる。ところが，Tについては，4分の1の限度，つまり請求債権元本でいえば500万円の限度では既に実施されている強制執行手続は実体的にも正当なものであって，このすべての手続を覆滅させることは手続経済性にも反する。つまり，強制執行自体を全部否定するまでの必要はなく，配当の段階において，正当な請求債権額に基づいて計算すれば足りると考えられる。

そこで，Tの正当な相続分である4分の1の限度を超える請求に係る部分の強制執行は許さないものとする主文を掲げるべきであると考えられる（大阪地判平7.11.22判タ902-205）。執行文付与に対する異議の訴えは，執行文付与処分を争うものではあるが，その認容判決主文は，常に，執行文を取り消すことを内容とするものではない。既に開始された強制執行手続の安定性をも考慮し，一定の限度で強制執行手続を排除する旨の判決もあり得る。現に，請求異議訴訟においては，強制執行の一部を排除する旨の判決がなされている。また，このことは，債権者側に相続が開始した場合で，債権者の相続分に誤りがあったときも同様である。

10　強制執行開始後の承継

(1)　債務者の死亡

第4 承継執行文

　　強制執行手続開始後に債務者が死亡した場合，その既に開始している強制執行手続は続行することができる（民執法41）。この続行のために，債権者は，債務者側の承継人に対する承継執行文を得る必要はない。

(2) **債権者側の承継**

　　強制執行開始後に，債権者側に一般又は特定承継が生じたとき，承継人は，債務名義に自己のための承継執行文の付与を得て，それを執行機関に提出して，自己のために強制執行手続を続行することを求めることになる（民執規22Ⅰ）。

| 研究問題 4-1 | Q1（債務者側の承継）の参考執行文式 |

債務名義の事件番号	平成××年（ワ）第 △△ 号

執 行 文

債権者は，債務者に対し，この債務名義により強制執行をすることができる。

　　平成××年××月 × 日
　　　　○○地方裁判所民事第○部
　　　　裁判所書記官　　白　山　良　子　印

債　権　者 [原　告]	甲　野　建　利
債　務　者 [被告乙川努の承継人]	○○県白山市……………………… 　　　　　乙　川　A　子 同　所 　　　　　乙　川　B　夫 ○×県小石川市………………… 　　　　　乙　山　C　子
債務名義に係る請求権の一部について強制執行をすることができる範囲	
条項4項につき 　　　債務者乙川A子に対し2分の1の額 　　　債務者乙川B夫及び同乙山C子に対しそれぞれ4分の1の額	
付　与　の　事　由	
ア　証明すべき事実の到来を証する文書を提出（民執法27Ⅰ） イ　承継などの事実が明白（民執法27Ⅱ） ウ　承継などを証する文書を提出（民執法27Ⅱ） エ　特別の事情等を証する文書を提出（民執法27Ⅲ） オ　付与を命ずる判決 　　（該当する符号を右の欄に記載する。）	ウ
再　度　付　与	

注）　該当する事項がない場合には，斜線を引く。

第4　承継執行文

研究問題 4-1　Q2（債権者側の承継）の参考執行文式

| 債務名義の事件番号 | 平成××年（ワ）第 △△ 号 |

執　行　文

　債権者は，債務者に対し，この債務名義により強制執行をすることができる。

　　平成××年 × 月 × 日
　　　　○○地方裁判所民事第○部
　　　　裁判所書記官　　白　山　良　子　㊞

| 債　権　者
〔原告甲野建利の承継人〕 | ○○県植物園市……………………
　　　　　　　　甲　野　X　美
○○県西片市…………………
　　　　　　　　甲　野　Y　雄 |
| 債　務　者
〔被　告〕 | 乙　川　努 |

債務名義に係る請求権の一部について強制執行をすることができる範囲

条項4項につき

　　　債権者甲野X美は2分の1の額

　　　債権者甲野Y雄は2分の1の額

付　与　の　事　由

| ア　証明すべき事実の到来を証する文書を提出（民執法27Ⅰ）
イ　承継などの事実が明白（民執27Ⅱ）
ウ　承継などを証する文書を提出（民執法27Ⅱ）
エ　特別の事情等を証する文書を提出（民執法27Ⅲ）
オ　付与を命ずる判決
　　（該当する符号を右の欄に記載する。） | ウ |

| 再　度　付　与 | |

注）　該当する事項がない場合には，斜線を引く。

第5　意思表示擬制のための執行文

はじめに

　　意思表示擬制のための債務名義又は執行文として裁判実務上問題となるのは，不動産の登記手続請求に関するものである。したがって，本講義案も不動産の登記手続を題材とした記述が中心となる。不動産登記手続は，永い伝統をもち技術的性格が強い。そして，不動産執行手続や民事保全手続における裁判所書記官の事務としての「登記嘱託」に限らず，不動産登記手続は，通常民事訴訟においても裁判所書記官が行うべき事務と密接な関係にあり，少なくとも不動産登記制度の基本的な事項についての知識が要求される。

　　以下では，執行文付与事務に直接関係する事項に限らず，広く民事事件を担当する裁判所書記官として知っておくことが有益と思われる不動産登記制度及びその手続についても解説する。

1　意思表示擬制とは何か

(1)　実定法の規整

　　登記手続に代表されるような意思表示を含む法律行為を行うべきことを求める権利を実現する方法について，実定法は，その基本的なものとして次のような規定を設けている。

　　民法414条2項ただし書＝「法律行為を目的とする債務については，裁判をもつて債務者の意思表示に代えることができる。」

　　民執法174条(意思表示の擬制)1項＝意思表示をすべきことを債務者に命ずる判決その他の裁判が確定し，又は和解，認諾，調停若しくは労働審判に係る債務名義が成立したときは，**債務者は，その確定又は成立の時に意思表示をしたものとみなす。**

(2)　実定法規整の意味するもの

　　特定人がある法律行為を行うべき債務を負担する場合，その債務は，「為す債務」であって，しかも，第三者が代わりに実現できる性質のものでもないから「不代替的作為債務」である。不代替的作為債務の履行の強制としては，間接強制の方法がある（民執法172）。法律行為を行うべき債務を間接強制の方法によって執行することも不可能ではない。しかし，法律行為の中心的要素は意思表示であり，その意思表示を間接強制の方法によって事実として実現するよりも，債務者がその意思表示を行ったと同じ効果を法律上与えれば足りるわけであるから，法は，**裁判でもって債務者の意思表示に代える**こととしている（民414Ⅱただし書）。具体的には，裁判が確定したとき又は和解等の債務名義が成立した時に債務者がその**意思表示をした**ものと擬制することとしたのである（民執法174）。判決等によって債務者が意思表示をしたと同じ効果をもたらすことから，**「判決代用」**とも呼ばれている。そして，この意思表示の擬制は，性質上民事執行法が規整するひとつの執行方法である（中野・民事執行法786頁）。

　　ここで注意すべきは，判決でもって代え，債務者が行ったと擬制するのは，法律行為のひとつの要素である意思表示である。判決によって，法律行為が擬制され，又はその法律行為から生ずる法律効果が判決によって実現されるものではない。意思表示が擬制されて法律行為が完

成する結果として権利又は義務が発生するなど一定の法律上の地位を取得するという**法律効果**は，あくまで実定法が定める法律要件が充足されることによって得られる効果であることである。

【**法律効果，法律要件・法律事実，法律行為，意思表示**】

権利・義務は一定の要件を備えることによって変動（発生，変更，消滅）する。「××をすれば，○○の結果になる。」というのが民法に代表される法律的な規範・命題である。この「××をすれば」という部分が**法律要件**であり，「○○の結果になる」という部分が**法律効果**である。

法律要件は，原則として数個の事実の結合である。この法律要件を構成する個々の事実を「**法律事実**」という。例えば，人の生死，言動，知不知，成年，時の経過などが一般的な法律事実であって，換言すれば，法律事実とは法律効果に関係を有する事実である。

「**法律行為**」とは，意思表示という法律事実を要素として包含する法律要件である。効果の点から言えば，行為者が欲したとおりの法律効果が認められる行為であるといえる。法律行為は，必ず１個以上の意思表示を含んでいる。１個の意思表示のみで成立する法律行為もあるが——取消しや追認——，２個以上の意思表示を必要とするもの——例えば，売買契約という法律行為にあっては，申込みと承諾という２個の意思表示の合致が要求される。——，意思表示の他に物の引渡しや一定の要式などの法律事実を必要とするものも存在する——例えば，消費貸借契約にあっては，２個の意思表示の合致のほかに目的物の引渡しも必要である。——。

「**意思表示**」は，一定の効果を意欲してなされる意思行為であって，法律行為の必要的要素である。意思表示は，契約の申込みや承諾のように，表意者が一定の効果を**意欲**する意思の表示である。

これに対し「**意思の通知**」は，意思の発表ではあるが，表意者が特定の効果を企図しているか否かにかかわらず，法律が一定の効果を付与するものである——債務の履行を要求する催告がその典型である。——。

「**観念の通知**」とは，事実の通知である——代理権授与表示（民109）や債権譲渡の通知（民467）がその典型である。——。

意思表示の擬制の制度が設けられた理由については，一般的には，「その意思表示の結果として生ずべき法律効果が与えられれば執行の目的を達し」，債務者に現実の表示行為の実施を強いるのは迂遠で，いたずらに債務者に負担を加える結果となると説明される（例えば，中野・民事執行法787頁）。

しかし，前述の法律効果，法律要件等の意義から考えれば，この説明は必ずしも正確ではないものを含んでいる。すなわち，民法414条２項ただし書は，法律行為を目的とする債務については，債務者の**意思表示**を裁判で代用できると規定しており，民執法174条も**意思表示があった**と擬制するものとしているのであって，けっしてその意思表示を要素とする法律行為に基づく**法律効果**（の発生）を擬制しているものではない。意思表示の擬制が民事執行法が規整するひとつの執行方法であることは間違いないとしても，その擬制された意思表示を要素とす

る法律行為の効果の発生は，強制執行の結果ではなく具体的法規が定める法律要件が充足されたことによるのである（執行文研究下672頁以下参照）。つまり，擬制される意思表示は，債務者が一定の効果意思と表示意思とをもって表白（表示）行為をしたことを意味するにとどまり，その意思表示を要素とする法律行為の完成に必要な他の要件まで擬制するものではない。この意思表示以外の他の法律行為の要件は，民執法174条とは別個に充足されなければならないものである（鈴木＝三ケ月・注解民事執行法(5)128頁（町田）参照）。

例えば，相手方のある意思表示は，その相手方に到達しなければその効力を生じない（民97Ⅰ＝到達主義）。このことは，判決等によって擬制される意思表示について別異に解すべき理由はない。特に，訴訟当事者以外の第三者を名あて人とする意思表示にあっては——官公庁に対して意思表示を行うべき場合などであり，登記申請という意思表示は訴訟当事者ではない第三者（登記官）を名あて人とするものの典型である。——，意思表示が名あて人に到達しなければその効果は発生せず，結局債権者の利益は達成されない。ところが，擬制された意思表示をその名あて人に到達させるための一般的手続規定は，かつても現在も実定法上用意されてはいない。そこで，判例は，第三者に対する意思表示の場合は，債権者が債務名義の正本又は謄本をその第三者に送付又は提示したときにその意思表示の効力が生ずるとしている（大判昭15.12.20民集19-2215　事案は，債権譲渡の通知を命ずるものである。）。その到達又は提示のときに擬制された意思表示が名あて人に到達し，効果が発生するのである（中野・民事執行法788頁）。ここでの「送付又は提示」を強制執行の過程であると構成することはできない。当事者以外の第三者を名あて人とする債務者の意思表示が擬制される判決の正本又は謄本がその名あて人に送付又は提示されることによって，民法97条1項に規定する到達の要件が充足され，そのことによって意思表示の効果が発生するのである。このように，実は，意思表示自体の効力発生も強制執行の結果ではないのである（13，160頁参照）。

したがって，「意思表示が擬制される。」というのは，まさに債務者が意思表示を行った（発した）ことが擬制されるにすぎない。その効力発生も，更には，その意思表示を要素とする法律行為の効果の発生も，具体的法規の定める法律要件が充足されることによってもたらされるものである（執行文研究下672頁以下参照）。この過程を『利益追行過程』と称する。

(3) **適用範囲**

ここでいう「意思表示」とは，法律行為の要素である意思表示に限らず，準法律行為とされる観念の通知（債権譲渡の通知など），催告などの意思の通知を含み，要式行為の要素である意思表示，公法上の意思表示——官公署に対する許認可申請，登記申請などである。具体的には，例えば，不動産登記手続申請，合名会社の解散登記申請，電話加入権の名義変更手続，農地所有権移転許可申請などが，現にこの擬制の方法による執行として認められている。また，不登法68条の規定に代表される登記上利害関係を有する第三者の承諾書又はこれに対抗することを得べき裁判も同じである。——も含む（中野・民事執行法787頁，我妻・新訂債権総論95頁）。

意思表示が一定の方式を要すべきものである場合（要式行為），**その方式を履践した**意思表示があったとみなされる。

訴訟実務において多いのは，「被告は，原告に対し，別紙物件目録記載の不動産について，××を原因とする所有権移転登記手続をせよ。」というように，登記申請の意思表示を求める

第5　意思表示擬制のための執行文

ものである。
［意思表示擬制の典型］＝債務者に対し，一定の「登記手続」を求めるもの。

2　不動産登記制度の概説

※　意思表示擬制の強制執行は，実務上，不動産に関する登記手続を内容とするものが多いことから，前提として，不動産登記の概略について述べる。

(1)　不動産登記の意義

不動産に関し，その**物理的状態**並びに**権利変動**（「物権の得喪変更」）の過程及び態様を公簿に記載し，この公簿を一般に公開することにより（『**公示の原則**』），誰でも容易に，特定の不動産の所有者が誰であり，それは，誰からどのような原因により取得したものであるか，抵当権等の他人の権利が付着しているか，その権利内容はどのようなものであるかなど不動産に関する各種の情報を得ることができる。これによって，不動産取引の安全を図ることができ，このために不動産登記制度が設けられている。

【不動産登記の歴史】
　現行の不動産登記法は，明治32年に，民法典の施行（明治31年）を承けて制定され，その後数次

【『登記手続をする』】
　本文において述べたように，「登記する」つまり登記記録に記録するのは登記官である。したがって，登記手続の和解条項等を作成する際に，
　『被告は，原告に対し，××につき○○登記をする。』と記載するのではなく，
　『被告は，原告に対し，××につき○○登記**手続**をする。』
と記載すべきである。

【「表示に関する登記」と「権利に関する登記」】
① 不動産の物理的状況や同一性を示すための登記を「表示に関する登記」（不登法27以下）といい，
② 不動産についての権利関係を示す登記を「権利に関する登記」（不登法59以下）という。
このほか，登記名義人の住所，氏名その同一性を示す記載部分を「名義人表示の登記」という（不登法64Ⅰ）。

【登記記録の構成】
① 表題部　表題部には，土地又は建物の表示に関する登記が記録される（不登法2⑺）。不動産の物理的な現況を記載して，その同一性を公示する。比喩的に言えば，不動産の氏名に相当する事項である。
② 権利部　土地又は建物の権利に関する登記が記録される（不登法2⑻），その不動産の所有権に関する登記の登記事項は甲区に記録され，不動産に設定される地上権，質権，抵当権，賃借権等所有権以外の権利に関する登記の登記事項は乙区に記載される（不登規4Ⅳ）。

【登記事項証明書】
　コンピュータシステムによって登記事務を取り扱う場合においては，物理的に「登記簿」は編成されず，登記事項はすべて磁気ディスクに保存されている（ブックレスシステム）。何人も登記官に対し，手数料を納付して，「登記事項証明書」の交付を請求することができる（不登法119）。登記事項証明書には，「全部事項証明書」，「現在事項証明書」等全6種類が存在する（同法規則196）。

【登記事項要約書】
　これは，ブックレスシステムによる登記簿の閲覧制度の廃止に伴う代替措置として設けられたものであり，あくまでも**閲覧用**に作成される性質のものであるから，その文書自体に登記事項証明書と同一の効力は認められない。

の改正を経て今日に至っているものであるが，その原型である「（旧）登記法」は，明治19年法律第1号として，民法典に先立って制定されている。この（旧）登記法は，近代国家となった我国において，それまで「太政官布告」という法規範形式であったものが「法律」という形式とされた第1号である。

不動産登記は，登記官という国家機関が，不動産登記簿という登記記録に，不動産の表示又は不動産に関する権利につき，一定の事項を**記録すること**，又はその**記録そのものを**指称す

— 156 —

る。登記の実行そのものは，**行政行為**の一種である。

この登記の実行を促すために私人が登記の申請を行うことが私法上一定の意味のある行為となり，申請に基づいて登記が実行され，登記の記録が実現されることによって，私人に私法上の法律効果——例えば，物権取得に対抗力を付与する（民177）——を生じる。

(2) 登記申請行為

登記申請は，一定の資格のある者が，登記所に対し，一定内容の登記をすべきことを要求する行為であり，行政庁に対し一定の行政行為（処分）を求めるという意味において，私人のする**公法上の行為**の一種である（「公法上の意思表示」）。

登記の申請は，登記申請当事者（登記権利者及び登記義務者）が共同して（不登法60Ⅰ）法定の申請情報を提供（不登法18）する要式行為である。

3 登記請求権の強制的実現方法

債務者が負う登記手続を行うべき債務（登記所に対し，特定の登記申請の意思表示を行うべき義務）を強制的に実現する方法を，次の［ケース］について解説する。

［ケース］

甲（買主）は，乙（売主）からある土地を買い受け，その代金も完済したが，乙が所有権移転登記手続に応じない。

(1) 前提＝通常の登記手続はどのようにして行われるか。

強制的実現方法を述べる前に，当事者間で任意で登記手続（申請）がされる場合を概観する。

ア 登記手続に関する基本原則

登記手続については，次のような基本原則が存在する。

A **申請主義**（不登法16）

不動産登記の手続は，原則として，当事者の**申請**又は官庁若しくは公署の**嘱託**に基づいて開始される。この例外として，不動産の表示に関する登記については，登記官が職権で行うことができる（不登法28）。

もっとも，**表示に関する登記**には，
① **報告的登記**（不動産の生成，滅失等を原因とする。）と
② **創設的登記**（分筆，分割等を原因とする。）

とがあり，創設的登記は職権によって行うことはできない（不登法39）。

B 要式行為性

登記の申請は，登記申請当事者が共同して（不登法60），法定の申請情報を提供して（不登法18），これをなすべきものとされている。その意味で登記申請行為は，要式行為である。

B-1 共同申請の原則（→『登記の連続の原則』を包含）

登記手続の申請は，**登記権利者**及び**登記義務者**が共同で申請しなければならない（不登法60）。

不登法60条に規定する「**登記義務者**」とは，既存の登記記録において権利の登記

第5　意思表示擬制のための執行文

がされているところの権利名義人でなければならない。例えば，所有権移転登記手続申請における「登記義務者」は，現在，登記記録に「所有者」として登記されている者でなければならない。換言すれば，［ケース］において，甲と乙とが共同申請で乙から甲への所有権移転登記を申請する場合，乙は登記記録上現在の所有者として登記されている者でなければならない。

　不登法60条に規定する「**登記権利者**」とは，既存の登記簿面に既に現れている権利名義人であるか——所有権移転登記の抹消登記の場合の前所有権登記名義人や抵当権設定登記の抹消登記の場合の現在の所有権登記名義人がその典型である。——，又は今回の申請に係る登記が実行されたとすれば権利名義人として新しく登記簿面に現れるはずの者であることを要する——所有権移転登記の場合の新所有者，つまり［ケース］における甲や抵当権設定登記の場合の抵当権者がその典型である。——。

　以上のことを一般論として述べれば，共同申請の当事者，つまり不登法60条に規定する登記権利者及び登記義務者は，申請によって求められている登記の原因である実体法上の権利関係において積極・消極又は正・負の直接に利害対立する立場にある者というにとどまらず，そのような関係にあることが，<u>従前の登記記録の記録状態との関連・連続において登記記録上に直接的に表現されるような関係にある者</u>でなければならない（幾代通・不動産登記法（第4版）71頁参照）。→≪登記の連続の原則≫

B-2　申請情報

　登記の申請をするにあたっては，必ず「申請情報」を提供することを要する（不登法18）。申請情報は，登記官に対し，一定の登記の実行を要求する意思表示であり，この申請情報の提供が登記申請の要式行為性の核心である。改正前の不動産登記法においては，書面主義が採られていた（改正前不登法35Ⅰ）が，現行の不動産登記法では，電子情報処理組織を使用する方法での申請を可能にした。

(2)　売主（乙）が登記手続に協力しない場合に買主はどうするのか。

　例えば，乙（売主）が登記手続に協力しない（登記申請に必要な申請情報を用意・作成しない）場合，甲は，乙を被告として，裁判所に対し，「乙は（所有権移転）登記手続をせよ」との判決を求める訴えを提起する。ここで求めた判決は，「乙は，甲のために行うべき甲の登記申請に協力せよ」ということを意味するが，法技術的には，「乙は，甲のために，登記官に対し，公法上の意思表示である『登記申請行為』をせよ」との意味になろう。もっとも，実際の訴訟においては，その「請求の趣旨」及び「判決主文」は後出イ(ア)に示した内容で行われている。

　債務者が登記手続をするということは，債務者が登記官を名あて人とする「登記申請」という意思表示をすることである。この判決確定で擬制される意思表示は，登記官を名あて人とするものであって，けっして原告を名あて人とするものではない。判決主文や和解条項では，「被告は，原告に対し，……」と表現するが，これは，「原告のために」という意味である。

　被告は，原告に対し，所有権移転『**登記手続をせよ。**』との確定判決を得た原告は，**不登法63条**の規定により，**単独**で登記を申請することができる。

　この手続の概略を順を追って示せば，次のとおりである。

ア　訴えの提起

　甲は，乙を被告とする**所有権移転登記手続請求**の訴えを提起する。

　その訴えの「訴訟物」は，「甲の乙に対する？年？月？日の売買に基づく所有権移転登記手続請求権」である。

【「登記権利者・登記義務者」と「登記請求権」】

　　不登法60条に規定する登記権利者は，当該申請に係る登記が実行されれば権利にプラスの変動を生ずることが**登記簿上に直接的に表示される**権利名義人であり，登記義務者は，登記権利者と裏腹の関係で，**マイナスの変動を生ずることが登記簿上に直接的に表示される**権利名義人である。換言すれば，登記権利者及び登記義務者は，**あくまでも登記記録の記録に従って決定**される性質のものであり，手続的な概念である。

　　これに対し，「**登記請求権**」は，実体私法上，他人に対して登記手続に協力すべきことを要請する地位を示すものとして用いられている。この権利の主体を「**登記請求権者**」，その客体を「登記協力義務者」という。

　　多くは「登記権利者・登記義務者」と「登記請求権者・登記協力義務者」とは対応的に一致するが，常に一致するものではない。

　　例えば，［ケース］において，A→乙→甲という転売の事案で，乙は転売者であって，本件土地所有権の登記名義は未だAにある場合を想定する。この場合，甲は，Aに対して，「Aから乙への所有権移転登記手続をせよ」との登記請求権を有する。しかし，このA→乙の移転登記を実現する際の登記権利者は乙であって，甲ではない。仮に，甲を登記権利者，Aを登記義務者とする登記手続を認めることは，いわゆる中間省略登記請求を認めることであって，「登記の連続」の原則に反し，権利変動の過程と態様を公示すべき不動産登記の目的に反する。

イ　原告勝訴判決の確定

　(ア)　**給付判決**

　　不登法63条1項の規定により登記権利者が単独申請できる「判決による登記」にあっての判決は，債務者に対し一定の**登記手続を命じる給付判決**であることを要する。確認判決や法律関係を形成する形成判決では不適当である。

　　意思表示を命ずる判決は，確定と同時に意思表示をしたものと擬制し（民執法174 I 本文），その意味で実体関係に変動を加えており，形成判決と類似する面を有する。

　　　　判決主文＝「被告は，原告に対し，別紙物件目録記載の土地について，？年？月？日売買を原因とする所有権移転登記手続をせよ。」

　(イ)　確定判決又は確定判決と同一の効力を有するもの

　　民法414条2項ただし書の「裁判」は，「**確定**」裁判と解釈される――この点については，民法414条2項の規定を受けた民執法174条1項の規定が「判決その他の裁判が確定し」と定めており，ひとつの解釈規定となっている。――。「確定判決」には「**確定判決と同一の効力を有するもの**」も含まれる――この点についても，民執法174条1項の規定が解釈規定となっている。――。

　　　　和解条項＝「被告は，原告に対し，別紙物件目録記載の土地について，？年？月？日売買を原因とする所有権移転登記手続をする。」

　　和解条項としては，当事者が特定の**登記手続を行うことを約する**給付条項であることを要する。例えば，登記義務者である者が登記権利者である者に対して登記申請に必要な書

第5 意思表示擬制のための執行文

類を交付することを約した条項に基づいては，この「判決による登記」の申請はできない（昭56.9.8民三5483法務省民事局第三課長回答・先例集追Ⅵ992）。

公正証書，民事保全法による仮処分の決定，家庭裁判所の保全処分は，ここでの判決に準ずることはできず，仮に，同裁判において一定の登記手続を行うべきことが命じられても，それに基づいてこの「判決による登記」の申請はできない。

ウ　勝訴判決確定による意思表示の擬制

民執法174条1項本文の規定により，登記手続を命じる**判決が確定**すること，和解にあっては**その成立**によって，**債務者はその意思表示をしたと擬制**される。

この擬制は，登記義務者として行うべき登記申請行為を適式に行ったと同一に評価するものである。要式行為の要素である意思表示であれば，所定の方式に従って意思表示をしたこととするのである。登記申請行為は，「要式行為」であり，この種の判決が確定することによって，登記義務者の関係においては，**不登法が要求する「方式」を充足した形で登記所に対する申請行為つまり意思表示がされた**と理解するのである。この意思表示の擬制によって，民事執行法が規整する強制執行は完了するのである――その意味からも，登記手続を命じた確定判決について，その執行停止を命じることはできない（大決昭16.4.16民集20-486，なお，執行文研究下578頁参照。6(5)「意思表示擬制の強制執行と執行停止」の項194頁参照）――。

もっとも，意思表示の擬制の段階では，その名あて人への到達による意思表示の効力発生までには至っておらず（民97Ⅰ，前記154頁），未だ執行債権の満足はないと言わざるを得ない。しかし，判決確定又は調書等の債務名義が成立した時点で，債権者は，擬制された意思表示について名あて人に到達させるための行為を執りうる状態になり，意思表示の効力発生に向けての行為ができるのであるから，**満足を得る状態が形成され，執行の目的を達したもの**として強制執行の完了を認めるべきである（中野・民事執行法789頁）。換言すれば，擬制された意思表示の名あて人への到達以降の段階は，いわゆる当該意思表示に係る『利益追行過程』であって，民事執行法が規整する世界ではなく，民法や不動産登記法等の個別の法規が規整する世界である。

　　　この擬制によって，民執法が規整する強制執行は完了する。

エ　判決による登記申請（不登法63Ⅰ）

【登記手続を命ずる判決と仮執行宣言】

本文で述べたように，意思表示の擬制は判決の確定によって生ずることから，一般には，登記手続のような意思表示を命ずる判決に仮執行宣言を付することはできないと解されている。もちろん，仮執行宣言によって直ちに意思表示擬制の効果が生ずると解することはできないが，判決確定による意思表示擬制は（民414Ⅱ但），間接強制の方法による意思表示義務の実現を完全に排除するものであるかは疑問であるとし，間接強制の方法による実現の可能性を認める見解もある。この立場によれば，意思表示を命じる仮執行宣言付判決は，間接強制の方法によって執行できることになる（中野・民事執行法181頁）。

なお，仮執行宣言を付することができないとの理解からすれば，仮執行宣言付の登記手続を命じる判決による登記申請は，同判決が未確定の状態であれば，当然に却下されることになる（昭25.7.6民甲1832法務省民事局長通達・先例集下1429）。

判例は，仮執行宣言付判決により登記手続を実行することは違法であるとするが，後日，同判決が確定すれば，その違法は治癒されるとも述べている（最判昭41.6.2.判時464-25）。

3 登記請求権の強制的実現方法

判決や和解調書によって登記申請行為の意思表示が擬制されたことを受けて，そのとおりの登記を実現する手続を「**判決による登記申請**」と呼ばれている。

債務者（登記義務者）の意思表示が擬制されると，債権者は，その擬制されることによって**存在するに至った債務者の意思表示を利用**して，一定の利益の実現──［ケース］でいうならば，登記官に対し移転登記の実行を要求し，その登記を経ることによって所有権の取得について対抗力を備える。──を目指すことになる。このような債権者の行動を，**強制執行とは区別する意味**から，擬制された意思表示に係る利益実現のための「**利益追行行為**」と呼んでいる。

不動産登記申請に関し，擬制によって存在するに至った債務者（登記義務者）の意思表示を利用する手続（利益追行行為）を定めたものが不登法63条の規定である。このように，この領域を規整するのは不動産登記法であって，決して民事執行法ではない。換言すれば，登記の実現は，民執法が規整する強制執行の効果・結果ではなく，不登法が定める要件が充足されることによってもたらされるものである（第5の1(2)「実定法規整の意味するもの」の項153頁参照。また，執行文研究下672頁以下参照）。

> 【**判決による登記と「広義の執行（力）」**】
> 判決には「広義の執行力」があるとされる。それは，強制執行（狭義の執行）以外の方法によって，判決に基づいてその内容に適合する状態を実現する効力であり，本文で述べる確定判決に基づいて登記申請を行うことがその典型であるとされる。
> しかし，この広義の執行力は，民事執行以外の方法で，**法律により一定の裁判があるときは国家機関が一定の取扱いをすべき旨定められている**ことから生ずる効果であって，判決それ自体が有する効果ではない（前記13頁，153頁，執行文研究下669頁以下参照）。
> 判決による登記の手続は，民事執行法が規整する領域ではなく，不動産登記法の規整対象たる領域である。したがって，この手続を強制執行の一環として理解するのは誤りであるし，判決等の債務名義による執行手続でもないのである。

> 不登法63条1項の規定に従う単独申請による「判決による登記」の手続過程は，強制執行ではない。

(ア) **不登法63条1項の規定の各論的意義**

　a　共同申請の原則及び双方出頭主義の例外としての**単独申請**

　　判決による登記申請は，**登記権利者の単独申請**によって行うことができる（不登法63Ⅰ）。判決による登記申請は，この共同申請の原則（不登法60）の例外に該当する。

　　なお，このように判決による登記は，申請によって実行されるのであって，裁判所からの嘱託によるのではない。

　　【「**単独申請**」という意味】
　　　　判決による登記は，規定形式上単独申請が可能とされている（不登法63）。しかし，これを実質的に考えてみれば，むしろ，「**共同申請の緩和された形態**」に近いともいえる。つまり，登記手続を命じる判決が確定すれば，要式行為における方式も履践したものと評価されることから，不動産登記法令で規定されている手続，すなわち，申請情報を提供したものと評価されることになる。判決正本が登記所に提出されると，登記所・登記官の側からみれば，登記権利者及び登記義務者による適式な共同の申請があったと同様になるのである。その意味では，「判決による登記」も共同申請の一類型であるともいえるのであ

る。

　「判決による登記」が**登記権利者の単独申請**によって所期の登記を実現できるというこの現象に囚われて，これが何か特殊な，つまり公権力による強制的な手続であるとの誤解又はイメージを抱かないように注意すべきである。この誤解又はイメージが，後述する第6「意思表示の擬制と承継人」の項で検討する問題に影を落とし，その正確な理解を妨げ，混乱をまねいているようにも思われる。

b　**登記手続に関し擬制された意思表示の到達手続を法定**

　先に，訴訟当事者以外の第三者を名あて人とする意思表示について，それを擬制する判決が確定しても，その擬制された意思表示を名あて人に到達させる一般的手続規定は存在しないと述べたが（前記154頁），登記手続に関しては，この不登法63条1項の規定が，**擬制された登記申請の意思表示の登記所への到達（提示）手続を法定**していると理解できる。

c　**要式行為性の緩和**

　登記権利者による単独申請が可能ということは，登記義務者の物理的申請行為は必要ないという意味で，結果的に，登記申請の要式行為性を緩和していることになる。具体的には，前出(1)においてみた「申請情報」の項（158頁）のうち，登記義務者が提供すべき情報及び登記義務者が所持するか又は入手できる書面の提出は不要に帰する。

　判決による登記申請の場合に必要となる書面（申請情報）は，［ケース］における所有権移転登記手続を想定すると，次のとおりである。

　　　　　　　　★注＝以下に列挙する書面は，あくまでも標準的なものであって，登記すべ
　　　　　　　　　　き権利や申請人の資格等に応じて他の書面（申請情報）が必要になる
　　　　　　　　　　ことはもちろんである。

①　登記権利者（甲）単独作成に係る登記**「申請情報」**（不登法18）

　　（解説）　判決等によって擬制されるのは，債務者つまり登記義務者の意思表示であって，債権者つまり登記権利者の意思表示が擬制されるものではない。したがって，登記権利者の意思表示は，共同申請の場合に準じて，しなければならない。

②　登記原因証明情報としての**「判決正本」**又は和解等の**「調書正本」**（不登法61）

　　（解説）　判決による登記申請における登記原因を証する書面は，常に判決正本（又は調書正本）である（昭19.1.18民甲2民事局長回答，昭36.1.23民甲188法務省民事局長指示）。

　　　この提出は，債務者が行うべき登記申請の意思表示の名あて人である登記所に，その**意思表示を到達**させる（民97Ⅰ）ための提示としての側面も有する。

　　　さらに，この判決正本等は，登記権利者（甲）が単独で登記申請を行うことが**できる資格を証する書面**としての意味も有する。

　　　このように，判決正本又は調書正本が登記原因証明情報となるため，その当事者の表示（特に登記義務者の氏名及び住所）は，登記記録の登記名義人の表示と一致していなければ，登記申請の際，不便を来す。もっとも，その不一致がある場合絶対的に登記ができないというものではない。

　　　意思表示を行うべきことが一定の事実の到来に係る場合にあっては，民執法174条1項ただし書，同条2項及び3項の規定に従い判決正本又は調書正本に執行文が付与されていることを要する。

なお，判決正本が登記原因証明情報であるとしても，「判決による登記」の本来的な「登記原因」が『判決』というわけではないことに注意すべきである。判決や調書に権利変動の原因の記載があるときはそれをもって登記原因とし，判決理由の記載を含めて明らかにならないときは，「判決」，「和解」，「調停」等を登記原因として差し支えない。→後記5⑴「単純に意思表示を命じる債務名義」の項168頁参照

③ **判決確定証明書**

（解説）②の登記原因証明情報が判決正本の場合，その判決正本のみからでは判決確定の事実が確認できないことから，この添附を要する。もちろん，和解等の調書正本による場合には，確定という概念がないため添付は不要である。

④ 登記権利者（甲）の**住所を証する情報又は住民票コード**

（解説）共同申請の場合にその提出が要求されるのと同じ理由である。

以上の①から④までの書面のほか，共同申請の際に必要とされている登記義務者（乙）の権利に関する登記識別情報等の提供は不要となる。

4　意思表示の擬制と執行文総論

⑴　原理

意思表示を命じる判決が確定し，又は和解調書等の債務名義が成立したとき，債務者は，その確定又は成立のときに，**意思表示をしたものとみなされる**（民執法174Ⅰ本文）。これは，上述したように，この擬制によって，意思表示がされたものと擬制する方法の強制執行が完了することを意味する。したがって，この後に，強制執行手続は予定されておらず，執行機関に対し債務名義の執行力が現存していることを公証することを第一の目的とする執行文が機能すべき場面はない。また，そもそも「執行機関」というものも観念することができない。確定又は成立時に債務者の意思表示が擬制されることによって，「債務名義」としての目的も既に達せられたことになる。したがって，このように，後に強制執行手続が予定されていないということから，この種の判決又は調書の正本に，執行文を付与する必要はない。

この擬制の後，債権者は，登記所に対し「判決による登記」の申請を行うことになるが，それは擬制され存在するに至った債務者の意思表示を要素とする法律行為を完成させるための**利益追行行為**であって，民事執行法が規整する「強制執行」でもなければ，「裁判の執行」でもない。申請を受ける**登記所又は登記官は執行機関ではない**。この登記申請及びその結果としての登記の実現は，法律により一定の裁判があるときは国家機関が一定の取扱いをすべき旨定められている効果であって，一般に講学上「広義の執行力」と称しているが（前記13頁），この**広義の執行力のためには，一般に，執行文付与を要しない**（中野・民事執行法261頁）。

⑵　執行文付与時点での意思表示の擬制

ア　制度の趣旨

民事執行法は，判決又は和解等の調書において債務者が意思表示を行うべきことが一定の事実の到来に係っている場合には，執行文の付与を要することとし，執行文が付与されたときに意思表示があったものとみなされることとしている（民執法174Ⅰただし書）。これは，意思表示を行うことが一定の事実の到来に係っているにもかかわらず，原則どおり，判決確

第5　意思表示擬制のための執行文

定時又は和解等の成立時に意思表示がされたものと擬制すると，債権者は，その後直ちに，登記申請等の利益追行行為に着手することが可能となり，一定の事実の到来を待たずに意思表示に係る利益の実現・享受を図ることが可能となり，実体的にも，債務名義の内容の点からも不合理な事態となり，判決や和解等の内容に反し，債務者に著しく不利益を強いる結果になるからである。

そこで，民執法174条1項ただし書の規定は，債務者が意思表示を行うべきことが<u>一定の事実の到来に係る場合には，執行文の付与を要するものとし，その執行文が付与された時に，意思表示があったものとみなすこととし</u>，**意思表示の擬制時点を繰り下げている**——この民事執行法の規定及び「擬制時点を繰り下げる。」との意味については，意思表示の論理構造との整合性を図りながら理解すべきであると考える（執行文研究下676頁，後記200頁参照）。——。

なお，ここで執行文の付与を要する「一定の事実の到来に係る」とは，後述するように，金銭給付又は物の引渡しの請求等の一般の場合と異なり，債務の履行等「債務者の証明すべき事実のないこと」も含むこととなっている（民執法174Ⅰただし書，Ⅲ）。

イ　異質の執行文（執行文の借用）

(ア)　執行文としての異質性

前記の趣旨から，判決確定又は債務名義成立の後の時点で執行文が付与されるが，その執行文は，金銭給付等の請求における**通常の執行文とはかなり性質の異なるもの**である。民執法174条1項ただし書の規定によって執行文が付与されても，その後に執行機関や強制執行手続が控えているものではないことは前記(1)と同じである。したがって，ここで付与される執行文には，債務名義の執行力が現存していることを公証するという執行文本来の機能は全く期待されていない。誤解を恐れずに述べるならば，どちらかというと，付与された「執行文」それ自体つまりその記載に意味があるのではなく，執行文付与機関によって**執行文が付与されるという「行為」に意味がある**ように思われる。敢えて意思表示擬制のための「執行文」自体の機能を述べるとすれば，判決等の債務名義において債務者が意思表示をすべきことが一定の事実の到来等に係っているときに，**その事実が到来したことなどを執行文付与機関が認定したことを表示する**ものといえよう。換言すれば，意思表示がそれ自体の効力を生じる状態となり，その意思表示を要素とする法律行為の効果が生じるために他の法律要件を充たせば足りる状態になったことを表示するものであるといえる（執行文研究下676参照）。そうであればこそ，意思表示を行うべきことを内容とする債務名義についての執行文付与の訴えの請求認容判決が確定すれば，現実に執行文が付与されなくても，判決確定時に意思表示擬制の効力が生じると解されているのである（中野・民事執行法790頁，鈴木＝三ケ月編・注解民事執行法(5)127頁（町田）等）。

いずれにしても，債務者の利益を保護するために，意思表示擬制時点を繰り下げることがここでの主眼であり，そのために，**執行文付与機関及び執行文が利用又は借用されている**にすぎないのである（『執行文の借用』）。

> 意思表示を擬制するための執行文は，執行文制度の借用形態である。

(イ)　執行文の記載

意思表示擬制のための執行文の性質が(ア)のとおりであるとすれば，その様式や文言が，金銭給付等の請求の場合と同一でよいかは疑問である。特に，意思表示擬制の執行文にあっては，付与後に執行機関及び強制執行が控えていないにもかかわらず，民執法26条2項の規定どおり「債権者は，債務者に対し，この債務名義により<u>強制執行をすることができる</u>。」旨を記載するのは矛盾であるように思われるからである（執行文研究下678参照）。

この点については，この執行文の様式・文言が，意思表示擬制の強制執行やその後の利益追行過程の性質について誤解を生む原因のひとつとなっていると思われる。実務において解決されるべき問題であると考えるが，現状では様式(1)又は様式(2)がそのまま使用されているようである。民執法174条1項ただし書の規定は，同法「27条1項の規定により執行文が付与された時」との規定形式であり，27条1項の規定により付与される執行文は，同26条2項の規定により「債権者が債務者に対しその債務名義により強制執行をすることができる場合に，その旨を」付記することとしており，この規定形式を前提とすれば，現在用いられている様式(1)及び(2)のような文言を，この借用形態にあっても使用せざるをえないように思われる。

ウ　執行文付与を要する類型の概要

民執法174条1項ただし書は，意思表示を擬制するために執行文付与が必要な場合として，次の三つの類型を掲げている。

債務者の意思表示が，

　　［第1類型］　債権者の証明すべき事実の到来に係るとき。
　　［第2類型］　反対給付との引換えに係るとき。
　　［第3類型］　債務者の証明すべき事実のないことに係るとき。

(ア)　債権者の証明すべき事実の到来に係る場合

これは，通常の金銭給付等の場合と同様であり，民執法174条1項ただし書も，民執法27条1項の規定により執行文が付与されたときに，意思表示があったものとみなしている。したがって，この場合，債権者は，執行文付与機関に対し，自己の証明責任に属する事実の到来を証明文書を提出する方法によって証明し，事実到来執行文の付与を受けるべきことになる。その構造・考え方は，金銭の給付又は物の引渡しの請求等における事実到来執行文付与と同様である（各論的検討は，後記175頁以下参照）。

(イ)　反対給付との引換えに係る場合

金銭給付等の場合，反対給付との引換えに係る場合の反対給付の履行又はその提供は，執行開始要件として執行機関が審査認定すべきものとされ（民執法31Ⅰ），執行文付与機関の審査の対象外とされている。これに対し，意思表示を行うべきことを内容とする債務名義の場合，執行機関というものが予定されないことから，債権者は反対給付の**履行又はその提供**の事実を執行文付与機関に対して証明文書を提出する方法で証明しなければならない（民執法174Ⅱ）。

債務名義において命じられ又は約束された意思表示は，判決の確定若しくは和解等の成立又は執行文の付与によって擬制されるところ，その擬制の効力が生ずれば，債権者は単独で登記申請ができるなど，何時でも意思表示に係る利益実現を図ることができる事態となる。そうすれば，実体的には意思表示が債権者が行うべき反対給付と引換えになってい

第5　意思表示擬制のための執行文

るにもかかわらず，反対給付の履行・満足が確保されないこととなり，債務者に不利益を強いる結果となるからである。

　他方，債権者の立場からすれば，金銭給付等の場合と比較して，債権者の反対給付についてはより先給付を強いられる結果となるが——金銭の支払又は物の引渡しの請求にあっては執行開始要件として執行文付与後，強制執行申立てまでの間に反対給付の履行又は提供をしなければならず（民執法31Ⅰ），この限りでも実体的には先給付を強いられているわけではあるが，意思表示擬制の請求にあっては更にそれが前倒しされていることになる。——，執行文の付与と同時に請求権の満足が確保されるので，実質的な不都合はない（各論的検討は，185頁以下参照）。

(ｳ)　**債務者の証明すべき事実のないことに係る場合**
　　a　規定の趣旨
　　　和解条項におけるいわゆる**過怠特約**のように，債務者の意思表示が債務者の債務不履行に係るときである。作為債務において，債務者の債務不履行の事実については，債権者に証明責任はない。それに従い，意思表示を内容とする債務名義について，不履行の事実を考慮しないとすれば，結果的に和解等の債務名義が成立したときに意思表示をしたものと擬制されることになり，債権者の単独申請による登記が実現されるなど意思表示に係る利益を実現・享受できることになる。それでは，債務者にその不履行を争う機会，換言すれば，債務者がその債務を履行

> 【民執法174条1項ただし書の規定形式】
> 　民執法174条1項ただし書は「……反対給付との引換え又は債務の履行その他の債務者の証明すべき事実のないことに係るときは次項または第三項の規定により……」と規定する。
> 　読みづらい条文であるが，本文(ｳ)の項は，「債務の履行その他の債務者の証明すべき事実」のないことに係る場合である。ここで，**「債務の履行その他の」** という部分は，「債務者の証明すべき事実」の例示である。
> 【参考：「その他」と「その他の」】
> 　「その他」は，「その他」の前にある字句と「その他」の後にある字句とが並列の関係にあることを意味する。
> 　これに対し，「その他の」は，「その他の」の前にある字句が「その他の」の後にある，より内容の広い意味を有する字句の例示として，その一部を成している場合に用いる（ワークブック法制執務（全訂）620頁）。

した事実の主張と証明を行う機会が保障されない事態となり，債務者を極端に不利益な地位に陥れることになる。

　民事執行法は，債務者に自己の債務を履行したことを証明すべき機会を与えた上，債務者が一定期間内に証明すべき文書を提出しなかったときに限り執行文を付与すべきものとし（民執法174Ⅲ），執行文が付与されたときに意思表示をしたものとみなすこととした（民執法174Ⅰただし書）。

　「債務の履行その他の債務者の証明すべき事実のないこと」の債務が不作為債務である場合は，その債務不履行，つまり不作為義務に違反する行為の存在は，債権者の証明すべき事実であるから，民執法174条1項ただし書の規定による事実到来執行文を借用することになる（香川監修・注釈民事執行法(7)318頁（富越））。

　　b　和解条項等の合理的解釈（読替え）との関係
　　　和解における合意にあっては，当事者は，およそ自身が証明困難な事実を証明しなければ強制執行手続の開始を求めることができないという事態は想定していないはずであ

— 166 —

る。この意味で，和解条項を証明責任分配の観点から適切に読み替えることが合理的解釈であると考えられることは既に述べた（前記81, 96頁）。そして，その趣旨の読替えが行われる代表例はこの過怠条項であること及びその考え方についても述べた。この「読替え」の作業は，和解条項等の形式的文言によるのではなく，「過怠」の事実を権利根拠事実とみないのであって，それ以外の和解条項中の事実を根拠として権利が発生すると考えるのである。そして，債務者は，権利障害事実等として自らの債務の履行等の事実を証明すべき関係にあると考えるのである。

　このことは，民執法174条1項ただし書及び同3項の規定する構造においても同様であると思われる。意思表示を行うべきことを内容とする請求にあっては，上記のような「読替え」を許さず，和解条項等の形式的文言どおり「過怠」を権利根拠事実であるとするものではないと考える。ここでは，<u>債務者側の証明すべき権利の障害又は阻止に相当する事由が和解条項に既に明示的に定められている関係にあり，実質的な実体規範としてはその障害又は阻止事由の不存在が請求の要件とされていると解されること</u>，この障害又は阻止事由の存否を考慮外として一方的審尋手続によって執行文を付与すれば債務者の意思表示が擬制され，それによって実質的に強制執行は完了し，この実質的実体規範によって認められているはずの債務者側の利益が保護されない事態になるという**意思表示擬制の強制執行の特殊性**から，債務者に対し，和解条項から抽出できる抗弁に相当する事由の存在について証明の機会を与えるものである（各論的検討は，187頁以下参照）。

　c　手続

　この内容の債務名義について執行文付与の申立てがあったとき，裁判所書記官は，**債務者に対し，一定の期間を定めて，債務の履行等債務者の証明すべき事実を証明する文書の提出を催告**し，債務者が同期間内に証明文書を提出しないときに限り，執行文を付与することができる（民執法174Ⅲ）。

　債務者から提出された文書だけで債務の履行等がされたとの認定ができるときは，裁判所書記官は，執行文付与を拒絶する。債務者が定められた期間内に不十分な証明文書しか提出しなかった場合には，「その文書を提出しないとき」に該当するから執行文を付与すべきである。もっとも，債務者に補正を促せばその証明がなされる見込みがあるときは，執行文を付与する前

【民執法174条3項の規定による催告書の例】

平成×年（ワ）第678号
債権者（原告）甲原正義
債務者（被告）乙川一郎

催　告　書

平成×年×月×日
債務者　乙川一郎　殿
　○×地方裁判所民事第○部
　　　裁判所書記官　白山花子㊞
　上記当事者間の○×○×請求事件で成立した和解調書の和解条項6項につき，債権者（原告）から執行文付与の申立てがありました。
　あなたが下記事項（和解条項5項に定める事項）についてその履行をしているときは，履行の事実を証明する文書を，この催告書到達の日から7日以内に，当裁判所書記官に出してください。
　あなたから証明する文書の提出がないときは，執行文を付与することになります（民事執行法174条3項）。

記

　和解条項5項に定める代金をその約定どおり支払ったこと。

に，債務者に証明文書の追完を促すことも考えられる。

　この手続によって執行文が付与されれば，債務者の意思表示が擬制されてしまうことから，債務者の提出した証明文書によって，債務の履行等がされたことがうかがわれる場合には裁判所書記官は執行文付与を拒絶し，債権者から提起されるであろう執行文付与の訴え等の手続に委ねるのが相当である。

5　意思表示擬制のための執行文各論

(1)　単純に意思表示を命じる債務名義

　判決主文にあっては，債務者に対し，一定の事実の到来を待つことなく，直ちに登記手続をすべきことを命じ，和解等にあっても，直ちに登記手続を行うことを約するものである。

　以下，これを行うべき登記手続ごとに類型化し，その主文又は条項の内容意味について解説する。

　類型(1)-1　△△は，○○に対し，☆☆について，平成×年×月×日？？を原因とする所有権移転登記手続をせよ。

　　（解説）　**登記原因及びその日付**

　　　判決は，登記義務者の意思表示を擬制するものであるから，その主文の内容は，原則として，登記申請書に記載すべき事項を全部含んだものであることが必要である。したがって，登記手続を命じる**判決主文には，登記原因及びその日付を表示する**のが望ましい。もっとも，主文に登記原因及びその日付が明示してなくても，判決の理由中でそれが明らかになっていれば足りる（最判昭31.9.17民集11-9-1555，昭39.8.27民甲2885法務省民事局長通達・先例集追Ⅳ180頁参照。）。理由中において原因は売買であることは判明するが，その日付が主文及び理由によっても判明しない場合には，「年月日不詳売買」との登記原因及びその日付の申請で受理される（昭34.12.18民甲2842法務省民事局長回答・先例集追Ⅱ575）。さらに，主文及び理由によっても登記原因及びその日付が明らかにならない場合には，登記原因を「判決」，その日付を判決確定日として受理・実行される（昭29.5.8民甲938法務省民事局長回答・先例集下2193頁）。

　　　和解調書等においては，その「理由」がないから，原則どおり，和解条項に登記原因及びその日付を明記すべきである。もっとも，和解条項においてそれが明らかでなければ，判決正本を原因証書とする場合と同様に，登記原因を「和解」とし，その日付は和解成立日で受理・実行されることになる。

　　　「判決による登記」における登記原因は，理論的には，次のように考えるべきである（法務省民事局編・不動産登記実務（五訂版）444頁参照）。

　　　第1に，既成の権利変動が判決や和解によって確認され，それに基づく登記手続義務の履行が命ぜられた場合には，判決等において認められた権利変動原因とその効果発生の日とが登記原因及びその日付である。

　　　第2に，登記対象となる権利変動が判決等によって初めて生じたものであるときは，判決，和解，調停等における権利変動原因の法律的性質を明らかにして登記原因を決すべきである。例えば，和解において売買の合意がされ，移転登記手続が約される場合には，その登記原因は「売買」であり，その日付は和解成立日である。

5 意思表示擬制のための執行文各論

類型 (1)-2　△△は，○○に対し，☆☆についてされている××法務局平成×年×月×日受付第××号所有権移転登記の抹消登記手続をせよ。

　　（解説）　抹消登記

　　　　抹消登記とは，既存の登記が原始的又は後発的理由により登記事項全部につき不適法となっている，つまり実体的な権利関係と一致していない場合に，既存の登記を全体として消滅せしめる目的でされる登記である。抹消の登記をするとともに登記記録上，抹消すべき登記事項に抹消記号が記録される（不登規152Ⅰ）。

　　　　なお，登記事項の一部が不適法なときは，登記事項全部を消滅させる抹消登記ではなく「更正登記」又は「変更登記」となる。

　　　　抹消登記も原則として登記権利者及び登記義務者の共同申請によって行う（不登法60）。また，確定判決を得れば，登記権利者が単独で申請できる（不登法63Ⅰ）。

　　（解説）　抹消登記における登記原因及びその日付

　　　　判決主文においては，抹消登記の登記原因及びその日付を表示しないのが通例であるが（司法研修所・10訂民事判決起案の手引14頁），本来的には表示するのが望ましい。和解条項の記載例につき，民事実務講義案Ⅰ347頁参照

　　　　なお，一般的に「錯誤」を原因とする抹消登記にあっては，原因日付は必要ない。

類型 (1)-3　△△は，○○に対し，☆☆について，真正な登記名義の回復を原因とする所有権移転登記手続をせよ。

　　（解説）　真正な登記名義の回復を原因とする移転登記（真正名義回復）

　　　　例えば，登記簿上甲→乙→丙と所有権移転登記が経由されている不動産について，甲が依然として真実の所有者であるとしてその登記名義の回復を図る場合に，通常は，丙及び乙を被告としてそれぞれの所有権移転登記の抹消登記手続を訴求する。この抹消登記に代えて，「真正な登記名義の回復」を原因とする「丙→甲」の移転登記を行うことが，判例（大判昭16.6.20民集20-888等）及び登記先例（昭36.10.27民甲2722法務省民事局長回答・先例集追Ⅲ704頁等）によって認められている。この手法は，例えば，民法94条2項の善意の第三者のように無効をもって対抗できない利害関係人がある場合の登記名義の有効な回復方法となる。なお，この登記は，機能的には抹消登記に代わるものであるが，あくまでもその形式どおり移転登記として理解すべきであり，この移転登記までに生じた登記上の利害関係人の地位に変更は生じない。

　　　　この登記原因にあっては，その日付の記載は要しない（昭39.4.9民甲1505法務省民事局長回答・先例集追Ⅳ106頁）。

類型 (1)-4　△△は，○○に対し，☆☆について，前項の抵当権設定契約に基づき，平成×年×月×日和解同日設定を原因とする抵当権設定登記手続をする。

　　（解説）　抵当権設定登記手続を約する条項

　　　　本類型は，和解条項の型である。

　　　　抵当権設定登記においては，債権額等の特別の登記事項が定められており（不登法88），抵当権設定の合意がされる和解条項等において，それを明記しなければならない（民事実務講義案Ⅰ346頁参照）。この類型にあっては，債権額等の抵当権の内容は，「前項」に明記されていることを前提とする（登記手続を行う旨の給付条項中に抵当権の内容を記載する例については，民事実務講義案Ⅰ347頁参照）。

　　　　「平成×年×月×日和解同日設定」との表示は，抵当権設定登記の申請書には，

その被担保債権を特定するため，登記原因及びその日付の一部として，被担保債権の発生原因である債権契約及びその日付をも記載することとされている（昭30.12.23民甲2747法務省民事局長通達・先例集追Ⅰ511頁）ことに従ったものである。ここに掲げた例では，和解において被担保債権発生の合意がされた場合である。例えば，和解において，既存の債務を確認し，それを担保するため抵当権を設定する場合，「平成×年○月○日金銭消費貸借の平成×年×月×日設定」となろうが，他方で，このような場合「平成×年×月×日債務承認契約同日設定」との表示でも足りるとされている（昭58.7.6民三3809法務省民事局長通達・民事月報38-11-141）ことからすれば，和解において既存債務が確認された場合でも，類型(1)-4に掲げた表示で足りると解される（民事実務講義案Ⅰ346頁）。

仮登記概説 1　……仮登記の種類

仮登記は，それに基づいて将来されるべき本登記のために**順位を保全**する作用を営む（不登法106）。仮登記手続は，本登記手続に比較すればその要式性が緩和された手続であり，登録免許税も低額である。

仮登記には，次の種類がある（不登法105）。

1　**条件不備の仮登記**（1号仮登記）

実体法上の権利変動は既に生じているが，登記申請に必要な手続上の条件が具備しない場合であり，具体的には，「登記の申請をするために登記所に提供すべき申請情報」が完備しない場合などである。

法改正前において1号仮登記の共同申請において添付不要とされている情報は，①登記義務者の登記識別情報，②第三者の許可・同意・承諾を証する情報である（不登規178）。

なお，条件不備の仮登記は，その性質上，判決による登記（不登法63）の対象とはならないと解されている。この場合，権利変動は既に生じているのであるから，債権者は仮登記手続を訴求するよりも本登記手続を訴求すべきであり，それで債権者の目的も達成されるからである。

2　**請求権保全の仮登記**（2号仮登記）

実体法上の権利変動は未だ生じていないが，将来その権利変動を生ぜしめるべき請求権を保全するための仮登記である。ここでの「請求権」とは，予約完結権のような形成権を含む**「債権的請求権」**を意味し，物権的請求権を意味しない。この仮登記には次の態様がある。

A　請求権保全

売買予約や，代物弁済予約の成立により将来所有権を移転させる請求権が存するなど将来権利変動を生じさせる**請求権が法律上発生している**場合に，その請求権を保全するための仮登記である。

例）　売買予約による所有権移転請求権仮登記
　　　代物弁済予約による所有権移転請求権仮登記

B　**始期付又は停止条件付，その他将来において確定すべき請求権保全**

将来権利変動を生じさせる請求権が，**現時点においては未発生**であるが，「始期」の到来，「条件」の成就又は請求権が発生すべき法律的基礎が存在しているために，

将来のある時点において権利変動を求めることができる請求権が「**発生しうる**」場合である。

> 例) 始期付売買予約による所有権移転請求権仮登記
> 停止条件付売買予約による所有権移転請求権仮登記

3 条件付権利の仮登記（2号類推の仮登記）

権利（物権）変動そのものが始期付又は停止条件付，その他将来において確定すべきものである場合である。**物権変動それ自体に停止条件等が付されているために，現時点では権利変動が生じていない場合である。**――例えば，売買契約において所有権移転時期を代金完済時と合意することなどがその典型である――。この類型について，不登法は，明文をもって仮登記ができるとは規定していない。しかし，2号の仮登記として請求権が条件等に係っている場合にも請求権仮登記を認めるのであるから，物権変動それ自体が条件等に係っている場合についても当然仮登記できるとするのが一致した理解である。

> 例) ×年×月×日代物弁済（条件 ○月○日金銭消費貸借の債務不履行）を原因とする停止条件付所有権移転仮登記
> ×年×月×日売買（条件 農地法3条の許可）を原因とする停止条件付所有権移転仮登記
> ×年×月×日売買（条件 売買代金完済）を原因とする停止条件付所有権移転仮登記

なお，登記実務においては，この場合の登記を「『停止条件付』所有権移転仮登記」とするのではなく，「『条件付』所有権移転仮登記」として実行（記入）する取扱いのようである（昭54.3.31民三2112法務省民事局長通達・不動産登記記載例438（同記載例集（平成3年）338頁），法務省民事局編・不動産登記実務（五訂版）496頁参照）。

類型 (1)-5 △△は，○○に対し，☆☆について，平成×年×月×日？？を原因とする所有権移転仮登記手続をする。

（解説） **条件不備の仮登記（1号仮登記）** 手続を行うことを約した例である。
もっとも，前述のように，条件不備の仮登記は，その性質上不登法63条の判決による登記の対象とはならない。判決にあっては，本登記手続を命ずれば足りるし，和解等にあっても本登記手続を約すれば足りるからである（もちろん，当事者（登記権利者）もその旨の判決を求めることができる。）。ただし，当事者の合意である和解にあっては，必ずしもないとはいえないし，この和解合意に基づいて単独申請によって仮登記申請ができないとは断言できないであろう。

類型 (1)-6 △△は，○○に対し，☆☆について，平成×年×月×日？？予約を原因とする所有権移転請求権仮登記手続をする。

（解説） **請求権保全の仮登記（2号仮登記）** 手続を行うことを約した例である。
「？？予約」という部分が，保全すべき請求権を示していることになる。

類型 (1)-7 △△は，○○に対し，☆☆について，平成×年×月×日停止条件付？？予約を原因とする所有権移転請求権仮登記手続をする。

（解説） **停止条件付請求権保全の仮登記（2号仮登記）** 手続を行うことを約した例である。

第5　意思表示擬制のための執行文

類型(1)-8　△△は，○○に対し，☆☆について，平成×年×月×日売買（条件　売買代金完済）を原因とする停止条件付所有権移転仮登記手続をする。

　　（解説）　条件付権利の仮登記（2号類推仮登記）手続を行うことを約した例である。
　　　このように，条件の内容を（　）内に表記する。また，これは，登記記録にも（　）として表記される。実務上例が多いのは，この他，代物弁済を原因とする場合の「（平成×年×月×日金銭消費貸借の債務不履行）」，農地売買における「（農地法第3条の許可）」である。
　　　前述のように，登記実務の取扱いは，この場合の「登記」を「**条件付**所有権移転**仮登記**」として記入するようであり，そうであれば，登記申請情報の「登記の目的」もこれと同一に記載する必要がある。そして，この「登記の目的」と登記原因証明情報の登記の内容とは一致すべきであるから，和解条項等においても「条件付所有権移転仮登記手続をする」と表現するのが相当である。もっとも，登記原因証明情報である和解調書等に「停止条件付所有権移転仮登記」と表現してあっても，特に債務名義について更正決定の手続を経なくても，申請情報の登記の目的を「条件付所有権移転の仮登記」と補正すれば登記申請は受理されると思われる。ちなみに，本来「停止条件付所有権移転仮登記手続」とすべきところを「請求権保全の仮登記手続」とした調停調書を原因証書とする仮登記申請について，申請書の「登記の目的」を「（注：当時＝停止）条件付所有権移転の仮登記」と補正させただけで受理すべきであるとした登記先例が存在する（昭36.9.14民甲2209法務省民事局長回答・先例集追Ⅲ631頁）。

仮登記概説 2　……仮登記の手続
1　共同申請の原則
　　仮登記も，登記手続の一般原則どおり，仮登記権利者及び仮登記義務者の共同申請に基づいてされるのが原則である――共同申請にあっては，仮登記義務者の登記識別情報，第三者の許可を証する情報の添付情報の提供は，登記実務上不要とされている。ただし，仮登記義務者の印鑑証明書や電子証明書は添付情報として提供しなければならない。――。
　　この共同申請に準じる形態として，仮登記義務者の承諾があるときは，仮登記権利者が単独で申請できる（不登法107）。
2　『**仮登記を命ずる処分**』による単独申請
　　仮登記権利者が仮登記手続を命じる確定判決その他の債務名義を得れば，権利者は，それを登記原因証明情報として単独で仮登記申請ができることはもちろんである。
　　不登法は，仮登記義務者が仮登記手続に協力しない場合に備えて，より簡易な手続で仮登記を実現する制度として『**仮登記を命ずる処分**』の手続を設けている（不登法108）。
　　仮登記を命ずる処分は，目的不動産の所在地を管轄する地方裁判所が，仮登記権利者の申立てを受け――事件は，民事雑事件「㋲」として立件する。――，仮登記原因が疎明されたときに発する。仮登記を命ずる処分――裁判としての性質は「決定」である。――を得た仮登記権利者は，単独で仮登記申請をすることができることとなる（不登法107）。
　　この仮登記を命ずる処分申立を却下する決定に対しては，即時抗告を申し立てることができる（不登法108Ⅳ）。しかし，**申請を認容する決定に対しては不服申立方法が存**

在しない。仮登記を命ずる処分を得た仮登記権利者は，直ちに仮登記申請を行い，仮登記を経由することができる。また，仮登記を命ずる処分は，相手方（被申請人）にも告知されるが，裁判所においては，仮処分としての**密行性**の建前から，事前に相手方を審尋することもなく，また，発令後概ね2週間程度経過してからその告知（送達）手続を執るのが通例であり，相手方に告知される時点では仮登記の実行が完了していることになる。仮登記原因を争う相手方は，結局，仮登記権利者を被告として仮登記の抹消登記手続を求める訴えを提起する方法が残されるだけになる。このように，**仮登記を命ずる処分**には**不服申立方法がなく**，実質的な起訴の負担が転換されること，民事保全法による「仮処分」と異なり**担保提供も要求されておらず，「無担保」**で発令されること，さらには，民事保全法による保全処分手続が整備されていることから，仮登記仮処分命令申請に対する裁判所の審査，特に**仮登記原因の有無についての審査は，不動産登記法が「疎明」**としているにもかかわらず，慎重に行うべきである。

仮登記概説 3 ……仮登記の効力等

1　仮登記の実行

　　仮登記の実行は，権利部の相当区の事項欄に記録されるが，その次欄に本登記の記録ができるだけの「余白」を残す（不登規179Ⅰ）。つまり，仮登記を記録した直後の欄に事項欄を縦線で区画した空白の部分を残しておく――順位番号欄は区分しない。――。そして，この空白欄は，後日，この仮登記に基づく本登記を実行する際に，同空白欄に本登記の登記事項を記録する。これによって，本登記の順位を保全することになる。

2　仮登記に基づく本登記

　　仮登記に基づく本登記が実行されれば，その順位番号は，仮登記の順位番号になる（仮登記記入時に残された次欄の余白に，仮登記の順位の下に，本登記の事項が記録される。）。

　　仮登記に認められる効力は，この順位保全の効力であり，仮登記それ自体によって権利変動の対抗力は認められない（仮

仮登記の記入

順位番号	登記の目的	（注1）	原因	（注2）
1	所有権移転	略	略	所有者　甲
2	条件付所有権移転仮登記	略	略	権利者　A
3	所有権移転	略	略	所有者　乙

（注1）＝受付年月日・受付番号　　（注2）＝権利者その他の事項
（解説）　順位2番として，仮登記の登記事項を記載し，その次欄に同程度の空白を設けてある。この空白部分に，後日仮登記に基づく本登記申請を受けて，その本登記を記入する。

登記に基づく本登記の登記原因及びその日付については，研究問題5-4の解説180頁参照）。

第5 意思表示擬制のための執行文

3 仮登記後に登記を得た第三者が存在する場合の本登記手続

例えば，現所有名義人甲の不動産について，権利者Aのために所有権移転仮登記が実行された後に，第三者乙が所有権移転登記を経由し，さらに，同人が丙のために抵当権を設定し，その登記が経由された場合，仮登記名義人Aがその順位を保全し，自己のための本登記を経由するための手続について解説する。

このケースで，乙名義の所有権移転登記や丙名義の抵当権設定登記を「中間処分」に係る登記という──仮登記と本登記との間に存在する登記という意味でこのように一般に呼ばれている。──。仮登記に順位保全の効力が認められる以上，仮登記名義人は，何らかの方法によってこの中間処分に係る登記を排除できるはずであって，その手続について述べる。

仮登記名義人Aが，所有権移転の本登記手続を行うには，甲との共同申請によるか，甲に対して移転登記手続を命じる確定判決等の債務名義を得ての単独申請（不登法63）によることになる。ただ，ここで想定しているように中間処分に係る登記が存在する場合には，乙や丙は「登記上利害の関係を有する第三者」に該当し，本登記申請は，この①第三者の承諾がなければ申請できない（不登法109）。

まず，中間処分に係る登記名義人乙及び丙の「承諾書（Aのために仮登記に基づく本登記を行うことについて承諾）」を添付して本登記手続の共同申請がされれば，登記官は，この本登記申請を受理し，甲のために本登記が実行・記録されると同時に，中間処分に係る乙名義の所有権移転登記及び丙を権利者とする抵当権設定登記の各登記を**職権**によって抹消する。

仮登記名義人Aは，中間処分に係る登記名義人乙及び丙に対し，この「承諾請求権」を有する解され，その反面において中間処分に係る登記名義人には「承諾義務」があると解される。乙らが任意に承諾しないときは，仮登記名義人Aは，乙及び丙を被告として「本登記手続を承諾せよ」との**承諾請求訴訟**を提起することができる──例えば，甲に対する「本登記手続請求」，乙及び丙に対する「承諾請求」を併合して訴えを提起することが想定される。──。この場合，被告乙及び丙は，㋐仮登記原因の無効・不存在及び㋑仮登記名義人の実体法上の権利が未だ本登記を受けるに値する状態ではないこと──換言すれば，実体的な権利変動は未だ生じていないこと──をもって抗弁とすることができる。これに対して，乙及び丙は，Aが未だ仮登記を経由したにとどまり，本登記を経由していないことをもって抗弁とすることはできない。換言すれば，乙及び丙は民法177条の第三者であることをもって抗弁とすることはできない──乙及び丙は登記の欠缺を主張する正当な利益を有する第三者に当たらない。──，とされる（仮登記名義の中間処分に係る登記名義人に対する『**対抗的効力**』）。

(2) 確定期限の到来に係る場合

> 類型(2)-1　△△は，○○に対し，**平成※年※月※日限り**，☆☆について，平成×年×月×日？？を原因とする所有権移転登記手続をする。

類型(2)-1における「平成※年※月※日限り」という事実が確定期限の定めであり，同日を待って登記手続を行うべきことを約した例である。

債務者が意思表示を行うべきことが確定期限の到来に係る場合については，民事執行法は明文の規定を欠いているようにみえる。金銭の給付又は物の引渡し等の請求については，確定期限の到来は，執行開始要件として執行機関が審査認定すべきものとされているが（民執法30Ⅰ），意思表示擬制の強制執行にあっては，後の「執行機関」というものが存在しないため，確定期限の到来を誰が審査認定するのかの問題が生じるし，論理的には，確定期限の到来も「債権者の証明すべき事実の到来」であることから，いつの時点で意思表示をしたと擬制すべきかの問題も残る。

　この点については，確定期限到来時に意思表示擬制の効果が生じるものと解され，かつ執行文の付与は要しないと理解されている（中野・民事執行法789頁，執行文研究下582頁，新民訴実務研究Ⅱ249頁，（旧）民実講義案Ⅱ184頁）。その根拠を民執法30条1項の規定に求める見解もあるが，前述のとおり，直接的な根拠とはならない——なお，（旧）民実講義案Ⅱ184頁は，意思表示を行うべきことが確定期限に係るときの確定期限は，旧民執法173条1項ただし書（同法27条1項）の「債権者の証明すべき事実」に当たらないと解している。この解釈は，おそらく，同法27条1項の「債権者の証明すべき事実」に確定期限の到来を含む執行開始要件たる事実が含まれないと解釈されていることを根拠とするものと推測される。——。

　制度的，論理的には，この類型も債権者の証明すべき事実の到来に係るものとして，執行文付与を要し，同付与の時点まで擬制が繰り下げられると理解すべきように思われる。しかし，仮にそう解しても，確定期限の到来は，その性質上暦によって執行文付与機関に明らかであり，結果として，債権者はその到来について**証明の負担を負わない**ことになる。同様のことは，利益追行行為の過程においても言えることである——登記先例においても，債務名義において登記手続を行うべきことが確定期限に係らせてあるときは，期限の到来後でなければ債務名義を原因証書とする登記申請は受理すべきではないとされている（昭32.7.29民甲1413法務省民事局長通達・先例集追Ⅱ142。この先例で問題となった条項は，「所有権移転登記手続を昭和32年3月31日までに履行すること」というものであり，これについて，昭和32年3月31日の満了後に申請があった場合に限り受理して差し支えないと述べている。）。——。

　したがって，確定期限の到来を待って執行文を付与する**実益に乏しく**，執行文付与は要しないと解される。ただし，意思表示擬制の時期は，民執法174条1項ただし書の規定との整合性から繰り下げるべきであり，確定期限到来時になると解されているようである（後記200頁参照）。

(3) 債権者の証明すべき事実の到来に係る場合

　債務者が意思表示を行うことが<u>債権者の証明すべき事実の到来</u>に係るときは，民執法27条1項の規定により執行文が付与されたときに，意思表示をしたものと擬制される（民執法174Ⅰただし書……前記4(2)ウ「執行文付与を要する類型の概要」の項165頁に掲げる［第1類型］）。

　執行文付与に与えられる効果は民執法27条1項の規定によって付与される執行文とは異質ではあるが，付与すべきか否かの結論に至る思考は同条項による場合と基本的に同様である。

　「債権者の証明すべき事実の到来」の典型は，債権者の「先給付」である。そのほか，第三者（行政庁）の「許可」もこの類型に属する（総論的解説については，4「意思表示の擬制と執行文総論」の項163頁参照）。

第5　意思表示擬制のための執行文

ア　登記手続の意思表示が一定の先給付に係る場合

|類型 (3)-1|　○○が◇◇を支払ったときは，△△は，○○に対し，☆☆について，平成×年×月×日？？を原因とする所有権移転登記手続をする。

　多くは，和解において，買主（登記手続については債権者）が不動産売買による代金支払を約し，同代金が支払われたときに売主（登記手続については債務者）が登記手続を行うことを約する形態である。

|研究問題 5-1|　（先給付）（注：和解成立日平成26年5月12日）

「1　被告は，原告に対し，別紙物件目録記載の土地を代金1000万円で売り，原告はこれを買い受ける。

2　原告は，被告に対し，平成26年6月2日限り，前項の代金を支払う。

3　原告が前項の金員を支払ったときは，被告は，原告に対し，平成26年5月12日売買を原因とする所有権移転登記手続をする。」

　この和解条項を含む和解調書の条項3項について，原告から自己のために執行文付与の申立てがあった。この場合，原告が証明文書を提出する方法によって裁判所書記官に証明しなければならない事実を摘示せよ。

|解　説|

1　原告が代金1000万円を支払った事実

　原告が負担する売買代金1000万円の支払が移転登記手続を行う先給付の関係にあり，原告は，執行文付与申立てにあたって，代金1000万円を被告に支払った事実を証明しなければならない。

2　原告が代金1000万円を支払った日

　結論的には，この事実の証明は不要である。

　実質的な和解条項がこの条項1項から3項までであると仮定すれば，条項3項の移転登記手続をすべきことは，代金1000万円の支払という事実のみに係っており，例えば，次の研究問題5-2にあるように，代金の弁済期に支払のないことによって売買契約が当然に解除になる失権特約は存在しない。

　したがって，仮に，原告が弁済期を経過しながら代金を支払わなかったとしても，代金支払債務は**「期限の定めのない債務」**として**存続**するのであって，その後，原告が代金を支払えば，先給付である事実が到来したことになる。

3　結　論

　「原告が代金1000万円を支払った事実」が証明されれば，裁判所書記官は，執行文を付与することができる。その執行文は，様式(2)を使用し，通常の執行文に準じて作成する。

　この執行文が付与されることによって，債務者（被告）が原告のための所有権移転登記手続の意思表示をしたものと擬制される。

|研究問題 5-2|　（先給付＋当然解除）（注：和解成立日平成26年5月12日）

「1　被告は，原告に対し，別紙物件目録記載の土地を代金1000万円で売り，原告は

5 意思表示擬制のための執行文各論

これを買い受ける。
2　原告は，被告に対し，平成26年6月2日限り，前項の代金を支払う。
3　原告が前項の金員を支払ったときは，被告は，原告に対し，平成26年5月12日売買を原因とする所有権移転登記手続をする。
4　原告が第2項の支払を怠ったときは，第1項の売買契約は当然解除となる。」

この和解条項を含む和解調書の条項3項について，原告から自己のために執行文付与の申立てがあった。この場合，原告が証明文書を提出する方法によって裁判所書記官に証明しなければならない事実を摘示せよ。

[解　説]

1　原告が代金1000万円を支払った事実
研究問題5-1と同様である。

2　原告が代金1000万円を支払った日
研究問題5-1の解説の2で言及したように，条項4項に原告の代金支払懈怠を原因とする当然解除条項（失権条項）が存在する。この場合，原告が平成26年6月2日を経過したにもかかわらず代金を支払わなかったときは，当然に第1項の売買契約は解除となり，その効力は消失するに至る。したがって，論理的には，原告の代金支払は平成26年6月2日が経過する前でなければ有効な弁済とはならない。したがって，原告が代金1000万円を支払った日の証明を要すると解する。

3　期限に遅れて代金を支払ったとき
代金1000万円支払の事実は証明されたが，その証明文書によれば，期限に遅れて支払がされたと認められる場合，裁判所書記官は，この条項3項に執行文を付与すべきであろうか。

期限後であっても代金の授受がされたということは，その時点で，当事者は，第1項の売買をなお効力があるものとし，その履行として代金の授受をしたものとも考えられる。しかし，裁判所書記官が執行文付与の審査をするに当たっては，和解条項が最も規準となるべきものであって，その合意内容に従って，執行文を付与できるか否かを審査すべきである。また，裁判所書記官が行う審査は，書面による債権者側についての一方的審尋であり，その資料も限定されている。さらに，一旦執行文を付与すれば，それによって債務者の意思表示が擬制され，強制執行は完了することから，この種の債務名義においては，特に慎重な考慮が要請されると考えられる。この場合に裁判所書記官が，付与を拒絶しても，債権者は，執行文付与等に関する異議の訴え（民執法32）等によって執行文付与を求める手段が考えられる。以上から，この場合には，条項4項によって，第1項の売買が効力を失った後の支払であるとして，裁判所書記官は，執行文付与を拒絶すべきである。

[研究問題 5-3]　（先給付＋無催告解除）（注：和解成立日平成26年5月12日）

「1　被告は，原告に対し，別紙物件目録記載の土地を代金1000万円で売り，原告はこれを買い受ける。

第5 意思表示擬制のための執行文

　　2　原告は，被告に対し，平成26年6月2日限り，前項の代金を支払う。
　　3　原告が前項の金員を支払ったときは，被告は，原告に対し，平成26年5月12日売買を原因とする所有権移転登記手続をする。
　　4　原告が第2項の支払を怠ったときは，被告は第1項の売買契約を解除することができる。」

　この和解条項を含む和解調書の条項3項について，原告から自己のために執行文付与の申立てがあった。この場合，原告が証明文書を提出する方法によって裁判所書記官に証明しなければならない事実を摘示せよ。

解　説

1　原告が代金1000万円を支払った事実
　　研究問題5-1と同様である。

2　原告が代金1000万円を支払った日
　　原告が平成26年6月2日を経過した後に代金1000万円を支払った場合，条項4項によって被告に発生する契約解除権行使による解除の効果発生との先後関係が問題になる。つまり，原告の代金支払は，解除の効果が生ずる前でなければ有効な弁済にならないと考えられるからであり，原告が代金を支払った時点で解除の効力が生じていないことが実体的な要件となる。
　　この点については，次の二つの見解が想定される。
㋐　「解除の意思表示をした事実」は債務者である被告の証明責任に属する事実であると解され，民執法174条1項ただし書が規定する第1類型の「債権者の証明すべき事実」ではない。請求が金銭支払等であればこれで問題はないが，本請求が意思表示を内容とするものであることから，結局，「解除の意思表示がないこと」が民執法174条1項の「債務者の証明すべき事実のないことに係る」場合に該当するようにみえる（4⑵ウ「執行文付与を要する類型の概要」の項166頁参照）。このように考えると，債権者に代金を支払った日を証明させた上で，その時期によっては，債務者に対して民執法174条3項の規定による催告をし，原告による代金支払前に解除の意思表示をし，それが到達している事実を証明する機会を与える必要があるようにも思える。
㋑　しかし，㋐ように考えると，和解条項に特に特約として掲げられていなくても，一般的には常に解除，取消し又は無効等の原因が考えられるのであるから，意思表示の擬制のために債権者が弁済の事実の証明を要する場合には，およそ解除等の事由が存在しないことが要件となっていると解すべきことになるのではなかろうか。そうだとすると，意思表示を擬制する債務名義については，常に解除，取消し又は無効等を主張する機会を保障するために債務者に対して民執法174条3項の規定に従った催告をしなければならないということになってしまうのではとの疑問もある。
　　本件の場合で，債権者の提出した証明文書によって，約定の期限に遅れて代金が支払われたことが証明された場合，（代金の支払がないまま）期限が経過したことによって，債務者である被告に第1項の売買の解除権の発生が根拠付けられることになる。その意味で，㋑の見解が述べるように，一般的に解除等の事由が想定されるというにとどまら

ず，現実に，債務者である被告に解除権が発生していることが根拠付けられてしまうのである——これは，訴訟において，同時履行の抗弁権が付着する債権を自働債権として相殺の主張をする場合に類似する。——。もちろん，解除権を行使するかどうかは，債務者（被告）の自由であるが，裁判所書記官がこの点を度外視して執行文を付与すれば，それによって債務者の意思表示が擬制されてしまうことになる。この点を考慮すれば——同時履行の抗弁権が付着する債権を自働債権とする相殺の主張をする場合，それと併せて，同抗弁権を封じる事実を主張しなければならないとする「同時履行の抗弁権の存在効」を認める理解とも整合する。——，執行文付与手続においては，より慎重な取扱いをするのが相当と考えられる。

債務者（被告）に発生した解除権に基づき，解除の意思表示をし，それが原告に到達した事実は，債務者において証明すべき事実であり，ここでの登記手続は，それらの事実のないことに係る場合であると考えられ，この場合には，被告に対し，解除の意思表示をしたのか否か，したのであればそのことを証明する文書の提出を催告し，その提出がないときに執行文を付与する（民執法174Ⅲ）という扱いが相当であると解する。

以上のことから，この場合，債権者（原告）が第2項の金員を支払った日についても証明を要すると解する。

研究問題 5-4 （先給付＋仮登記に基づく本登記）（注：和解成立日平成26年4月1日）

「1　被告は，原告に対し，別紙物件目録記載の土地（以下「本件土地」という。）を，代金4000万円，所有権は代金完済時に移転する約定で売り，原告はこれを買い受ける。
2　被告は，原告に対し，本件土地について，平成26年4月1日売買（条件　売買代金完済）を原因とする条件付所有権移転仮登記手続をする。
3　原告は，被告に対し，平成26年10月1日限り，第1項の代金を支払う。
4　原告が前項の金員を支払ったときは，被告は，原告に対し，本件土地について，代金完済の日の売買を原因とする第2項の仮登記の所有権移転本登記手続をする。」

この和解条項を含む和解調書の条項4項について，原告から自己のために執行文付与の申立てがあった。この場合，原告が証明文書を提出する方法によって裁判所書記官に証明しなければならない事実を摘示せよ。

解　説

1　原告が代金4000万円を支払った事実

実質的には，研究問題5-1の思考方法と同じである。

原告が負担する売買代金4000万円の支払が移転登記手続を行う先給付の関係にあり，原告は，執行文付与申立てにあたって，代金4000万円を被告に支払った事実を証明しなければならない。

2　原告が代金4000万円を支払った日……「代金完済の日」の補充

事実到来執行文を付与できるか否かという観点から考えれば，研究問題5-2にあるような「当然解除条項（失権条項）」が存在するものではないから，研究問題5-1のケー

第5　意思表示擬制のための執行文

スと同様に，代金を支払った日の証明は要しないということになる。
　ところで，研究問題5-1から5-3までのケースとの相違は，5-1～5-3は，土地の所有権移転時期について特段の合意をしておらず，登記手続を約した条項3項の登記原因日付の表示からみても，この和解成立日の売買成立によって所有権が移転する内容になっている。これに対し，本ケースは，所有権移転時期について別段の合意をし，代金完済時に移転するとの内容になっている。このことは，条項4項の登記原因日付に関する標記からも明らかである。**問題**は，このケースにおいて，和解条項の形式上は登記原因日付が確定日付になっていない状態で登記原因証明情報となりうるか，つまり，この形式のままで，債権者は本和解調書正本により不登法63条1項の規定による登記申請ができるかということである。換言すれば，執行文付与機関としては，この場合，「執行文の債務名義補充機能」により，執行文上に「代金完済の日」を具体的日付でもって表示する必要があるかということである。仮に，必要であるということになれば，本ケースにおいては，その補充のために「代金完済の日」の証明を要するということになる。
　登記手続を内容とする和解条項作成の指針としては，当該登記手続条項中に「登記の原因及びその日付」を明記するのが相当であるし，同日付は確定日付をもって表示するのが相当である（民事実務講義案Ⅰ345頁，新民訴実務研究Ⅰ360頁【参考例109】）。もっとも，これは，登記実行の便宜のためであって，絶対的な要請ではない（民事実務講義案Ⅰ346頁）。既述のように（前記174頁及び同所に掲げた登記先例参照），判決主文等で登記原因及びその日付が形式的に明らかになっていない場合であっても，最終的には，登記申請書の「年月日不詳売買」とか「◎年◎月◎日判決確定（又は和解）」との記載で登記実行をするのが登記実務の取扱いであるはずである。
　しかし，実務にあっては，代金支払の事実が証明されれば，そのために提出される証明文書によってその支払日も同時に証明されることが通常であること，前記和解条項作成の指針の考え方が登記実行の便宜という点にあるのであるから，ここでもその趣旨を維持することが相当と思われることから，登記実行の便宜のために登記原因証明情報となる債務名義上に「代金完済の日」を明らかにするのが望ましいといえよう（執行文研究下620）。この場合，執行文様式(2)の「債務名義に係る請求権の一部について強制執行をすることができる範囲」欄に『条項4項（代金完済の日　平成×年×月×日）』と記載することになる。

3　条項2項による仮登記が経由された事実
　条項4項の文言によると，「第2項の仮登記の所有権移転本登記手続をする。」となっており，本登記手続を行うに当たっては条項2項による仮登記が経由されていることが前提となっているようにみえる。仮に，そうであれば，債権者（原告）は，条項2項による仮登記を経由した事実を証明しなければならないことになりそうである。
　条項2項は，仮登記手続の意思表示を目的とする給付条項であるから，仮登記手続の意思表示が擬制されれば給付の目的が達せられ，債務は履行されていることになる。そして，条項2項の請求には何らの到来すべき事実は係っていないから，和解の成立によって仮登記手続の意思表示が擬制されている。これによって，原告は，いつでも条項

2項に基づき仮登記の申請をすることができ，本登記手続の意思表示擬制のための執行文付与に際しては，条項2項の仮登記手続の意思表示が擬制されていれば足りるともいえそうである。

翻って考えてみると，条項2項による仮登記手続の意思表示を行うべき債務が擬制という形であれ満足（弁済）されているということは，債務者（被告）の証明責任に属する事実であると解される。したがって，論理的には，仮登記手続の意思表示が擬制されていることは，債権者（原告）の証明責任には属しない事実であるというべきである。そして，条項4項により債務者（被告）が本登記手続の意思表示をすべきことが，同人の債務——条項2項による仮登記手続を行うべきこと——の履行のないことに係っているわけではなく，民執法174条3項の規定による催告をすべき場合でもないはずである（執行文研究下645ページ以下の設例問題と同様の状況と思われる。）。

ここでの問題は，むしろ，**事実として「仮登記が経由されているか」**，つまり登記記録に仮登記が記録されていることを要するかということにあると思われる。そうであれば，**問題の核心**は，給付条項としては仮登記に基づく本登記手続を約しているにもかかわらず，事実として仮登記が経由されていない状態で，同条項により移転登記手続ができるか否かにあるといえよう。この点は，登記実務の取扱いに係ることになるので断言は避けたいところであるが，条項4項は移転登記手続を約しているのであり，仮登記に基づく本登記手続はその移転登記手続の一種であると考えられることから，移転登記の実行ができないと解すべき理由はないように思われる。

したがって，縷々述べたが，結論としては，条項2項による仮登記が経由された事実について債権者（原告）は証明を要しないものと解したい。

4　結　論

以上から，1の事実が証明されれば，裁判所書記官は，執行文を付与することができる。その執行文は，様式(2)を使用し，通常の執行文に準じて作成する。

この執行文が付与されることによって，債務者（被告）が原告のために仮登記に基づく所有権移転本登記手続の意思表示をしたものと擬制される。

|解　説|（補足）

5　条項2項について

条項2項は，条件付権利の仮登記（2号類推の仮登記）手続を約するものであり，その意思表示をすべきことは一定の事実の到来に係ってはいない。したがって，この和解成立と同時に債務者（被告）は，条項表示の仮登記手続を行う意思表示をしたものと擬制される（民執法174Ⅰ本文）。債権者（原告）は，不登法63条1項の規定に従い，この和解調書正本を登記原因証明情報として，単独で，条件付所有権移転の仮登記の申請をすることができる。

6　**仮登記に基づく本登記の登記原因及びその日付**

条項2項と条項4項とを比較すれば，そこに表示されている登記原因の「日付」が明らかに異なることに気付く。仮登記と本登記とで登記原因やその日付が異なってもよいのか，そもそも登記原因とその日付はどのように理解すべきかがここでの問題であり，

第5 意思表示擬制のための執行文

執行文付与事務というより，**和解条項の構成・表現**にかかわる事項である。

一般的に，登記原因は，**登記を必要ならしめる原因となる法律行為又はその他の事実**である――例えば，売買，贈与，抵当権設定契約等の法律行為や死亡（相続）や焼失等の事実がその典型である。――。登記原因の日付は，このような**原因の成立又は発生した日**を意味する。

登記原因とは，仮登記にあっては「仮登記」の原因であって，本登記にあってはまさに「本登記」の原因であり，その日付もそれぞれに対応した日付になる。特に日付が問題になるが，次のように整理できる。

a **大前提**

仮登記に基づく本登記の「登記原因」及び「その日付」は，仮登記の原因及びその日付と**同一性又は連続性**あるものでなければならない（法務省民事局編・不動産登記実務（五訂版）499）。

b **条件不備の仮登記（1号仮登記）の本登記**

実体的な権利変動は既に生じている場合であるから，仮登記と本登記の登記原因及びその日付は同一でなければならない。

c **請求権保全の仮登記（2号仮登記）の本登記**

売買予約を例に採れば，仮登記は売買予約が登記原因で，予約が成立した日が原因日付である。そして，本登記にあっては，売買によって権利変動が生じるのであるから「売買」が登記原因であり，その原因日付は予約完結の意思表示が効力を生じた日である。したがって，この場合，仮登記と本登記の登記原因及びその日付は関連性はあるが同一ではないことになる――参考：売買予約を原因とする仮登記について，代物弁済を原因とする本登記をするには，その前提として，仮登記の登記原因の更正登記を経由することを要する（昭55.9.19民三5618法務省民事局長回答・先例集追Ⅵ869頁）。――。

d **条件付権利の仮登記（2号類推の仮登記）の本登記**

条件付権利の仮登記にあっては，その仮登記時点においては原因である法律行為は成立しているが，その効果である権利変動は未だ生じてはいない。したがって，仮登記の登記原因及びその日付は，法律行為――例えば，売買――とその成立日である。これに対し，その本登記実行時は，条件の成就によって原因である法律行為の効果が生じ権利変動が生じているわけであるから，登記原因及びその日付は，売買であり条件が成就した日つまり権利変動が生じた日である。

本設例に則して述べれば，仮登記については，条項2項にあるように，仮登記の原因及びその日付は和解成立日である「平成26年4月1日売買」である。これに対し，本登記の**原因日付**は，条項4項にあるように，実体的に所有権移転の効果が生ずる「代金完済の日」であり，原因は「売買」である。ここでは，「代金完済の日の売買」という表現は，「代金完済の日**付け**の売買（契約）」という意味ではないことに留意しなければならない。「×月×日付け売買」という意味では「平成26年4月1日付け売買」であるが，ここでは同日成立した売買契約の効力が「代金完済の日」に生じたものであることを意味している。不動産登記の権利の登記は，権利変動の過程と態様とを公示するものであり，原因日付という意味では**いつ権利変動（所有権移転）が生じ**

たかを公示すべき要請があるというべきであるからである。

イ　登記手続を行うべきことが第三者の許可に係る場合

第三者の許可に係る場合とは，農地法3条又は5条の規定による許可を条件とするものがその典型である。この「許可」の性質等については，次の研究問題5-5の解説を参照

類型 (3)-2　X項　△△は，○○に対し，☆☆について，農地法第X条による所有権移転の許可申請手続をT県知事にする。

Y項　前項の許可処分があったときは，被告は，原告に対し，本件土地について，同許可処分の日の？？を原因とする所有権移転登記手続をする。

研究問題 5-5　（農地法上の許可）（注：和解成立日平成26年4月1日）

「1　被告は，原告に対し，別紙物件目録記載の土地（以下「本件土地」という。）を代金800万円で売り，原告はこれを買い受ける。

2　被告は，原告に対し，本件土地について，平成26年4月1日売買（条件　農地法第5条の許可）を原因とする条件付所有権移転仮登記手続をする。

3　被告は，原告に対し，本件土地について，農地法第5条による所有権移転の許可申請手続をT県知事にする。

4　前項の申請に対して許可処分（以下「本件許可処分」という。）があったときは，原告は，被告に対し，許可処分があった日から20日を経過した日限り第1項の代金を支払う。

5　原告が前項の支払をしたときは，被告は，原告に対し，本件土地について，本件許可処分の日の売買を原因とする第2項の仮登記の所有権移転本登記手続をする。」

この和解条項を含む和解調書の条項5項について，原告から自己のために執行文付与の申立てがあった。この場合，原告が証明文書を提出する方法によって裁判所書記官に証明しなければならない事実を摘示せよ。

解　説

1　農地についての権利変動の制限

農地について所有権を移転するには，当事者は農業委員会等の許可を受けなければならない（農地3）。また，農地を農地以外のものにする（転用）ために所有権を移転するには，当事者は都道府県知事等の許可を受けなければならない（農地5）。この農地法の規定は，効力規定であって，**この許可を受けない行為は所有権移転の効力を生じない**（農地3Ⅳ，5Ⅲ）。農地についての権利の移転設定等を目的とする行為（契約）にあたり，事前にこの許可を得る必要はなく，許可は，農地に関する権利変動の効力発生要件であり**法定条件**――表意者の意思表示に基づく法律行為の附款とは異なる性質のものであるという意味で「法定条件」と称されている。――であると解されている。この許可は，行政法上「認可」と呼ばれるものであり，この認可がない限り，権利変動に関する契約が有効にされても農地に関する所有権移転等の権利変動は生じない。

2　許可申請手続を求める訴え

　農地法の許可が未だなくても，権利変動を目的とする契約の債権的効力は生じているから，例えば，農地の売主は，買主に対し，契約の効力として知事等に対する許可申請手続に協力する債権的な義務を負う（最判昭50.4.11民集29-4-417）。この許可申請手続は，当事者双方で行うべきものであり，登記申請手続と同様に公法上の意思表示である。したがって，農地の買主は，登記手続を訴求するのと同様に，売主を被告として，許可申請手続を行うべきことを訴求することができる。

　この訴訟において，認容判決が確定し又は許可申請手続を行うことを約する和解が成立すれば，その時点で，債務者が許可申請の意思表示をしたものと擬制される（民414Ⅱただし書，民執法174Ⅰ）。

3　農地法上の許可を条件とする仮登記

　農地法3条又は5条の許可の性質は，前述のとおりであるから，私法上の売買契約等が成立しても権利変動そのものが「許可」という条件に係っている場合であり，条件付権利の仮登記（2号類推の仮登記）を行うことができる。本ケースの条項2項は，これに従って，売主である被告が条件付所有権移転仮登記手続を行うことを約したものである。

4　条項5項について

　条項5項は，売買契約による所有権移転の効力が生じたことを受けて，その所有権移転登記手続を行うことを約したものである。

　なお，次に掲げる以外の事項については，これまでに述べてきたところと同様である。

a　原告が代金800万円を支払った事実

　この代金800万円の支払が，所有権移転登記手続の「先給付」の関係にある。そして，この事実は，原告が行うべき債務の履行であり，支払った事実について原告に証明責任が帰属する。したがって，民執法174条1項ただし書の「債権者の証明すべき事実の到来」に該当し，債権者が証明文書を提出する方法によって証明しなければならない。

b　所有権移転について知事の許可があったこと

　条項5項の文言上は，代金800万円の支払という先給付の事実のみが到来すべき事実として係っているようにみえる。また，代金800万円の支払自体が条項4項で，知事の許可があったことが前提とされていることから，「原告が代金800万円を支払った事実」が証明されれば，知事の許可があったことが推認されるようにもみえる。

　しかし，この和解条項の趣旨は，第1項の売買契約による権利変動の効果が生じたことを承けて移転登記の本登記手続を行うべきことを約したものであること，農地法5条の知事の許可が法定条件として権利移転の効果を発生させる要件であることから，この条項5項についても知事の許可があったことの証明を要するものと解する。また，原告が代金800万円を支払った事実が証明されれば，知事の許可があったとの推認は可能であるといえそうであるが，論理則として当然にそういえるかは疑問であ

り，少なくとも直接的な証明ではないというべきである。

ウ　事実到来とその後の一定期間の経過
(ｱ)　総　説
「事実到来とその後の一定期間の経過」というのは，事実到来執行文の項においてみたのと同様に，和解条項に表示された登記手続につき，代金等の先給付等がされ，その先給付がされた後一定期間を経過したときに登記手続をするという合意の類型である（77頁以下参照。前記研究問題5-5の条項4項もこの類型である。）。

類型(3)-3　○○が♠♠をしたときは，△△は，○○に対し，その日から⊗⊗日が経過した日限り，×年×月×日？？を原因とする♣♣登記手続をする。

考え方は，金銭の給付又は物の引渡しを内容とする債務名義におけると同様である（前記78頁研究問題3-9参照）。

もっとも，登記手続を内容とする場合，仮登記を経由している場合であれば別であるが，この類型は一般的にはそう多くはないと思われる。

(ｲ)　一定期間が経過する時期の執行文への表示
執行文の「債務名義に係る請求権の一部について強制執行をすることができる範囲」欄に，債務名義を補充する意味から，到来すべき事実が発生し，その後一定期間が経過する時期又はその時期を導き出しうる事項を記載する。例えば，前者の方法としては，『登記手続のできる日　×年×月×日』と記載すれば足りる（執行文研究下623頁）。また，後者の方法としては，前提事実の到来した旨とその日を簡潔に記載すれば足りる（前記87頁参照）。

(4)　反対給付との引換えに係る場合

類型(4)　X項　△△は，○○に対し，◎年◎月◎日限り，次項の支払を受けるのと引換えに，☆☆について，×年×月×日？？を原因とする所有権移転登記手続をする。
Y項　○○は，△△に対し，前項の期日限り，同項の登記手続を受けるのと引換えに，第A項の金員を支払う。

ア　執行文の必要
債務者が登記手続を行うべきことが，債権者の反対給付との引換えに係っている場合であり，判決主文や和解条項の形態は金銭の支払や物の引渡しのケースと同様である（総論的解説につき，前記165頁参照）。

この場合，判決確定や和解等の成立によって直ちに意思表示があったものとの擬制は働かず，意思表示擬制の効果が生じるためには事実到来執行文の付与を得なければならない（民執法174Ⅰただし書，Ⅱ）。いずれにしても，意思表示を行うべきことが反対給付との引換えに係るときは，（金銭の支払等を内容とする場合と異なり，）反対給付の履行又はその提供をしたことが執行文付与の要件である。

イ　反対給付の履行又はその提供
例えば，代金の支払と引換えに所有権移転登記手続を行うという場合，債権者は，反対給付である代金を支払ったか又はその提供をしたことを文書で証明し，執行文付与を得ること

第5 意思表示擬制のための執行文

になる。
ウ　執行文の付与

イの事項の証明があれば，裁判所書記官は，執行文を付与する。その際，執行文様式(2)を用い，「付与の事由」欄に「反対給付の履行（あるいは履行の提供）を証する文書を提出（民執法174Ⅱ）」と記載する。

※　「ア　証明すべき事実の到来を証する文書を提出（民執法27Ⅰ）」を選択し，根拠条文を「民執法174Ⅱ」と訂正する取扱いもある。

研究問題 5-6　（引換給付）

「3　被告は，原告に対し，平成26年6月30日限り，次項の支払を受けるのと引換えに，本件建物について，平成26年5月20日売買を原因とする所有権移転登記手続をする。

4　原告は，被告に対し，前項の期日限り，同項の登記手続を受けるのと引換えに第1項の金員を支払う。」

この和解条項を含む和解調書の条項3項について，原告から自己のために執行文付与の申立てがあった。この場合，原告が証明文書を提出する方法によって裁判所書記官に証明しなければならない事実を摘示せよ。

解　説

1　平成26年6月30日の到来

これは，登記手続についての確定期限の到来であり，前述のように（174頁以下），この事項単独で執行文付与の必要性はない。もちろん，この日が到来することによって債務者（被告）が登記申請の意思表示を行ったと擬制されることになるから，債権者は，この日以後でなければ，この和解調書を原因証書として，単独で，利益追行行為である自己への所有権移転登記申請を行うことはできない。

2　**原告が条項1項の金員を支払った又はその提供をした事実**

条項4項は，債務者（被告）が行うべき移転登記手続の意思表示と引換えに係る債権者の条項1項に係る反対給付を約したものである。したがって，債権者（原告）は，民執法174条1項ただし書及び同条2項の規定に従い，まず，自己が負担する条項1項の金員の支払を行うか，その提供をしなければならない。そして，裁判所書記官に対する条項3項についての執行文付与申立ての際に，債権者は条項1項の金員の支払又は提供の事実を文書で証明しなければならない。

裁判所書記官は，この証明があったときに，条項3項について，債権者（原告）のために執行文を付与することができる（民執法174Ⅰただし書，Ⅱ）。

解　説（参考）

3　給付条項としての条項4項について──登記義務の履行の提供の証明方法──

参考までに，条項4項の請求について執行文付与の要否，その他の問題点について検討する。

条項4項の請求は，金銭の給付がその内容であり，これが条項3項との引換えに係っ

ている。したがって，条項3項の登記手続の履行又はその提供は，民執法31条1項に規定する執行開始要件として執行機関が審査認定すべき事項となり，執行文付与機関が審査認定すべき事項ではない。

次に，この執行開始要件の審査認定について検討する。条項3項により債務者たる原告——条項4項の関係では原告が債務者である。——が，登記手続を履行した場合には，その結果である所有権移転登記の記入された登記事項証明書を提出することによって容易に証明することができる。

しかし，金員との引換給付になっている登記手続を，未だ金員の支払がないのに先行して行うことは，登記や登記手続の性質から通常は考えられない。現実的には，登記手続義務の履行の提供であるが，この事実をどのような方法によって証明するかが実際的な問題となる。

現状での最も確実な証明方法は，公証人による**「登記義務の履行の提供等に関する事実実験公正証書」**であると思われる。これは，登記義務の履行場所に公証人を同行し，履行期日において自らが登記手続に必要な書類を揃えて履行場所に臨んだ事実を公証人に現認させ，公証人においてその旨の証書を作成するものである。これは，公証人への嘱託，手数料の支払等煩瑣な面はあるが，証明方法特に文書による証明方法としては確実なものであると思われる。執行裁判所によっては，反対給付たる登記手続の履行の提供については，この方法によるべきとする取扱いをしている庁もあるようである。もちろん，一般的に，証明方法は公文書に限定されるわけではない。

(5) **債務者の証明すべき事実のないことに係る場合**

債務者が意思表示を行うべきことが，債務者自身が負う債務の履行のないことなど，債務者の証明責任に属する事実のないことに係る場合である。例えば，和解条項としての類型でいえば，登記手続を行うべきことがいわゆる**「過怠特約」**に係る場合である（過怠特約については，第3の2⑻「過怠特約」の項88頁以下参照）。

この給付条項にあっては，債務者に不履行を争う，つまり債務を履行した事実を証明する機会を与えるために，債務者に対し証明文書の提出を一定期間を定めて催告し，同期間内に証明文書の提出がないときに限り執行文を付与することができる（民執法174Ⅰただし書，Ⅲ）。

[類型⑷] △△が……の支払を怠ったときは，△△は，○○に対し，☆☆について×年×月×日??を原因とする♠♠登記手続をする。

このように，登記手続に代表される一定の意思表示を行うべきことが何らかの事実の到来に係っている場合——ただし，確定期限を除く。——，必ず事実到来執行文の付与を要することになる。何らかの事実の到来に係る場合，その事実の到来したことを証明しなければならず，その証明責任は，債権者又は債務者のいずれかが必ず負担する性質のものであるからである。債権者の証明責任に属する場合には，民執法174条1項ただし書の規定により同法27条1項により債権者がその到来の事実を証明して事実到来執行文の付与を得なければならないし，債務者が証明すべき事実のないことに係る場合には，民執法174条3項の規定により**催告手続**を経て，やはり事実到来執行文の付与を得なければならないからである。

第5　意思表示擬制のための執行文

研究問題 5-7　（代物弁済と登記手続）

「1　被告は，原告に対し，平成26年6月30日限り，和解金として1500万円を支払う。

2　被告が前項の支払を怠ったときは，被告は，原告に対し，被告の同項の債務の弁済に代えて，同項の日の翌日をもって，別紙物件目録記載の不動産（以下「本件不動産」という。）を譲り渡し，原告はこれを譲り受ける。

3　前項の場合，被告は，原告に対し，本件不動産について，前項の日の代物弁済を原因とする所有権移転登記手続を行う。」

この和解条項を含む和解調書の条項3項について，原告から自己のために執行文付与の申立てがあった。条項3項について執行文の付与を要するか？また，原告が証明文書を提出する方法によって裁判所書記官に証明しなければならない事実を摘示せよ。

解　説

1　本件和解条項の意味

条項1項で和解金の支払を約し，条項2項はその**過怠時の代物弁済の合意**である。そして，条項3項は，条項2項の代物弁済を原因とする所有権移転登記手続を約した給付条項である。

条項3項は，冒頭に「前項の場合」とあることからも明らかなように，条項2項の代物弁済による所有権移転の効力が生じたことを前提としている。法論理的にも，権利変動が生じたことを承けてその登記手続が行われるべきものである――したがって，この条項3項に「前項の場合」という文言が存在しなかったとしても同様に解すべきであろう。――。

条項2項を証明責任分配の原則に従って解釈すれば，条項1項の和解金の支払期限である平成26年6月30日の翌日，つまり同年7月1日の到来によって代物弁済契約がその効力を生ずることになる。その意味で，**始期付代物弁済契約**であると考えられる。それに対して，被告が和解金1500万円を支払ったことがこの代物弁済の権利障害事由として機能する関係にあるといえよう。つまり，証明責任分配の原則に従えば，『被告は，原告に対し，平成26年7月1日限り，被告の前項の債務の弁済に代えて，別紙物件目録記載の不動産を譲り渡し，原告はこれを譲り受ける。ただし，被告が前項の期日限り同項の金員を支払ったときは，この限りでない。』と読み替えることになる。そして，条項において意思表示請求の根拠となっている権利についての権利障害事由が定められているときには，その権利障害事由の存在について，債務者に証明の機会を与えようというのが民執法174条1項ただし書及び3項の趣旨であると考えられる（総論的解説として，166頁以下参照）。

2　条項3項についての執行文

上記のとおりであるから，条項3項は，「債務の履行その他の債務者の証明すべき事実のないこと」に係り，債務者（被告）に過怠について争う，つまり債務を履行した事実について証明する機会を与えるために，民執法174条3項の規定により債務者に対し証明文書の提出を催告し，債務者からその証明文書の提出がないときに，執行文を付与すべきことになる（民執法174 I ただし書）。

― 188 ―

3　平成26年6月30日が経過したこと

　　1でみたように，条項2項の代物弁済は，平成26年6月30日が経過することによってその効力を生ずるから，催告手続を経て条項3項に執行文を付与するとしても，その付与は，平成26年6月30日が経過した後でなければならない。

研究問題 5-8　（代金過怠→解除→抹消）（注：和解成立日＝平成26年5月21日）

「1　被告は，原告に対し，本件建物を代金1200万円，所有権は代金完済時に移転する約定で売り，原告はこれを買い受ける。
2　被告は，原告に対し，本件建物について，平成26年5月21日売買（条件　売買代金完済）を原因とする条件付所有権移転仮登記手続をする。
3　原告は，被告に対し，平成26年6月30日限り，第1項の代金を支払う。
4　原告が前項の金員を支払ったときは，被告は，原告に対し，本件建物について，代金完済の日の売買を原因とする第2項の仮登記の本登記手続をする。
5　原告が第3項の支払を怠ったときは，被告は何らの催告を要しないで第1項の売買契約を解除することができる。
6　前項により解除の意思表示があったときは，原告は，被告に対し，本件建物についてされた第2項の仮登記の抹消登記手続をする。」

　この和解条項を含む和解調書の条項6項について，執行文の付与を要するか？　また，同項について被告が証明文書を提出する方法によって裁判所書記官に証明しなければならない事実を摘示せよ。

解　説

（請求）　被告の原告に対する売買契約解除による所有権移転仮登記の抹消登記手続請求
（結論）　結論としては，条項6項について執行文付与を要する。

　以下，その理由を具体的事実を摘示して述べる。

1　**被告が条項1項の契約の解除の意思表示をしたこと**

　解除権の行使は，相手方に対する意思表示によって行われる（民540Ⅰ）。被告が解除の意思表示をした事実は，解除の効力が生ずるための要件であって，解除による契約の終了を主張する債権者たる被告において証明すべき事実である。

2　**1の解除の意思表示が原告に到達したこと**

　当事者に発生した解除権の行使は，相手方に対する意思表示によって行われる（民540Ⅰ）。そして，意思表示がその効力を生ずるためには，同意思表示が相手方に到達しなければならない（民97Ⅰ）。したがって，解除の効力を主張する債権者（被告）は，解除の意思表示が相手方（原告）に到達した事実を証明しなければならない。

3　**平成26年6月30日が経過したこと**

　解除の意思表示が効力を生じるためには，大前提として，解除権が発生していなければならない。解除権の発生は，ひとつの法律効果であり，それ自体が証明の対象になることはない。したがって，解除権の発生原因事実を証明対象として考えなければならず，解除権行使による解除の効果を主張する者は，必ず，解除権発生を根拠付ける事実

第 5　意思表示擬制のための執行文

を証明しなければならない。

　条項 5 項の文言によれば，「原告が第 3 項の支払を怠ったとき」に被告に解除権が発生するようにみえる。しかし，債務者が支払を怠った事実について債権者が証明責任を負うものではなく，支払った事実について債務者が証明責任を負うものである。すると，「事実到来執行文」の項においてみたように，この条項 5 項を証明責任分配の法則に従い読み替えることになり，『平成26年 6 月30日が経過すれば，被告は何らの催告を要しないで第 1 項の売買契約を解除することができる。ただし，原告が第 3 項の支払をしたときはこの限りでない。』との趣旨になる。この趣旨は，「平成26年 6 月30日の経過」が被告において証明すべき解除権の原因事実ということになる。

4　解除の意思表示が原告に到達した日

　解除の意思表示が平成26年 7 月 1 日以降に原告に到達すれば，その時点で解除の効力発生のための要件が充足されることとなる。逆にいえば，解除の意思表示が 6 月30日までに到達したのであれば，その効力が生ずる余地はないことになる。

　以上の意味から，債権者である被告は，解除の意思表示が原告に到達した日を証明しなければならない。

5　原告が条項 3 項の金員（1200万円）の支払を怠ったこと

　 3 において述べたとおり，証明責任分配の原則からいえば，この怠った事実は被告が証明すべき解除権発生原因事実ではない。そして，読み替えの結果，「原告が代金1200万円を支払ったこと」が被告の解除権発生の**障害事実**となり，この事実について原告が証明責任を負うことになると解される。

　和解条項の文言形式においては，原告が代金の支払を怠ったことが解除権発生の原因となっており，これは，民執法174条 1 項ただし書及び 3 項が規定する請求が「債務者の証明すべき事実のないこと」に係ることになる。先に述べたとおり，「原告が代金を支払った事実のないこと」が実体規範化しており，意思表示擬制の強制執行という特殊性から債務者にその防御の機会を保障すべきことになる。したがって，債務者（原告）に解除権発生の障害事実である代金を支払った事実について証明の機会を与えるために，執行文付与の申立てを受けた裁判所書記官は，その事実についての証明文書の提出を一定期間を定めて催告しなければならない（民執法174Ⅲ）。

　結論的に述べれば，原告が代金1200万円の支払を怠った事実自体は，債権者（被告）が証明すべき事実ではないが，裁判所書記官は，原告に対し，代金を支払った事実についての証明の機会を与えるべく，催告手続を執らなければならない。

　なお，この催告に応じて原告から提出される証明文書においては，<u>原告が代金1200万円を支払った事実の他に，その**支払った日**も証明されなければならない</u>。なぜなら，前記 3 において，被告からの解除の意思表示が到達した日が証明されており，その時点で解除の効力が生じていることになるが，原告が代金を支払った日がその解除の効力の生じた後であれば，代金支払の事実は解除権発生を障害することにはならないからである。

6　条項 2 項による仮登記がされたこと

この事実について債権者（被告）が証明を要するかはやや問題である。

例えば，所有権に基づく物権的請求権としての妨害排除請求権を考えた場合，その権利根拠事実は，①所有権の取得原因事実及び②相手方が妨害している事実であるとされる。これを本件に当てはめてみれば，この②に該当するものとして，「原告を権利者とする仮登記が経由されている事実」を債権者（被告）は証明しなければならないと思われる。しかし，条項6項の抹消登記手続請求は，この和解の合意に基づくものとして生じており，債権的登記請求であると考えられ，いわゆる所有権訴訟と同列に考える必要はないであろう。また，和解においてこの合意がされたことを承けての手続である執行文付与過程にあっては，この和解条項が実体規範としての機能を果たしていると解される（前記55頁）。

そうであれば，この仮登記の抹消登記手続を行う合意の存在が証明されれば足り，それ以上に，抹消の対象となる仮登記の存在まで証明する必要性はないと考えられる（なお，同種の問題として，研究問題3-16（101頁）参照）。

7　まとめ

以上のことから，条項6項について自己のために執行文付与を申し立てた債権者（被告）は，前記1から4までの事実について証明文書を提出する方法によりその証明をしなければならない。さらに，これを受けた裁判所書記官は，前記5に関し，債務者（原告）に対し，代金1200万円支払の事実について証明文書を提出するよう催告手続を執らなければならない。

6　意思表示擬制のための執行文付与手続とそれに伴う事務

(1)　申立ての特別要件

意思表示を行うべきことを内容とする判決等の債務名義に執行文の付与を要する場合は，債権者は，その旨及びその事由を具体的に記載した申立書を提出して申立てをしなければならない。具体的な規定は，次のとおりである。

①　債権者の証明すべき事実の到来に係る場合（民執法174Ⅰただし書）⇒民執規16Ⅰ③

②　反対給付との引換えに係る場合（民執法174Ⅱ）⇒民執規157

③　債務者の証明すべき事実のないことに係る場合（民執法174Ⅲ）⇒民執規157

(2)　民執法174条3項の規定による催告手続

ア　催告の方法

裁判所書記官は，債務者に対し，「債務者の証明すべき事実のないことに係る請求」について執行文付与申立てがあったことを知らせ，債務者において証明すべき事実（債務者が負う債務の履行であることが多い。）が発生したか否か，発生したのであればそのことを証明する文書を提出するよう催告し，仮に定められた期間内に証明文書の提出がないときは債権者のために執行文を付与することがあることを注記する。裁判所書記官は，このような内容の催告書を作成する（前記167頁，新民訴実務研究Ⅱ265）。

催告は相当と認める方法によってすることができる（民執規3Ⅰ，民訴規4Ⅰ）が，この催告に応じて証明文書の提出がないと，債権者のために執行文が付与され，それによって債

第5 意思表示擬制のための執行文

務者の意思表示が擬制されて債権者は登記手続を行うことができることになるから，慎重と手続の確実を期するために，催告書を**送達する方法**によるべきである。

イ 所在が明らかでない者に対する催告

催告を受けるべき者の所在が明らかでないとき，又はその者が外国にあるときは，公告の方法によって催告をすることができる（民訴規4Ⅲ）が，この民執法174条3項の規定による催告については，公告の方法によって催告することはできない（民執規3Ⅱ）。民執法174条の規定によって付与される執行文の性質を考慮して，準用を排除している。したがって，催告を受けるべき者の所在が明らかでないときは，**公示送達の方法**によって催告する。

この段階では，訴訟等の債務名義形成手続は終局しているはずであるから，当事者等の送達場所届出制度及びそれに附随する効果を前提にして催告書の送達手続を執ることはできない（送達場所届出制度の時的限界。民事実務講義案Ⅱ29頁参照）。

ウ 催告期間

催告期間は，法律又は規則で定められてはいない。裁判所書記官が具体的に定めることとなるが，債務者が証明すべき事実の性質に応じて定めることができる。一般的には，催告書送達後1週間から2週間の期間であればよいであろう。

裁判所書記官は，定めた催告期間が経過するまで，執行文付与に関する処分を留保する。

(3) **付与又は拒絶の処分**

ア 付与拒絶処分

債権者の証明すべき事実について証明文書の提出がないときなど，執行文付与の要件を認定することができないときは，裁判所書記官は，執行文付与の拒絶処分をする。金銭給付等通常の請求の場合と同様に，申立書の余白に付与を拒絶する旨とその理由を簡潔に記載する。

イ 民執法174条3項の規定により催告した場合

(ｱ) 債務者から証明文書が提出されたとき

催告期間内に債務者から証明文書が提出されれば，その文書の証明力を審査する。文書は，原本の提出を受けるのが原則である。その結果，債務者の証明すべき事実の到来（発生）が証明されれば，執行文付与を拒絶する処分をする。

提出された文書が全く無関係の文書であるようなときは別であるが，催告に係る事項についてのものであり，債務者の債務の履行等の事実をうかがわせるような内容の文書であれば，執行文付与の効果を考えれば，執行文付与には慎重にならざるを得ないであろう。

(ｲ) 債務者から証明文書が提出されないとき

債務者から証明文書が提出されないまま催告期間が経過したとき，裁判所書記官は，債権者のために執行文を付与することができる（民執法174Ⅲ）。もちろん，債務名義としての一般的要件を充足し，併せて，請求が債権者の証明すべき事実の到来にも係っているときは，債権者の提出する文書によってその事実到来が証明されていることが前提である（民執法174Ⅰただし書，27Ⅰ）。

ウ 執行文付与

(ｱ) 文言及び様式

6 意思表示擬制のための執行文付与手続とそれに伴う事務

　　意思表示擬制のための執行文を付与できる要件が満たされるとき，裁判所書記官は，債務名義正本の末尾に，執行文を付与する。この執行文の付与によって，債務者の意思表示が擬制されて強制執行は終了することから考えれば，通常の執行文様式で用いられている「この債務名義により強制執行をすることができる」との文言は，この場面での執行文の機能に適合しないように思えるが（執行文研究下678頁参照），意思表示を内容とする債務名義に付与すべき執行文が執行文の形式を借用するものであるから，敢えて執行文の形式を変更するまでもなく，執行文様式(2)を用いてよい。

　(イ)　付与の事由

　　a　引換給付に係るとき

　　　執行文様式(2)を用い，「付与の事由」欄に「反対給付の履行（あるいは履行の提供）を証する文書を提出（民執法174Ⅱ）」と記載する。なお，「ア　証明すべき事実の到来を証する文書を提出（民執法27Ⅰ）」を選択し，根拠条文を「（民執法174Ⅱ）」と訂正する取扱いもある。

　　b　債務者の証明すべき事実のないことに係るとき

　　　この場合，債務者に対する催告手続を執り，債務者から証明文書の提出がないときに執行文を付与することができることから，この手続的要件を履践充足したことを，付与の事由として明らかにしておくのが相当である。具体的には，「付与の事由」欄に，例えば，『債務者から証明文書の提出がない。』と記載する。

(4)　付与後の手続

　ア　債務名義原本記入（原本付記）

　　意思表示を行うべきことを内容とする債務名義正本に執行文を付与した場合にも，その旨を債務名義の原本に付記する。付記する方法及び内容は，金銭の給付等を内容とする債務名義と同様である（執行文研究下625）。

　　なお，債務名義の原本付記を行う趣旨は，同一債務名義について後に執行文付与申立てがあったときに，再度付与であることが直ちに判明するようにすることにある。翻って考えると，意思表示を行うべきことを内容とする一個の債務名義について，債権の完全な満足を得るために数通又は再度の付与を得る必要性は低いように思われる。仮に執行文付与が必要であっても付与によって意思表示が擬制され，それによって強制執行は完結するのであるから，数通付与又は再度付与に法的な意味・必要性があるようには思われない。もっとも，登記所を異にする不動産について同時に登記手続を行うべきときは，数通の執行文付債務名義の正本が必要になる。ただ，その場合にあっても，いわゆる重複執行ということは考えられず，特に，数通又は再度付与として特別の執行文と考える必要はないようにも思われる。

　　しかし，特に民事執行規則の規定形式上，原本付記は執行文一般に妥当する事項であると解されること，本来的な執行文と借用形態の執行文という性質の違いはあるが，形式上同じ執行文を付与しながらその後の事務としての原本付記の取扱いを異にするのは事務処理として相当でないと考えられることから，同様に原本付記をすべきである。

第5　意思表示擬制のための執行文

イ　執行文及び証明文書謄本送達の不要

民執法174条1項ただし書，同2項又は3項の規定により，意思表示を行うべきことを内容とする債務名義について執行文を付与した場合は，執行文謄本及び証明文書謄本の送達（民執法29）はいずれも必要ない。執行文が付与されることによって意思表示が擬制され，それで強制執行は完結するのであり，その後に強制執行手続が予定されているわけではない。したがって，執行開始要件（民執法29）としてこの執行文謄本等の送達を要求すべき必要性がない。

【意思表示擬制と執行文謄本等の送達】
民執法29条が執行開始要件として執行文謄本等の送達を要求しているのは，債務者に対し告知して防御の機会を与える趣旨である。その趣旨からすれば，執行文付与によって意思表示が擬制され強制執行が完了するといっても，この場合も事後的に債務者に対し，執行文謄本等を送達すべきとすることにも理由があろう（中野・民事執行法790頁。同書は，民執法174条1項ただし書の規定により執行文付与されても，登記手続がされるまでは，債務者は執行文付与等に関する異議の訴え等によって争うことができ，民執法29条の規定を類推適用して執行文謄本等を送達すべきとする。）。実際の処理としては，明文の根拠がない以上，本文のように，送達する必要がないと解する。

(5)　意思表示擬制の強制執行と執行停止

これまでに述べてきたところから明らかになるとおり，意思表示を行うべきことを内容とする判決の確定又はその他の債務名義の成立によって，更には事実到来執行文の付与によって意思表示がされたものと擬制され，それで強制執行は完了するから，確定判決等に関し執行停止を命じることはできない（大決昭16.4.16民集20-486）。登記手続請求について認諾した債務者が，認諾の無効を主張して債権者を相手にして登記手続禁止の仮処分を求めても，それは，債権者の登記申請行為の差止めを求めるものであって，仮処分によって登記官の登記の実行が禁止されるものではない（東京高決平1.5.23金融商事831-15，執行文研究下719頁以下参照）。

(6)　意思表示擬制のための執行文付与を争う方法

民執法174条1項ただし書の規定によって執行文が付与された場合，それを争う方法については，争いがある。金銭等通常の給付を内容とする請求と同様に，執行文付与等に関する異議の申立てや執行文付与異議の訴えを認める見解もある。

しかし，民執法174条1項ただし書の規定によって執行文がされれば，その時点で意思表示が擬制され強制執行は完了するのであるから，これら執行文付与を争う手続によって「不許」を宣言すべき強制執行は完了している。仮に，登記手続が未了であるとしても，強制執行の不許を宣言する裁判を登記官に提出することはできないし，仮に提出したとしても，それが登記官に対し登記の実行を禁止する効力を有するはずはない（登記官は「執行機関」ではない。）。そのため，執行文付与を争っても実益はなく，結局，事後的に，実現された登記の抹消又は抹消された登記の回復等を求める訴えを提起することになろう。

(7)　執行文付与を命じる裁判

執行文付与を拒絶されたとき，又は意思表示を行うべきことが一定の事実の到来に係る場合に，その事実の到来を文書によって証明することができないときなど，債権者は，執行文付与に関する異議申立て（民執法32）又は執行文付与の訴え（民執法33）によって，付与を命じる裁判を求めることができる。

ア　執行文付与等に関する異議申立て

この異議申立てを認容する裁判は，先にされた執行文付与拒絶処分を取り消し，裁判所書記官に対し，執行文付与を命じるものである。この裁判に対し，不服申立てはできない（民執法32Ⅳ）。この裁判によって，裁判所書記官に対する先の執行文付与申立てに対しては応答のない状態になるから，裁判所書記官は，新たな付与申立てを待つことなく，直ちに執行文を付与しなければならない。

イ　執行文付与の訴え

執行文付与の訴えにおいて請求を認容し付与を命じる判決が確定すれば，その判決確定時に意思表示をしたと擬制される（中野・民事執行法790頁）。債権者は，改めて，この確定した判決を添付して，裁判所書記官に対し，執行文付与の申立てをする必要はない。債務名義に表示されている意思表示につき，執行文付与訴訟において到来すべき事実の証明がされるなどして，執行文付与の要件が認定され，そのことが判決によって公にされたのであるから，その確定時に債務者が意思表示をしたものと擬制して差し支えなく，改めて，形式的に執行文を付与する必要はない。

第6 意思表示の擬制と承継人

はじめに

　例えば，被告に対し不動産についてある特定の登記手続を行うべきことを命じる判決が確定し，又は同趣旨の和解が成立した。ところが，その口頭弁論終結後又は和解成立後，被告は，①死亡しその相続人Yは同不動産について移転登記を経由した，又は②当該不動産をZに譲渡しその移転登記を経た。このような場合に，原告は，YやZが民執法23条1項3号に規定する「承継人」に該当し，判決の執行力の拡張を受けるとして，同人らを債務者とする執行文（いわゆる「承継執行文」）の付与を得ることができるか。さらには，以上のような事実関係のもとで，原告が得た確定判決に基づいて自らの登記名義を実現することができるかが，ここで検討する問題である。

　もっとも，実際は，判決において登記手続が命じられた場合には，原告（債権者）はその確定を待って「判決による登記」申請を直ちに行い，和解にあっては当事者において和解条項に従い任意に登記手続が履行される――実際は，登記義務者が登記申請に必要な一切の書類を交付することが多いか――ことがほとんどであって，登記が実現されるまでの間に当事者に承継が生じ，以下に述べる問題に執行文付与機関である裁判所書記官が直面する事態は多くはないと推測される。

　ただし，以下の問題は，意思表示擬制の強制執行の基本的構造を理解し，裁判事務と関連する不動産登記制度を理解する好題材を提供するものと思われる。

1　意思表示の擬制と承継執行文総論

(1)　意思表示擬制の債務名義に承継執行文を付与する意味

　意思表示を行うべきことを内容とする債務名義の正本に承継執行文を付与する意味については，意思表示擬制の強制執行にあって，「承継執行」というものがあり得るか否かとして，次の2つの形で理解されているようである。

ア　意思表示擬制の「承継執行」

　「意思表示擬制の承継執行」と称されるのは，金銭の給付又は物の引渡し等の強制執行に準じて考えれば，一般的には，意思表示を行うべきことを内容とする和解調書

> 【承継執行】
> 　承継執行とは，一般的には，債務名義に表示された当事者の債務名義成立後（判決にあっては，口頭弁論終結後）の承継人を債権者又は債務者とする強制執行を意味する。

等の債務名義成立後，確定判決にあっては口頭弁論終結後，**債務名義表示の当事者に民執法23条1項3号の規定する承継人が登場するに至った場合に，債務名義表示の当事者とは別に，承継人についても意思表示を擬制するとの効果をもたらそうとする考え方**であるということができよう。特に，債務名義表示の債務者（Y）に承継事由が生じたとすれば，その承継人（Z）が改めて意思表示をしたと擬制するものである――例えば，吉野衛・注釈不動産登記法総論（新版）上556頁は，口頭弁論終結後に登記義務者が死亡した場合，相続人を承継人として承継執行文の付与を得ることができ，この場合，民執法174条1項ただし書の規定の類推適用により，承継執行文付与の時に陳述擬制の効力が生ずるものと解すべきとする。――。これは，<u>既に成立した債務</u>

— 196 —

名義を転用することによって，新たに第三者（Z）の意思表示を擬制する効力を引き出そうとするものであって，瞬間的ではあるが，承継人に対する強制執行が観念されている——意思表示擬制の承継執行を認める見解の要点については，執行文研究下666頁以下及びそこに掲げられている文献を参照——。

　債務者側について考える場合，債務名義に表示されている債務者（Y）の意思表示を擬制するにとどまらず，それとは別個に承継人ではあるが第三者（Z）の意思表示を執行文付与によって擬制するものであり，その効果は重大である。

イ　利益追行過程における承継執行文の借用

　これに対し，意思表示を行うべきことを内容とする債務名義の正本にいわゆる承継執行文形態の執行文を付与する必要性が生じることがあるとしても，それは，訴訟手続及び意思表示に基づく利益を実現する利益追行過程における制度的又は技術的要請によるものであり，当事者を交替的に理解せざるを得ず，そのために執行当事者を交替させる機能を持つ承継執行文を借用しているものと理解する。これは，仮に承継執行文を付与する必要があるとしても，その付与によって，その時点で承継人のための又は承継人の意思表示が新たにあったものとして擬制されるとは理解しないのである——意思表示擬制の承継執行は本来ありえないとするものとして，中野貞一郎「弁論終結後の承継人」民事訴訟法の論点Ⅰ213頁，特に235頁以下，中野・民事執行法133頁，鈴木＝三ケ月編・注解民事執行法(5)130頁（町田），執行文研究663頁以下——。

(2)　民事執行法の規整

　既に述べてきたように，民事執行法は，174条1項本文において，意思表示擬制の原則的規定を定め，同項ただし書，2項及び3項で一定の事実の到来に係る場合の擬制の時期及び方法を規定している。それに対して，意思表示をすべき債務名義成立後に承継人と目すべきものが登場した場合の対応について，つまり，「意思表示擬制の承継執行」や承継執行文の付与について何ら特別の規定を設けてはいない。したがって，形式上は，総則規定である民執法23，26及び27の各条項が適用されるようにみえる。しかし，同条が対象としている金銭給付等の請求における執行文と意思表示を行うべき請求に係る執行文とでは，その性質が全く異なるものであることは既に述べたとおりであり（第5の4⑵イ「異質の執行文（執行文の借用）」の項164頁参照），総則規定における執行文に関する規定が意思表示を行うべきことを内容とする判決等の債務名義にそのまま適用があると理解することには慎重であるべきである。また，登記手続を命じる判決に承継執行文を付与する必要があるかについて，いくつかの問題となるケースが旧法当時から想定されていたにもかかわらず，民事執行法の代表的な概説書において，意思表示擬制の債務名義に承継執行文を付与することについて全く言及していないものも多い（例えば，三ケ月章・民事執行法，浦野雄幸・条解民事執行法，田中康久・新民事執行法の解説）。

(3)　意思表示擬制の債務名義と承継執行についての考え方

ア　意思表示擬制の承継執行

　判決による登記や登録の実行をいわゆる「広義の執行力」の発現とする理解が広く行われており，その「広義の執行力」の拡張として承継執行が考えられるとする考え方もあり得る。しかし，それは，「広義の執行も執行である。」という形で「広義の『執行力』」という言葉だけに引きずられたものであろう。判決による登記登録の実行は，登記法や戸籍法等の

第6　意思表示の擬制と承継人

実定法が定めるところに従って行われているだけであって、強制力によって実現されるものではない。また、例えば、一般の取引界において、先に契約等を締結した、つまり一定の意思表示をしたとしても、その効果の発生、利益の実現享受を阻む事由が存在するためにその目的を達せられない事態は現にあるのであって、そのことは、意思表示が判決という公権力作用によってもたらされた場合であっても例外ではないはずである。既に述べたように、判決等によって擬制されるのは、表意者が意思表示を発したことであり、それ以上に、効力要件としての名あて人への到達や利益を実現享受するための他の法律要件の充足は、この判決の関知しないところである。したがって、判決等によって意思表示を発したこととされたが、他の要件が充足されないがために、意思表示に係る利益の実現享受がかなわないという事態はあるのであって、利益を実現するために判決等の債務名義の効力を拡張的に理解することはできないというべきである。「**広義の執行力」は本来の判決内容にのみ関する**ものであり、異別の登記登録のための承継執行はありえないと考える（中野・民事執行法133頁）。

【「広義の執行（力）」について】

広義の執行は、およそ**裁判が裁判として効力を生じる**ことをいう。つまり、裁判自体の効力を生じることをいう。この意味の執行は、国家の強制力によって特に行う執行ではないから、すべての裁判について存するものであって、給付判決であることを要せず、確認判決又は形成判決にも存する。例えば、請求異議訴訟等の執行関係訴訟における終局判決で執行停止の裁判について認可等の裁判を行うが、その認可等の裁判には必要的に仮執行宣言を付する（民執法37Ⅰ）。この仮執行宣言は、狭義の、つまり民事執行法が規整する強制執行を行うためではなく、同判決が確定したと同様に直ちに判決の効力を生じさせるためである。この仮執行がまさに広義の執行の意義である。決定又は命令に対する即時抗告が執行停止の効力を有するというのも（民訴法334Ⅰ）、裁判としての効力を停止する意味である。また、訴訟費用額確定手続を規定する民訴法71条1項が「裁判が執行力を生じた」と規定するのも、この広義の執行力と解される。

このほか、第1の4⑷「債務名義の執行力」の項（13頁）で述べたように、確定判決に基づき登記記録への記録を求めうることを「広義の執行（力）」ということがある。これは、強制力によって債権の内容を実現するものではなく、強制執行と称すべき性質のものではない。判決は既に確定しているから、上述の本来の広義の執行力も既に発揮している。登記記録への記録を求める手続はさらに別個の手続を開始することであり、古くから指摘されているように、「これを広義の執行というは通俗の言葉とし又は単なる講学上の言葉として広義の執行というは差し支えないが、法律上にいわゆる裁判の執行ではない」（加藤正治・改訂強制執行法要論8頁）というべきである。

また、仮に、意思表示擬制の強制執行を認める場合、表意者に、債務名義形成過程における手続保障が欠けることになり、その欠けた状態で意思表示擬制の効果を認めることになる。しかも、承継執行文が付与されれば意思表示があったものとして、債権者は意思表示に係る利益を実現・享受することが可能となり、その反面において表意者とされた者は、例えば登記名義を失うなど一定の利益を失うこととなるのである。登記手続に関していえば、執行文が付与される段階で意思表示をなしたものとみなされ、債権者は直ちに登記申請を行うことができ、その時点で、執行文付与に対する異議の訴え（民執法34）又は請求異議の訴え（民執法35）を提起しても意味はない。この点からも、意思表示擬制の承継執行は認めるこ

とができないというべきである（詳細は，執行文研究下680頁以下参照）。債務者側の利益は，実行された登記の抹消登記手続請求又は回復登記手続請求という形によって救済されることになるにとどまる。

イ　執行文の必要と機能

擬制される意思表示によってもたらされる法律効果を得るため，すなわち法規が定める法律要件を充足させるために，債権者は擬制された意思表示を利用して活動を行うわけであるが——ここまで述べてきたところによれば，例えば登記手続を命じる債務名義であれば，単独申請を行うなどである。——，その利益追行過程において，**同過程を規整する規範**——例えば，登記手続という利益追行過程を規整するのは，もはや民事執行法ではなく，不動産登記法令である。——や**同過程における事実**——例えば，登記記録上の記録——を前提とすれば，判決等に表示されている当事者と不一致が生じており，その不一致が顕在している状態では，利益の実現・享受ができない事態がある——例えば，不登法63条の規定する判決による登記においては登記原因証明情報は判決正本又は調書正本であって，その登記原因証明情報の内容と登記権利者及び「登記義務者は一致すべきである。」——。その場合に，不一致を解消し，擬制された意思表示に係る利益を実現させるという限度で付与するのがここでの承継執行文であるというべきである。それ以上に，承継執行文付与の時点で，①債務者が承継人たる債権者のために改めて意思表示をしたものと擬制したり，②債務者の承継人に該当する者が債権者のために改めて自ら意思表示をしたものと擬制するものではないと考える（詳細は，執行文研究下663頁以下参照）。

もちろん，この不一致が存在する場合に，常に，それを解消するべく執行文を付与するわけではない。債務名義形成手続をはじめとする制度に内在する事由によってこのような不一致が生じ，その不一致を放置することが利益の実現・享受を妨げる場合に，執行文付与の必要性があると考えられる。したがって，承継執行文を借用するとしても，問題となりうる類型ごとに，債務名義形成過程及び利益追行過程の各制度と関連づけて，その必要性を検討すべきである。

(4)　**事実到来に係る意思表示と当事者の承継**

ア　問題の所在

意思表示擬制の承継執行を考える場合，この類型をどのように理解するかが最も問題である。つまり，意思表示を行うべきことが一定の事実の到来に係っている場合，その事実到来前に相続人等の承継人が登場したときに，民執法174条1項ただし書の規定によれば，その事実が到来したことを証明して執行文の付与を得る必要があり，執行文が付与されたときに意思表示をしたものと擬制されるとの規定形式を採用しているため，この**擬制の時期**とその**意思表示の主体又は利益を享受する主体**が問題となる。例えば，債務者が死亡し相続が開始した場合，執行文が付与されるとしても，①債務名義上の債務者は既に死亡していることから，死者を相手方とする執行文付与申立てはできないと考えられること，②相続人を相手方とする申立てにより相続人を債務者とする執行文が付与されたとして，その付与の時点で，被相続人の意思表示を擬制しているのか，それとも相続人の意思表示を擬制しているのかなどが問題となる。

イ　基本的な考え方

第6　意思表示の擬制と承継人

(ｱ)　**意思表示の構造**

　　意思表示擬制のための執行文は，①金銭給付等の請求に係る場合と比較して異質であること，②意思表示をすべきことが係っている事実が到来したことを執行文付与機関が認定したことを表示するものと考えられることは既に述べた（第5の4⑵イ「異質の執行文（執行文の借用）」の項164頁参照）。民執法174条1項ただし書は，執行文が付与されたときに意思表示をしたものとみなされると規定するが，論理的には，<u>判決確定時又は和解等の債務名義の成立時にいわば条件又は期限等が付された形で意思表示は成立していると解すべき</u>だと考える（執行文研究下676頁）。ある法律行為に条件等が付されているときは，法律行為の要素である意思表示は，効果意思及び表示意思をもって表示行為がされたのであり，意思表示としては完成しているはずである。ただ，条件等が存在するためにその意思表示の効力は未だ発生しないのである。けっして，<u>条件が成就した時点で表意者が意思表示を行った</u>（表白した）とは理解していないはずである。

　　また，意思表示の効力が生じる時点では表意者が死亡し承継が生じている事態も想定されるが，この場合，意思表示の効力が表意者の相続人に帰属するとしても，事実として相続人が当該意思表示を行ったとは理解しないはずである。これが，民法が規整する意思表示及びそれを要素とする法律行為の附款についての論理構造である。確定判決や和解等の成立によって擬制される意思表示について，これと別異に理解すべき理由はない。

(ｲ)　**執行文付与時の意思表示擬制の意味**

　　民執法174条1項ただし書の「執行文が付与された時に意思表示をしたものとみなす。」との規定は，この意思表示に関する論理構造を前提とした規定であるはずであって，仮にこの規定形式どおり付与の時点で意思表示がされたとみなすとしても，そのことは，意思表示擬制に係る一定の事実の到来があり，意思表示に付着するその効力の発生を障害阻止する事由が解消し，名あて人への到達という要件が充足されれば効力を生じうる状態となったことを捉えて，「意思表示をしたものとみなす」と規定していると解される。また，表意者に相続等の承継事由が生じ，執行文が付与されるとしても，そのことによって承継人が改めて意思表示をしたと擬制されるものではなく，あくまでも債務名義に表示された当事者の意思表示があったとすることを意味するものと解すべきであろう。

　　これは，民事執行法の規定形式から離れたものとなっていることは否めないかもしれない。しかし，例えば，意思表示を行うべきことが確定期限の到来に係る場合について，民事執行法は特段の規定を設けてはいない。**確定期限の到来**自体は民執法174条1項ただし書が定める「債権者の証明すべき事実の到来」に該当すると解されるところであるが，これについては，特に事実到来執行文を付与しなくても，当該確定期限到来時に意思表示擬制の効果が生ずると理解しているのが一般である（前記174頁参照）。この確定期限付きのケースについては，上述のように，判決の確定時又は和解等の債務名義成立時に意思表示としては<u>「確定期限付き」の状態で完成しているとの立論になじみやすい</u>のではなかろうか。意思表示としては完成しており，確定期限が到来することによってその効力の発生を障害又は阻止していた事由が解消し，意思表示として効力を生じうる状態となるのである。

(ウ) 手続上の制約

　この場合に付与されるべき事実到来執行文も申立てを受け，執行文には債権者及び債務者を表示しなければならない（民執法26Ⅱ）。特に，承継人に該当すると考えられる承継事由が相続である場合，判決等債務名義に表示されている債権者又は債務者は既に死亡しており，死者を執行文付与の申立人又は相手方とすることは手続の一般原則としてできないと解されるし，死者を執行文上に債権者又は債務者として表示することもできないと解される。したがって，承継人が申立人又は相手方となり，執行文にも承継人を債権者又は債務者として表示せざるをえないであろう。これは，執行文の付与は，債権者と債務者との関係において行われることに由来するものであって，意思表示擬制の関係においては事実到来執行文が実質的な機能を果たしているのである（鈴木＝三ケ月編・注解民事執行法(5) 131頁（町田）参照）。

(エ) このように解すると，擬制の方法で意思表示を行う主体は，判決の確定時又は和解等の債務名義成立時の当事者たる債務者となり，仮に執行文付与の「債務者」がその承継人であったとしても，同人がその後に改めて意思表示をしたものとみなされることはないことになる。以下の各論において個別的に検討することとする。

2 意思表示の擬制と承継執行文各論

（前提）　**検討・整理のための場合分けの基準と留意点**

ア　場合分けの基準

　各論的検討にあたっては，問題として想定される類型ごとのケースについて，時間的な基準を設けての場合分けをする必要がある。

　第1に，民事執行法の規定による執行力が拡張されるか否かが基本的な事項であるから，当然に，「承継人」は，確定判決にあっては「口頭弁論終結後の承継人」であり，和解調書等のその他の債務名義にあっては「債務名義成立後の承継人」であることが大前提である。

　第2に，意思表示を行うべきことを内容とする債務名義にあっては，原則として，判決にあっては判決確定時，和解調書等にあっては債務名義の成立時に意思表示をしたと擬制され，それによって強制執行は完了する。その後は，擬制された意思表示を要素とする法律行為について他の要素を充足するなどのいわゆる「利益追行過程」の段階になり，規整する法規も異なることになる。したがって，<u>判決にあっては，判決確定前か確定後かという基準設定</u>が考えられる。換言すれば，意思表示をしたとみなされる擬制時点の前に登場した承継人か擬制時点の後に登場した承継人かという場合分けである。

　さらに，第3に，意思表示を行うべきことが一定の事実の到来に係っている場合には，その事実到来を証明するか一定の手続を経た後に執行文が付与されることによって意思表示をしたものと擬制されることになる。この事実到来に係る意思表示擬制時点の繰下げの意味については先述したが（1(4)），この執行文付与前の承継か付与後の承継かもひとつの基準として設定できよう。

イ　留意点

　例えば，登記手続を命ずる判決主文は「被告は，原告に対し，……について，……を原因

第6　意思表示の擬制と承継人

とする……登記手続をせよ。」，和解条項は「被告は，原告に対し，……について，……を原因とする……登記手続をする。」という形式であるが，この「原告に対し」というのは，前に述べたように，原告が当該意思表示の名あて人であることを意味しているものではない。登記申請の意思表示は，**登記所・登記官を名あて人とする意思表示**であって，訴訟当事者以外の第三者を名あて人とする意思表示の典型である。主文等が「原告に対し」というのは，『**原告のために**』ということを意味する。

(1) 債権者側の一般承継

> **類型 (1)-1**　　被告（乙）に対し，原告（甲）のために所有権移転登記手続を行うべきことを命ずる確定判決の口頭弁論後，原告（甲）が死亡し，その相続人がAである場合
>
> **類型 (1)-2**　　被告（丁）に対し，原告（丙）のために被告名義の所有権移転登記の抹消登記手続を行うべきことを命ずる確定判決の口頭弁論終結後，原告（丙）が死亡し，その相続人がBである場合

ア　意思表示擬制後の債権者側の一般承継

(ア)　移転登記のケース（**類型 (1)-1**）

類型 (1)-1 の場合，Aは，**不登法62条**の規定により，『**一般承継人による申請**』として「乙→甲」の移転登記を申請することができ，その場合，承継執行文の付与は必要ないと解される。

判決確定によって「乙が甲のために所有権移転登記手続を行う」との乙の意思表示は擬制されている。後は，実体法上の世界に存在するに至ったこの乙の意思表示に加え，他の法律要件を充足させてその利益を実現すれば足りるのである。したがって，登記権利者甲の「所有権移転登記手続を行う」との意思表示が加われば，登記権利者及び登記義務者双方の申請の意思表示が揃ったことになり，目的の登記が実行される。しかし，現時点では，甲は死亡しており甲自身の申請は期待できない。不登法62条は，相続開始前に登記可能な権利変動が既に生じていたにもかかわらず，登記権利者又は登記義務者がその登記申請をしないまま死亡した場合に備え，**本来被相続人が行うべき登記申請を相続人が行うことができる**とした規定である。

不登法62条の規定による登記申請は，上記類型(1)-1でいえば，「申請人」はAである。しかし，その申請に係る「登記権利者」は甲である——申請書の作成者はAであるが，そこに記載される登記権利者はあくまで甲である。この『一般承継人による申請』によって「乙→A」の移転登記が実行されるものではないことに留意すべきであ

【「相続人による申請」と「相続による登記」】

不登法62条に規定する『**相続人による申請**』は，**登記申請できる資格**を特別に認めているものである。申請人たる資格は，通常は登記権利者及び登記義務者であるが，同人に相続が開始している場合に，いわば「被相続人に代わって相続人が申請する」ことを認めるものである。申請人たる資格に限定しての特則であるといえる。したがって，登記手続の構造としては，「債権者代位による登記申請」（不登法59⑦）と類似のものであるといえよう。

『**相続による登記**』は，相続を原因とする登記である。これは，相続を原因とする被相続人から相続人への権利の移転を登記するものであり，その登記権利者は相続人であり，登記義務者は被相続人であるような外形となる。そして，被相続人は死亡しているのであるから，不登法63条は，この相続による登記は**相続人が単独で申請できる**と規定しているのである。

— 202 —

2 意思表示の擬制と承継執行文各論

る。仮に，これを認めれば，中間省略登記請求を認めることになり，権利変動の過程と態様とを公示する登記制度の目的に反する。――。

ここでAが行う登記申請行為を分析的に観察すれば，Aは，①登記権利者側の登記申請の意思表示については被相続人（原告＝甲）に代わって自らが申請する形で（不登法62），②登記義務者側（乙）の登記申請の意思表示については確定判決をもってこれを登記原因証明情報として提供する形で（不登法63Ⅰ），単独で登記手続を行うものである。

類型(1)—1：移転登記のケース（登記が実行された状態）

順位	登記の目的	（注1）	原　　因	（注2）
1	所有権移転	略	平成×年×月×日売買	乙
2	所有権移転	略	平成25年12月3日売買	甲
3	所有権移転	略	平成26年3月23日相続	A

（注1）＝受付年月日・受付番号　（注2）＝権利者その他の事項
（解説）順位2番の登記が①不登法62の規定に従った「一般承継人による申請」及び②同法63Ⅰの規定に従った「判決による登記」申請によって実現された登記であり，順位3番の登記が不登法63Ⅱの規定の「一般承継人による登記」によって実現された登記であるといえる。

これによって，まず（①）「乙→甲」の移転登記が実現される。そして，その後に，Aは，『相続を原因とする』（②）「甲→A」の登記申請をすることによって（不登法63Ⅱ），自己の登記名義を実現することができるのである。

このように，登記制度の目的に添った形で同制度内でAは自らの利益を実現・享受しうるのであるから，承継執行文を借用する必要はない。

(イ)　抹消登記のケース　類型(1)-2

(ア)で述べたことは，登記簿上「丙→丁」の移転登記あるケースで被告丁に対し**抹消登記手続**を命ずる場合にも同様に当てはまる。つまり，原告（丙）の相続人Bは，不登法62条の規定に従い『一般承継人による申請』の方法で丙を登記権利者として丁名義の所有権移転登記の抹消登記を申請する。このBが行う登記申請行為を分析すれば，(ア)と同様に，Bは，①登記権利者側の登記申請の意思表示については被相続人（原告＝丙）に代わって自らが申請する形で（不登法62），②登記義務者側（丁）の登記申請の意思

類型(1)-2：抹消登記のケース（登記が実行された状態）

順位	登記の目的	（注1）	原　　因	（注2）
1	所有権移転	略	平成×年×月×日売買	丙
<u>2</u>	<u>所有権移転</u>	略	<u>平成25年10月25日売買</u>	<u>丁</u>
3	2番所有権抹消	略	平成26年3月17日判決	余白
4	所有権移転	略	平成26年4月1日相続	B

※　下線は抹消事項を示す。
（注1）＝受付年月日・受付番号　（注2）＝権利者その他の事項
（解説）相続人であるBが申請人となって，判決によって丁名義の登記の抹消を申請する。順位2番の丁名義の登記が抹消されることによって，順位1番の丙の登記名義が回復される。その後に，「丙→B」の相続を原因とする移転登記申請を受け，同登記が実行される。

表示については確定判決をもってこれを登記原因証書として提出する形で（不登法63Ⅰ），単独で登記手続を行うことができるのである。

その登記の実行によって丙の所有名義が回復されるから，その後にBは，『相続を原因とする』「丙→B」の移転登記を申請することになる（不登法63Ⅱ）。

イ 意思表示擬制前の債権者側の一般承継

(ア) 口頭弁論終結後判決確定までの間の当事者の死亡による**訴訟承継**（前提問題）

前提として，口頭弁論終結後，判決確定前に当事者が死亡し，その相続人へ当然承継（当事者の交替）が生じた場合について，手続上の処理及び効果を考える必要がある。

第1に，死亡した当事者に訴訟代理人がある場合，同代理人は相続人の代理人として引き続き訴訟追行ができるのであり（民訴法58Ⅰ①，最判昭33.9.19民集12-13-2062），訴訟手続の中断は生じない（民訴法124Ⅱ，最判昭42.8.25判時496-43）。仮に，同代理人に上訴の特別授権（民訴法55Ⅱ③）がなければ，代理人への判決送達時に訴訟手続は中断する。その後受継手続が執られなければ上訴提起の不変期間は進行せず，判決は確定しない。受継手続が執られれば，改めて上訴提起の不変期間が進行し，判決が確定するに至る。

第2に，仮に当事者に訴訟代理人がない場合には，当事者が死亡した時点で訴訟手続は中断するが（民訴法124Ⅰ①），口頭弁論終結後の中断であればそのまま判決言渡しをすることはできる（民訴法132Ⅰ）。そして，受継手続を経て判決を承継人に対して送達し，上訴のための不変期間が進行し，判決は確定するに至る。

第1又は第2のいずれの経過をたどるとしても，そして，そこで確定するに至る判決の当事者の表示が被相続人のままであったとしても，判決は，<u>実質においてその相続人を名あて人とするものである</u>——前記最判昭42.8.25判時496-43は，事実審の口頭弁論終結前に訴訟代理人のある当事者が死亡したにもかかわらず，被相続人を当事者として表示して行った原審判決について，訴訟手続の中断は生じておらず，当事者の表示として被相続人に代えて相続人を掲げれば足りる場合であり，判決を更正すべきであるとする。執行文研究下511頁以下参照——。

その結果，被告に対し登記手続を命じる判決が確定すれば，その時点で，被告の登記手続を行うとの意思表示が発せられたことになるのである。

(イ) 移転登記のケース（ 類型(1)-1 ）

確定判決主文が「被告（乙）は，原告（甲）に対し，……を原因とする所有権移転登記手続をせよ。」というものであったとすれば，登記手続としては，ア(ア)の項で述べたところと同様の手続で，原告（甲）の相続人Aは登記申請ができ，自己名義の登記を経由することができる——登記記録の記載を前提とすると，それとの形式的な整合性を保つ意味から，実際的な処理としては，この場合，当事者の表示を更正しない方が誤解を避ける意味からも望ましいように思われる。——。

(ウ) 抹消登記のケース（ 類型(1)-2 ）

確定判決主文が「被告（丁）は，原告（丙）に対し，……の所有権移転登記の抹消登記手続をせよ。」というものであったとすれば，これもア(イ)の項で述べたところと同様の手続で，原告（丙）の相続人Bは登記申請ができ，自己名義の登記を経由することができる

―― この場合にあっても，当事者の表示を更正しない方が誤解を避ける意味から望ましいように思われる。――

ウ 一定の事実到来に係る場合

類型 (1)-3　原告（甲）が代金を先給付したときは，被告（乙）は，原告（甲）のために所有権移転登記手続を行うべきことを約した和解の成立後，原告甲が死亡し，その相続人がAである場合

(ア)　執行文の必要性とその形式

　　この類型の場合，被告が意思表示を行うべきことが原告の代金支払という先給付に係っているのであって，債権者である原告は，代金支払の事実を証明して執行文の付与を得なければならない（民執法174Ⅰただし書，前記176頁）。ところが，原告（甲）は既に死亡しており，手続の一般法理として死者を申立人と表示しての執行文付与申立てはできないと解されるから，その相続人Aが執行文付与を申し立てることになる。その申立ての形式は，相続人Aが民執法23条1項3号に規定する承継人として自己のために承継執行文付与を求めるのに類似する。また，現在実務で用いられている執行文の様式に従えば，「債権者」欄には『原告の承継人　A』と表示されることになり，民執法27条2項の規定により付与される承継執行文の形式と同一であり，「Aは，乙に対し，この債務名義により強制執行することができる。」との趣旨の表示になる。これは，『事実到来＋承継』執行文の形態であるといえる。

(イ)　付与された執行文の意味

　　先給付という事実到来に係る関係において，被告（乙）の意思表示は，民事執行法の規定形式に従えば，（事実到来）執行文が付与されたときにされたものとみなされる。この点は一応問題がないようにみえる。

　　これに対し，この執行文が債権者として「原告の承継人A」と表示する意味は，文言上は，和解条項等が『被告は，原告に対し，別紙物件目録記載の不動産について，☆☆を原因とする所有権移転登記手続をする。』としているのを『被告は，原告承継人Aに対し，……』と変更するもののようにみえる。しかし，**これは，「乙→A」の直接の移転登記手続を命じることを意味するものではない**。これを認めれば，①判決が命じるのは「乙→甲」の所有権移転登記手続であるところ，「乙→A」の所有権移転登記手続を命じることになり，その意味内容は全く異なったものとなるし，②この執行文を付与することによって中間省略登記請求を認めることとなり，登記制度の大原則に反することとなる。形式としては原告（甲）の承継人Aを債権者とする執行文が付与されたとしても，そこで擬制される被告（乙）の登記手続を行うという意思表示の内容は，「乙→甲」という移転登記手続を行うというものであることに変わりはないはずである。抹消登記のケースにあっては，乙名義の登記を抹消することであって，「乙→A」の移転登記を行うことではありえない。このことは，一定の事実の到来に係る場合であっても，意思表示は判決確定時に「附款つき」の状態で成立しているとの理解とも整合するものである。

　　したがって，この場合も，ア及びイにおいて述べたように，相続人Aは，この執行文の付与された和解調書正本を登記原因証明情報とし――上述の意味を執行文上に何らかの特徴的

第6 意思表示の擬制と承継人

な形で表現する方法として「原告甲の承継人（相続人）A」と表記するとの提案もされている（執行文研究下754頁）。必ずしも十分とはいえないかもしれないが、ひとつの手法ではあろう。――，併せて不登法62条の規定に従い『相続人による申請』を行って「乙→甲」の移転登記を経由し、その後、相続を原因として「甲→A」の移転登記を経由することができる（不登法63Ⅱ）。また、このことは抹消登記のケースにあっても同様であり、違いは認められない。

(2) **債務者側の一般承継**

　　類型 (2)-1　　被告（乙）に対し、原告（甲）のために所有権移転登記手続を行うべきことを命じる判決が確定したが、その口頭弁論終結後に被告（乙）が死亡し、その相続人がYである場合……［移転登記のケース］

　　類型 (2)-2　　被告（丁）に対し、原告（丙）のために所有権移転登記の抹消登記手続を行うべきことを命じる判決が確定したが、その口頭弁論終結後に被告（丁）が死亡し、その相続人がWである場合……［抹消登記のケース］

　ア　登記先例の取扱い

　　(ｱ)　相続登記未了の場合

この場合に関して明確に言及した先例は見あたらないが、「乙→Y」や「丁→W」の相続登記が未了の状態であれば、債務名義上の債務者（表意者）と登記簿上の登記義務者とが一致するから、移転登記のケースも抹消登記のケースもそのまま登記手続を実行することができると解される。登記官の形式的審査権の関係から、登記簿上の登記名義人と判決に表示された当事者、特に登記申請の意思表示を行うべき債務者とが一致していれば、問題が顕在化することなく登記が実行できるからである（吉野衛・注釈不動産登記法（新版）上556頁）。

類型(2)—1：相続登記未了（登記実行前）

順位	登記の目的	（注1）	原　　因	（注2）
1	所有権移転	略	平成×年×月×日売買	乙

（注1）＝受付年月日・受付番号　　（注2）＝権利者その他の事項

類型(2)—2：相続登記未了（登記実行前）

順位	登記の目的	（注1）	原　　因	（注2）
1	所有権移転	略	平成×年×月×日売買	丙
2	所有権移転	略	平成★年★月★日代物弁済	丁

（注1）＝受付年月日・受付番号　　（注2）＝権利者その他の事項

　　(ｲ)　相続登記経由の場合

　　　a　移転登記手続請求のケース（類型 (2)-1）

判例（大判大15.4.30民集5-344頁）や**登記先例**（昭37.3.8民甲638法務省民事局長回答・先例集追Ⅲ809頁）が述べるところによれば――この登記先例が扱った事例は共同申請（相続人及び譲受人）のケースであって、判決による単独申請のケースではないと推測される。――，原告（甲）は、Yに対する承継執行文の付与を得て、同執行文の付与された判決正本を原因証書として「Y→甲」の直接の移転登記申請をすることができると解されているようである。この場合の「Y→甲」の移転登記の登記原因は、甲‐乙間に存在した原因（例えば、売買）であり、その日付であるとされ、その結果、枠内に

示したように，登記簿の記載としては，「Y→甲」の原因日付は，その前の順位にある「乙→Y」の原因日付より前の日付が記載されることになる。逆に，この登記原因日付の先後が，被相続人が生前処分しながら登記が未了の間に相続登記が経由され，その後相続人から生前処分を原因として取得者に移転登記が経由さ

類型(2)—1　債務者側相続登記経由の事例

順位	登記の目的	（注1）	原　　因	（注2）
1	所有権移転	略	平成×年×月×日売買	乙
2	所有権移転	略	平成26年4月1日相続	Y
3	所有権移転	略	平成25年3月2日売買	甲

（注1）＝受付年月日・受付番号　（注2）＝権利者その他の事項
（解説）　順位3番の登記が債務名義によって擬制された登記手続に係るものであり，登記先例（昭37.3.8民甲638法務省民事局長回答）に従った登記実行後の記載である。本文において述べるとおり，順位2番と3番との原因日付が前後している点が特徴的である。

れたものであることを示すことになり，権利変動の過程を推認できると評価されるのである。

　　【判例＝大判大15.4.30民集5-344頁】
　　　　被相続人が不動産を他人に譲渡し未だその移転登記を経由しない間に死亡して相続が開始し，相続人が相続登記を経由した場合について，生前の譲受人は相続人に対し譲渡の登記手続を求めることができるとしたものである。判旨は，その理由として，①相続人は被相続人の登記義務を承継して譲受人に対し所有権移転の登記手続をすべき義務を負担するものであること，②相続人がした相続登記は必ずしも無効の登記とはいえないこと，③譲受人が相続人から移転登記を受ける形態として，㋐相続人を登記名義人として同人からの移転登記を経由する形態と，㋑被相続人を登記名義人として同人から移転登記を経由する形態とでは，譲受人の権利の取得を公示する目的を達するのに違いはないことを掲げ，相続人において相続登記を経由した場合においては**その登記を抹消させることなく相続人名義のまま直ちに譲受人に対して移転登記をすることができる**とする。
　　【登記先例＝昭37.3.8民甲638法務省民事局長回答・先例集追Ⅲ809頁】
　　　　この先例は，被相続人が生前売り渡した移転登記未了の不動産を遺産分割により共同相続人中の一人が取得してその旨の登記が経由されている場合には，相続登記を抹消し生前の買受人のために全相続人から所有権移転登記をすべきではあるが，相続登記を抹消することなく，相続登記を経た相続人から買受人のために移転登記する旨の申請があった場合でも受理して差し支えないとしたものである。

　b　抹消登記手続請求のケース（類型 (2)-2）

　類似の事案についての**登記先例**（昭38.12.28民甲3380法務省民事局長回答・先例集追Ⅲ1130頁の414）は，Pから亡Eへの売買が不実のものであるとしてPが亡Eの相続人F及びGを被告として「P→E」の移転登記の抹消登記を訴求し勝訴した場合において，その口頭弁論終結前に「E→F・G」の相続による移転登記が経由されているとき

第6　意思表示の擬制と承継人

は，Pは，この確定判決により，「P→E」という売買による移転登記の抹消の前提として「E→F・G」という相続登記についても単独申請により抹消登記することができるとする。

これを 本類型(2)-2 に当てはめれば，被告丁に対しその名義の登記の抹消登記手続を命じる確定勝訴判決を得た原告（丙）は，丁名義の登記の抹消登記申請をする前提として，同判決によって，単独でW名義の登記の抹消登記申請ができるようにみえる。

なお，前記登記先例（昭38.12.28民甲3380法務省民事局長回答）は，前提として単独で行うことができるW名義の登記の抹消登記申請にあたり原因証書である判決正本にWに対する承継執行文の付与を要するかについては明言していない。もっとも，この事案は口頭弁論終結前に相続による移転登記が経由されているケースであって，本来，形式的には承継執行文の付与されない事案であったと考えられ，現実にも承継執行文が付与されていないケースであろうと推測される。

昭38.12.28民甲3380法務省民事局長回答の前提となる登記の記載

順位	登記の目的	（注1）	原　　因	（注2）
1	所有権移転	略	平成×年×月×日売買	P
2	所有権移転	略	平成◇年◇月◇日売買	E
3	所有権移転	略	平成☆年☆月☆日相続	F G

（注1）＝受付年月日・受付番号　（注2）＝権利者その他の事項
（解説）この登記先例によれば，E名義の登記（順位2番）の抹消登記手続をせよとの判決を得たPは，その実現の前提としてFG名義の登記（順位3番）の抹消登記を単独で申請できるとする。

類型(2)—2　相続登記経由の事例（前提となる登記の記載）

順位	登記の目的	（注1）	原　　因	（注2）
1	所有権移転	略	平成×年×月×日売買	丙
2	所有権移転	略	平成◇年◇月◇日売買	丁
3	所有権移転	略	平成☆年☆月☆日相続	W

（注1）＝受付年月日・受付番号　（注2）＝権利者その他の事項

イ　整理・検討
(ア)　意思表示擬制後の一般承継
　a　相続登記未了の場合

債務者（被告）が死亡したが，登記名義は依然として債務者のままであるとき，移転登記のケース（ 類型(2)-1 ）も抹消登記のケース（ 類型(2)-2 ）も，原告（甲又は丙）は，承継執行文を得る必要はなく，判決正本を登記原因証明情報，被告（乙又は丁）を登記義務者として，同人名義の登記の抹消登記を単独で申請することができる。判決の確定（和解等の成立）によって債務者の意思表示は擬制される（民執法174Ⅰ本文）。そして，民法97条2項の規定により，**表意者が意思表示を発した後に死亡してもその効力は妨げられないから**，原告甲はこの判決により，「乙→甲」の移転登記申請（ 類型(2)-1 ）又は丁名義の登記の抹消登記申請（ 類型(2)-2 ）を単独で行うことができる。

これは，いずれのケースも判決の確定又は和解等の成立によって既に被告（乙，丁）の登記手続を行う旨の意思表示が擬制され，実体的世界にその意思表示が成立し存在するに至ったのであり，意思表示の効力を生じさせるために意思表示に係る「利益追行行為」として債権者・原告（甲，丙）が名あて人である登記所・登記官に対して到達させるべく判決（正本）を提示し，単独で登記申請を行うものである。まさに，「利益追行行為」の典型であるといえよう。

b 相続登記経由の場合

(a) 移転登記のケース（類型 (2)-1）

この 類型 (2)-1 は，一見すると，「乙→Y」と「乙→甲」という二重譲渡のようにみえる。しかし，このYは，乙の包括承継人であることから，甲に対し「登記の欠缺を主張する正当な利益を有する第三者」ではない。

ところで，前記大審院判例はY名義の相続登記は必ずしも無効の登記とはいえないとするが，Yが包括承継人であることを考えれば，実体的には「乙→Y」という相続による所有権移転は存在せず，Y名義の相続登記は不実・無効の登記であるとの理解も考えられる。物権変動の過程と態様を忠実に公示すべき不動産登記としては，Yに対する抹消登記を命じる確定判決等を得るなどしてY名義の登記を抹消した上で「乙→甲」の移転登記を実行するのが本来的である。そのことは，前記登記先例（昭37.3.8民甲638法務省民事局長回答）も認めているところである。

Yは被相続人である乙の権利義務を包括的に承継しているのであるから，その地位は乙と同視することができること，原則論に従えば，甲は，再度，相続人（Y）を被告とした訴えを提起しなければならない負担を強いられ酷であることから，前記判例や登記先例のような考え方も是認できるようにも思われるし，実際的であるようにも考えられる。

問題は，意思表示の擬制に関する民事執行法の規整とこの登記実務の取扱いとを整合的に理解できるか，その理論構成であると思う。

Yは，登記義務を負っていた被告（乙）の包括承継人であり，実体的には権利義務

類型(2)—1　相続登記経由の事例……本来的な形

順位	登記の目的	(注1)	原　　因	(注2)
1	所有権移転	略	平成×年×月×日売買	乙
<u>2</u>	<u>所有権移転</u>	略	<u>平成♠年♠月♠日相続</u>	<u>Y</u>
3	2番所有権抹消	略	平成♣年♣月♣日判決	余白
4	所有権移転	略	平成☆年☆月☆日売買	甲

※　下線は抹消事項を示す。
(注1)＝受付年月日・受付番号　　(注2)＝権利者その他の事項
(解説)　登記先例（昭37.3.8民甲638民事局長回答）が前提的に述べる本来的な手続に従った登記実行形態である。
　　　　事実としては順位2番までの登記が記入されているケースであり，まず第1段階として，順位2番のY名義の登記を抹消することによって順位1番の乙の登記名義を回復し，次いで第2段階として，「乙→甲」の売買を原因とする移転登記申請を受けて登記を実行する。

の一切を承継している。また，Yは，手続的にも被告乙に対する確定判決の既判力の拡張を受け（民訴法115Ⅰ③，114），その拘束力によって「乙の甲に対する売買を原因とする移転登記手続を行うべき義務の存在」を後訴において争うこともできないのも事実である。しかし，確定判決によって擬制された意思表示の内容は「乙は，甲のために，乙を登記義務者，甲を登記権利者として，両者間の売買を原因とする所有権移転登記手続を行う。」というものである。これに対し，この判決に承継執行文を付与することによって「Y→甲」の移転登記ができるとするのは，「Yは，甲のために，<u>Yを登記義務者</u>，甲を登記権利者として，乙と甲との間の売買を原因とする所有権移転登記手続を行う。」と判決主文を変容させるに等しい。確かに，執行力拡張の場面では債務名義に表示された請求権との間にズレが生ずる事態があるが（第4の3⑶「請求権のズレ」の項112頁参照），一般論として，債務者の承継人とされた者に手続保障の機会のない意思表示擬制の強制執行として，このようなズレが許容されるか疑問である。さらに，なによりも，本類型のように直ちに登記手続を命じる主文にあっては，債務者の意思表示が民執法174条1項ただし書に規定する「債権者の証明すべき事実の到来に係」っているものではなく，判決確定時又は和解等の調書成立時に強制執行は完了しているのであって，執行文を付与すべき実定法上及び実質的な根拠を欠くと言わざるを得ない。また，仮に，債権者を「原告甲」，債務者を「被告乙の承継人Y」と表示する執行文が付与されたとしても，その付与の時点でYの意思表示があったと擬制する実定法上の根拠もない。このように考えてくると，相続人（Y）自身が意思表示を行ったとみなすことはできないと解される。

　前記登記先例（昭37.3.8民甲638法務省民事局長回答）が扱ったのはあくまでも<u>相続登記を経由した相続人との共同申請のケース</u>であり，相続人の登記申請の意思表示が現に行われたものであり，それを受けて当該申請どおりの登記を実行する是非が問題になったのである。民事執行法の規整として，この類型において相続人（Y）につき，同人の意思表示を擬制する機能を持つ執行文を付与することができないと解される以上，<u>この登記先例を拠り所として，つまり同登記先例が存在するから承継執行文の付与された判決によって「Y→甲」の移転登記が単独申請によってできるとすることは，論理として逆であり，疑問である。</u>

(b) 抹消登記のケース（類型(2)-2）

抹消登記のケースも(a)と同様である。

被相続人である被告（丁）は，判決が確定することによって「丁名義の所有権移転登記の抹消登記手続をする。」との意思表示をしたのであり，民事執行法の規整対象外であるはずの利益追行過程において，その表意者を丁の相続人Wに置き換えることによって「W名義の所有権移転登記の抹消登記手続を

類型(2)—2　登記先例を前提に抹消登記が実行された状態

順位	登記の目的	（注1）	原　　因	（注2）
1	所有権移転	略	平成×年×月×日売買	丙
2	<u>所有権移転</u>	略	<u>平成◇年◇月◇日売買</u>	<u>丁</u>
3	<u>所有権抹消</u>	略	<u>平成☆年☆月☆日相続</u>	<u>W</u>
4	2番3番所有権抹消	略	平成★年★月★日判決	余白

※　下線は抹消事項を示す。
（注1）＝受付年月日・受付番号　　（注2）＝権利者その他の事項
（解説）　登記先例（昭38.12.28民甲3380民事局長回答）が述べるところを展開させて，丁名義の登記（順位2番）を抹消する前提としてW名義の登記（順位3番）を抹消することができるとの解釈に従った場合の登記実行例は，このようになろう。

する。」との内容に変容させることになり，前述したところと同様に理論的には問題が残る。また，執行文を付与すること及び付与の時点で承継人Wの意思表示がされたと擬制することの実定法上の根拠を欠くことも(a)と同様である。

(イ)　意思表示擬制前の一般承継

a　口頭弁論終結後判決確定までの間の当事者の死亡による**訴訟承継**（前提問題）

判決手続においては，口頭弁論終結後，判決確定前に被告が死亡し当然承継（当事者の交替）が生じた場合についての処理及び効果を考える必要がある。この点，前記(1)イ(ア)で述べたことは（前記204頁），被告（債務者）が死亡し当然承継が生じた場合にも等しく妥当する。

口頭弁論終結後，判決確定までの間に被告が死亡し相続が開始すれば，その相続人は当然に訴訟当事者としての地位に就く**（当事者の交替）**。確定判決の当事者の表示が被相続人のままであったとしても，判決は，実質においてその相続人を名あて人とするものである。したがって，例えば，被告が死亡した場合であると，判決が確定することによって，既に死亡した被告の意思表示を擬制するのではなく，**承継人である<u>相続人の意思表示を</u>擬制する**のである。

このように，口頭弁論終結後，判決確定前に被告（乙）が死亡しその相続人（Y）が当然承継（当事者の交替）によって当事者としての地位に就き，その後に判決が確定するに至る場合には，承継執行文の付与を経るまでもなく，判決確定時に相続人の意思表示が擬制されるのである。

もっとも，判決の実質と当事者の表示という形式との間に不一致が存在するため，この判決を何らかの形で利用する際にはそのままでは不便を来す。そこで，実質的な名あ

第6　意思表示の擬制と承継人

て人を表示するために更正決定をするか又は承継執行文を借用する方法が考えられるのである。

以上の前提で，相続登記が未了の場合と相続登記が経由されている場合とに分けて検討する。

b　相続登記未了の場合

相続登記未了の場合，登記記録上の現在の登記名義人は被告のままであり，判決主文において形式上登記手続の意思表示をしているのはその被告であり，登記記録の記載と登記原因証明情報の記載とは一致し，そのまま登記申請及び実行ができる。

理論的には，判決の形式的表示にかかわらず，実質的に相続人の意思表示が擬制されることによって，この意思表示は，不登法62条の規定する『相続人による申請』の意思表示に当たることになる。したがって，登記義務者の相続人による申請の意思表示が擬制されたものとして，<u>不登法62条及び63条2項の規定</u>によって登記が実現されるものと理解すべきであろう。

c　**相続登記経由の場合**

例えば 類型(2)-1 にあって，確定した判決は，実質的にはその承継人である相続人Yを名あて人とし，Yの意思表示を擬制するものであるといえる。しかし，形式的には表意者たる被告として「乙」が表示されており，この判決をそのまま登記原因証明情報として登記申請を行ったとしても，登記記録上の名義人Yとの間に不一致が生じており，登記を実行することができない。制度的・理論的には，登記官に対して登記名義人Yが口頭弁論終結後の一般承継人であることを証明する方法も考えられる——現に，不登法62条が規定する「一般承継人による申請」にあっては，登記官に対し，戸籍謄本等の身分を証する書面を提出し，その資格を証明することになる。——。しかし，この判決の表示と実質との不一致という事態が訴訟手続制度の特質から避けられないものとして生じることを考えれば，意思表示に係る利益を実現するために，裁判機関又はそれに付属する機関において不一致を架橋する手当てをすることが相当と思われる（執行文研究下697頁）。

(a)　**移転登記手続請求の場合**（ 類型(2)-1 ）

前述したように，「被告（乙）は，原告（甲）に対し，……を原因とする所有権移転登記手続をせよ。」との形式の判決が確定することによって，被告（乙）

類型(2)—1　相続登記経由の事例（問題となる登記の記載）

順位	登記の目的	(注1)	原　　　因	(注2)
1	所有権移転	略	平成×年×月×日売買	乙
2	所有権移転	略	平成△年△月△日相続	Y

（注1）＝受付年月日・受付番号　　（注2）＝権利者その他の事項

の承継人である<u>Yが被相続人（被告乙）から原告（甲）への移転登記申請の意思表示をしたものと解される</u>。換言すれば，『被告承継人（Y）は，原告（甲）のために，**同人を登記権利者，被告（乙）を登記義務者とする**……を原因とする所有権移転登記手続をする。』との意思表示が擬制されたと解される。その擬制によって強制執行は完了する。その後は擬制された意思表示に係る利益を実現する過程であるが，Yがした

意思表示は「乙→甲」という移転登記申請を登記義務者の相続人として行うというものである——これは，不登法62条の規定する「一般承継人による申請」であるが，それと現象的に異なるのは，身分を証する書面が執行文付与機関に提出される点であるともいえる。——。**問題は**，このような実質的内容の判決正本の提出を受けた登記官は，登記簿上の記載を前提に，「Y→甲」の移転登記を実行することができるかどうかにある。これは，不動産登記法令が定める要件該当性の解釈の問題である。

この場合，先に紹介した登記先例（昭37.3.8民甲638法務省民事局長回答。前記207頁）の趣旨に従い，しかもYの申請の意思表示も擬制の形ではあるが行われているのであるから，共同申請の場合に準じ「Y→甲」の直接の移転登記ができることになると解される。

判決上に相続人Yが表示されていないときは，登記簿の登記名義人と一致しないことになるので，承継執行文を利用して実質上の表意者であるYを登記原因証明情報に表示することが許される。しかし，この承継執行文は，その付与によって相続人であり現在の登記名義人であるYの意思表示を擬制するものではなく，判決確定後の利益追行行為のために，**判決の形式的表示とその意味する実質とを架橋**する意味を持つにとどまり，まさに**承継執行文を借用**しているのである。

(b) 抹消登記手続請求の場合　類型(2)-2

口頭弁論終結後，被告丁が死亡しその相続人がWである場合，「被告（丁）は，原告（丙）に対し，……について，所有権移転登記の抹消登記手続をせよ。」との判決が確定することによって，被

類型(2)-2　相続登記経由の事例（問題となる登記の記載）

順位	登記の目的	(注1)	原　　因	(注2)
1	所有権移転	略	平成×年×月×日売買	丙
2	所有権移転	略	平成◇年◇月◇日売買	丁
3	所有権抹消	略	平成☆年☆月☆日相続	W

(注1)＝受付年月日・受付番号　　(注2)＝権利者その他の事項

告（丁）の承継人である相続人Wの意思表示を擬制することになる。つまり，この意思表示は，実質的には『被告承継人Wは，原告（丙）のために，同人を登記権利者，被告（丁）を登記義務者として，丁名義の所有権移転登記の抹消登記手続を行う。』という内容であると解される。そして，この時点で強制執行は完了するのであり，(a)と同様にその後は利益追行過程に入る。

この判決の実質的意味を表現するために，承継執行文を借用することが考えられる。しかし，「債務者」を『被告丁の承継人　W』と表示した執行文が付与されたとしても，付与の時点において，Wが自己名義の登記についてその抹消登記手続を行うとの意思表示を行ったものと擬制されるわけではない。既述のように，判決で命じられた意思表示の内容を変容させることは許されないと解されるし，第三者の意思表示を擬制するような実定法上の根拠はない。

擬制され，存在するに至り，書面の状態で名あて人である登記所・登記官に到達し

第6　意思表示の擬制と承継人

た意思表示について，不動産登記法令としてどのような評価を与えるかが(a)と同様に問題となる。

この擬制された相続人Wの意思表示は，相続人による登記申請（不登法62）の意思表示と解することができ，丁名義の登記を抹消する手続を行う意思表示をしたものと考えられる。そして，丁名義の登記の抹消は，その前提としてW名義の登記が抹消されなければ実行することはできない関係にある。Wはそのような前提があるにもかかわらず丁名義の登記の抹消手続の申請を行ったと同視されるわけであることから，その前提となるべき自らの登記名義の抹消登記手続の意思も含まれていると解する余地もないではない。先に紹介した登記先例（昭38.12.28民甲3380法務省民事局長回答）は，このような理解から本ケースの「丁→W」の相続登記についても単独申請で抹消できるとしたものとも推測される。

しかし，現実的に擬制され，存在するに至ったのは，『Wは，「丁」名義の登記の抹消登記手続を行う。』という1個の意思表示であって，これを同時に，『Wは，「丁→W」の所有権移転登記の抹消登記手続を行う。』旨のものでもあると解釈することは困難ではないかと思われ，前記登記先例がどのような理論的根拠によるものか明らかでないが，その取扱いには結論としても疑問が残る。

(ウ)　一定の事実到来に係る場合

類型 (2)-3　　原告（甲）が代金を先給付したときは，被告（乙）は，原告（甲）のために，所有権移転登記手続を行うことを約した和解の成立後，被告（乙）が死亡し，その相続人がYである場合

a　執行文の必要性とその形式

被告が意思表示を行うべきことが原告の代金支払という先給付に係っている場合であって，民執法174条1項ただし書の規定により事実到来執行文の付与を要する場合である。既に(1)「債権者側の一般承継」の項（202頁）で述べたとおり，執行文付与の相手方である被告（乙）は既に死亡しているのであって，この死者を相手とする執行文付与は許されず，その相続人Yを債務者として申し立てることになる。そして，そこで付与される執行文も，その「債務者」欄には『被告の承継人　Y』と表示されることになり，執行文全体としては，『債権者甲は，Yに対し，この債務名義により強制執行することができる。』との形式になる——現在，実務において用いられている執行文様式を使用する前提である限り，このような形式にならざるを得ない。——。

2 意思表示の擬制と承継執行文各論

b 付与された執行文の意味

この執行文が債務者として「被告の承継人Y」と表示する意味は,「Y→甲」の直接の移転登記手続を行うとの意味ではない。執行文が付与されることによって擬制される意思表示とは,あくまで「乙→甲」の移転登記手続を行うというも

類型(2)-3:相続登記未了（前提となる登記の記載）

順位	登記の目的	（注1）	原　　因	（注2）
1	所有権移転	略	平成×年×月×日売買	乙

（注1）＝受付年月日・受付番号　（注2）＝権利者その他の事項

類型(2)-3:相続登記経由（前提となる登記の記載）

順位	登記の目的	（注1）	原　　因	（注2）
1	所有権移転	略	平成×年×月×日売買	乙
2	所有権移転	略	平成★年★月★日相続	Y

（注1）＝受付年月日・受付番号　（注2）＝権利者その他の事項

のであるはずである。また,その表意者も乙であって,その相続人Y自身になるものではない。

注意しなければならないのは,この場合に債務者として「被告の承継人　Y」と表示した執行文は,被告（乙）の相続人が相続登記を経由しているか否かには必ずしも関係しないことである。相続人Yが相続登記を経由していなくても,原告（甲）は先給付の事実を証明して執行文付与を得なければならず,その時点で被告（乙）が死亡しているのであれば,手続上乙を債務者とする執行文付与はできないと解されるから,執行文上の債務者は「被告の承継人　Y」とならざるを得ないのである——ここでの「被告の『承継人』Y」というのは,債務名義成立後に目的物につき登記名義を得た者,つまり特定承継人たる資格を意味しているのではなく,相続人として一般承継人である資格を表示しているのである。この意味を執行文上に何らかの特徴的な形で表現する方法として「原告甲の承継人（相続人）A」と表記するとの提案もされている（執行文研究下756頁,754頁）。必ずしも十分とはいえないかもしれないがひとつの手法ではあろう。——。

この執行文が付与されることによって,意思表示の効力発生を障害する事実が解消されたことが確認され,効力を生じうる状態となるのであり,名あて人に到達させる手続段階に入ることになる。その利益追行過程は,擬制によって存在するに至った被告乙の意思表示を登記記録上に実現するものであるが,その段階で「乙→Y」の相続登記が経由されていれば,その事実状態は意思表示に係る利益の実現・享受を妨げることにならざるをえない——意思表示はされたが,それと矛盾する事実が存在しているために意思表示の意欲どおりの効果・利益が実現されない事態というのは取引世界においても少なくはないはずである。——。

(3) 債権者側の特定承継

類型 (3)-1　被告（乙）に対し,原告（甲）のために所有権移転登記手続を行うべきことを命じる確定判決の口頭弁論終結後,原告（甲）が不動産を第三者Cに譲渡した場合

類型 (3)-2　被告（丁）に対し,原告（丙）のために被告名義の所有権移転登記の抹消登

第6　意思表示の擬制と承継人

記手続を行うべきことを命じる確定判決の口頭弁論終結後，原告（丙）が不動産を第三者Dに譲渡した場合

ア　登記先例とその評価

(ア)　登記先例

登記先例（昭44.5.1民甲895法務省民事局長回答・先例集追Ⅴ97）は，類型(3)-1と同種の事例で，判決確定後に原告（甲）が当該不動産を第三者Cに贈与したというケースで，甲の承継人Cのための承継執行文を添付してCに直接所有権移転登記申請があった場合，これを受理することはできないとしている。

(イ)　評　価

この場合に，「乙→C」の移転登記を許容すれば，中間省略登記請求を認めることになり，物権変動の過程と態様とを公示する不動産登記制度の目的に反する結果になるからであり，当然の結論であると思う。

これまで，繰り返し述べてきたところから明らかなように，判決の確定又は和解調書等の債務名義の成立によって意思表示は擬制され，その時点で強制執行は完了する。目的物に関する特定承継にあっては，当事者の地位が同一に帰することなく，また判決確定までの間の当然承継（当事者の交替）が生ずるものでもない。したがって，登記先例の扱いは正当というべきである。

もっとも，Cが自己のために承継執行文の付与を得て，「乙→甲」の移転登記の申請をした場合にどのように扱うべきかの問題は残り，その際に付与された「Cのための承継執行文」をどのような意味のものとして理解すべきか，又は承継執行文を付与する必要があるかが，なお問題となる。

イ　整理・検討

(ア)　債権者代位権による登記（不登法59⑦）

まず，第1段階として，類型(3)-1において，Cは甲との関係においては特定物に関する債権者たる地位にあることから，民法423条及び不登法59条7号の規定に従って債権者代位権によって甲に代位して「乙→甲」の移転登記申請を行うことが考えられる。これは，まず，①登記義務者である乙の登記申請の意思表示は，甲−乙間の確定判決によって擬制されていることから同判決正本を利用し，それを登記所・登記官に提示することによって代えるものである。次いで，②登記権利者である甲の登記申請の意思表示は，民法423条及び不登法59条7号の規定によって，甲に代位できる原因を証明した上で，Cが甲に代わって行うものである。

①のためには，Cは，登記申請にかかる添付情報としての判決正本及び判決確定証明を入手しなければならない。甲から任意にこれらの文書の引渡しが受けられれば何ら問題ない。消極に解する意見も存在するようであるが，この類型のCは民訴法91条3項の「利害関係」人に該当し，目的不動産を譲り受けた事実を疎明すれば，裁判所書記官に対し判決正本及び確定証明書の交付を請求でき（執行文研究下704頁参照），この方法によって入手することができる。ここでは，Cのための承継執行文の付与まで得る必要はないと考える。

次に，②のためには，Cは登記申請の添付情報として「代位原因を証する書面＝『代位

原因証書』」を登記官に提出しなければならない。これは，公文書である必要はなく私文書でも足りる（昭42.10.12民三471法務省民事局三課長回答・先例集追Ⅳ1154頁）。Cが甲との間で交わした売買契約書等がその典型である。既にCが甲を被告としたC甲間の売買を原因とする所有権移転登記手続を命ずる判決を得ていれば，その判決が代位原因証書となる。

以上によって，判決による登記（不登法63Ⅰ）及び債権者代位権による登記（不登法59⑦）によって「乙→甲」の所有権移転登記が実現される。そして，その後第2段階として，C

類型(3)—1　判決による登記＋債権者代位権による登記				
順位	登記の目的	(注1)	原　　因	(注2)
1	所有権移転	略	平成×年×月×日売買	所有者　乙
2	所有権移転	略	平成◇年◇月◇日売買	所有者　甲 代位者　C 代位原因……
3	所有権移転	略	平成☆年☆月☆日売買	所有者　C

（注1）＝受付年月日・受付番号　　（注2）＝権利者その他の事項
（解説）　順位2番の登記が債務者代位権による登記として記入されたものである。このように，「**代位者**」「**代位原因**」を記載する（不登法59⑦）。なお，本ケースの場合「代位原因」としては『平成☆年☆月☆日売買の所有権移転登記請求権』と記載されることになろう。

は，甲との共同申請によって，又は甲に対する確定判決を得ての単独申請によって「甲→C」の所有権移転登記を経由することができる。

このように，Cは甲—乙間の判決につき自己のために承継執行文の付与を得る必要なく，自らの登記名義を実現することが可能である。

(ｲ)　**承継執行文の付与を得る方法**

これに対し，Cは，民執法23条1項3号に規定する口頭弁論終結後の承継人であるとして，民執法27条2項の規定により自己のために承継執行文の付与を得ることができ，承継執行文の付与された判決正本を添付して「乙→甲」の移転登記申請をすることができるとする理解がある（例えば，石川明・不動産登記先例百選（第二版）200頁）。

確かに，形式的には，この類型のCは民執法23条1項3号に規定する「承継人」に該当するようにみえる。しかし，「被告（乙）は，原告（甲）に対し，……を原因とする所有権移転登記手続をせよ。」との判決は，確定することによって，乙はその内容の意思表示をしたものとみなされ，それによって強制執行は完了する。この判決に原告（甲）の承継人Cのために執行文を付与することにどのような意味があるのであろうか。不動産登記制度の理念から「乙→C」の移転登記ができないことは明らかであることから，付与される承継執行文はこの実行を意味するものではない。では，論者が主張するように「乙→甲」の移転登記を実現するためとすると，結局，債権者代位権による登記申請と実質形式とも同一に帰する。現象的には，代位原因，つまり特定承継人であることを「登記官」に対して証明するか（不登法59⑦），「裁判所書記官」に対して証明するか（民執法27Ⅱ）に違いが認められるということになろう。

既に述べてきたところからわかるように，意思表示が擬制される，つまり表白行為があったとされる段階までは民事執行法が規整する強制執行であるが，その擬制によって強

第6　意思表示の擬制と承継人

制執行は完了する。その後は，意思表示に係る利益（効果）を実現するための利益追行過程であり，民事執行法が規整する世界ではなく，具体的要件を定める各法規が規制する世界である。㋐でみたように，不登法は債権者代位権による登記申請を認めているのであって，それで不都合なく自己名義の登記を実現することができるのである。そこに，民事執行法が規整する，しかも本来の性質とはかなり異なった借用形態としての執行文を介在させる必要も理由も全くない。したがって，承継執行文を得る必要はないのである。また，債権者代位権による登記の場合にあっては，そのことが登記記録上明らかになるが（不登法59⑦），承継執行文付与を得る方式の場合にあっては，実質は債権者代位権による登記申請であるのに，同様の処理がされるか明らかでない。

　参考までに，債権者代位による登記が完了したときは，その旨が債務者（被代位者＝ここでの類型でいえば「甲」）に通知される（不登規183Ⅰ②）。これは，債務者（被代位者）に自己のために登記がされたことを知らしめ，必要があればこれに対抗する措置を執る機会を与えて登記の真正を確保しようとする趣旨に出たものである。また，代位債権者は「登記名義人」ではないが，その後の登記手続において一定の保護を受けるべきことが予定されている。例えば，代位によってされた権利に関する登記に錯誤又は遺漏があったときは，登記権利者及び登記義務者に通知され（不登法67Ⅰ），更正されたときもその旨が登記権利者及び登記義務者に通知されるが（不登法67Ⅱ，Ⅲ），代位債権者に対しても通知される（不登法67Ⅳ）。また，どこまで一般化される性質かその射程は必ずしも判然としないが，債権者代位により共有名義に相続登記を申請した債権者は，相続登記の更正登記においては，「登記上利害の関係を有する第三者」（不登法66）に該当する（昭39.4.14民甲1498法務省民事局長通達・先例集追Ⅳ113頁。同趣旨を述べる判例として，大決大9.10.13民録26-21-1475頁があり，これは，代位によって家督相続登記を申請した債権者は，その後同登記名義人からの申請によって同登記を錯誤により抹消するあたっては登記上利害を有する者にあたるとする。）。

㋒　**一定の事実到来に係る場合**

類型(3)-3　原告（甲）が代金を先給付したときは，被告（乙）は，原告（甲）のために，所有権移転登記手続を行うことを約した和解の成立後，原告（甲）が不動産を第三者Ｃに譲渡した場合

類型(3)-3　前提となる登記の記載

順位	登記の目的	(注1)	原　　因	(注2)
1	所有権移転	略	平成×年×月×日売買	乙

（注1）＝受付年月日・受付番号　　（注2）＝権利者その他の事項

a　執行文の必要性

　被告が意思表示を行うべきことが原告の代金支払という先給付に係っている場合であって，民執法174条1項ただし書の規定により事実到来執行文の付与を要する場合である。

問題は，目的不動産の譲受人Cにこの事実到来執行文付与の申立人資格があるか否か，Cは自己のためにこの事実到来執行文の付与を得られるかにある。その前提として，このCは，民執法23条1項3号の「承継人」に該当するか否かが問題となろう。

(a) 前提としての既判力拡張

Cが，民訴法115条1項3号に規定する「承継人」として，甲-乙間の訴訟の確定判決の既判力の拡張を受ける者であることについては，異論のないところと思われる——このようなCに対し固有の防禦方法を有する場合に「承継人」該当するか否かについての実質説，形式説の対立は存在するが，ここでは一応捨象する。——。もっとも，その既判力が拡張されるという意味は，『Cは，「甲の乙に対する不動産についての所有権移転登記手続請求権が存在すること」を争うことはできない。』という趣旨の拘束を受けるということである。決して，「Cの乙に対する当該不動産についての所有権移転登記請求権が存在する。」という意味ではない（112頁参照）。

(b) 民執法23条1項3号の「承継人」該当性

文理上は，目的不動産の譲受人は，この承継人に該当するようにみえる。他方で，民執法23条が規定する執行力の及ぶ主観的範囲は，「**特定の債務名義に基づいて実施される強制執行を想定した場合に**，執行当事者となりうる人的範囲」であることからすれば（前記13頁参照），意思表示を行うべきことを内容とする判決等の債務名義にあっては，その判決確定時又は債務名義成立時に強制執行は完了するのであり，その後におよそ強制執行は考えられないことになり，強制執行が予定されないところで，「執行当事者」を観念する余地はないようにも思われる。とすれば，ここでのCは，そもそも民執法23条1項3号に規定する「承継人」には該当しないとの解釈も可能であろう。この解釈が正しいとすれば，この類型のCは，執行文付与の申立資格を有しないことになろう。

しかし，意思表示擬制のための事実到来執行文が，金銭給付等の請求における本来の執行文と異質のものであり，執行文制度を借用しているものであることからすれば，強制執行が予定されない場面においても類推適用することは許されると解される。したがって，民執法23条1項3号の規定を類推適用し，本類型のCには事実到来執行文付与の申立資格が認められると解される——いずれにしても，Cが行うべき証明活動は，自己が甲から目的不動産を譲り受けたこと及び登記手続を行うについての一定の事実が到来したことを文書によって証明することになる。——。

なお，混乱を避けるためにこれまで言及しなかったが，実は，以上に述べたことは，<u>判決等の債務名義に表示された以外の者が相続人のような一般承継人である場合も同様に妥当するはずである</u>。これから実施されるべき強制執行が予定されない以上，実体法上相続人等の一般承継人であったとしても，民執法23条1項3号に規定する「承継人」には該当しないものとの考え方もあろう。しかし，上述と同様の趣旨で，その類推適用は可能であり，理論的には，相続人等も同条項の類推適用によって事実到来執行文付与の申立資格が認められると解すべきであろう。ここで類推適用が可能というのは，あくまで民執法27条1項の規定する事実到来執行文付与申立資格の限度である。

b 譲受人を申立人とする執行文付与

第6　意思表示の擬制と承継人

　　Cに事実到来執行文付与の申立資格が認められるとしても，①先給付のような到来すべき事実をCが充足させても差し支えないか及び②付与されたその執行文の意味が問題となる。
(a)　到来すべき事実の第三者による充足
　　原則として，債務者の弁済は第三者がなすこともできる（民474Ⅰ本文）。したがって，債務の性質にもよるが，一般的には，本類型のCは自ら，和解において合意された先給付を行うことができると解される。
(b)　付与される事実到来執行文の意味とその形式
　　Cからの申立てを受けた裁判所書記官が執行文を付与するとしても，その付与によって擬制されることになる意思表示は，「被告乙は，原告甲の承継人Cのために，所有権移転登記手続をする。」という趣旨のものではないはずである。これを認めれば，不動産の所有権は，実体的には「乙→甲→C」と移転しているにもかかわらず「乙→C」の移転登記を許容することを前提とすることになり，中間省略登記を承認することになってしまうからである。また，意思表示がこの先給付のような一定の事実の到来に係る場合には，判決確定時又は和解等の債務名義成立時にそれら条件の他は期限等の附款つきの形で意思表示は既に成立していると理解することからも，ここでの意思表示の内容は，和解条項に表示されているとおりに「被告乙は，原告甲のために所有権移転登記手続をする。」という趣旨でなければならないはずである。
　　付与される事実到来執行文の形式も，この趣旨を表現するものである必要があるが，執行文付与申立人がCであることから，執行文様式の「債権者」欄に『原告甲の承継人　C』と表示すれば，「乙→C」の直接の移転登記手続を意味しているように見え，誤解を招くと考えられる。そこで，例えば，「債権者欄」に『原告　甲（申立人　原告甲からの譲受人　C）』と記載することも考えられよう（執行文研究下705頁以下参照）。

c　登記手続
　このようにして事実到来執行文の付与された和解調書正本の交付を得たCは，第1段階として，不登法59条7号の規定に従い債権者代位による申請を行うことによって「乙→甲」の登記を経由する。次いで，第2段階として，Cと甲との共同申請又は甲に対する判決等の債務名義正本を得ての単独申請（不登法63

類型(3)—3：特定承継人による債務者代位登記

順位	登記の目的	(注1)	原　　因	(注2)
1	所有権移転	略	平成×年×月×日売買	所有者　乙
2	所有権移転	略	平成◇年◇月◇日売買	所有者　甲 代位者　C 代位原因……
3	所有権移転	略	平成☆年☆月☆日売買	所有者　C

(注1)＝受付年月日・受付番号　　(注2)＝権利者その他の事項
(解説)　順位2番の登記が債権者代位権による登記として記入されたものである。このように，**「代位者」**及び**「代位原因」**を記載する（不登法59⑦）。なお，本ケースの場合「代位原因」としては『平成☆年☆月☆日売買の所有権移転登記請求権』と記載されることになろう。

Ⅰ）により「甲→C」の移転登記を経由することになる。
(エ) 抹消登記請求の債権者側の特定承継

類型 (3)-2 のような抹消登記請求のケースも，上述した 類型 (3)-1 の移転登記請求のケースと同様に考えられる。

まず，第1段階として，Dは，民法423条及び不登法59条7号の規定に従い，丙から譲り受けた際の契約書等を「代位原因証書」とし，丙-丁間の丁名義の登記の抹消登記手続を命じる確定判決を「登記原因証明情報」として，債権者代位権により，丁名義の登記の抹消登記の申請を行う。次いで，第2段階として，Dは，丙との共同申請又は丙に対して移転登記手続を命じる確定判決等の債務名義を得ての単独申請によって「丙→D」の移転登記を経由することができると解される。

類型(3)—2：抹消登記請求のケース（代位によって登記実行された状態）

順位	登記の目的	(注1)	原　　因	(注2)
1	所有権移転	略	平成×年×月×日売買	所有者　丙
2	所有権移転	略	平成◇年◇月◇日売買	所有者　丁
3	2番所有権移転	略	平成♣年♣月♣日判決	代位者　D 代位原因……
4	所有権移転	略	平成♥年♥月♥日売買	所有者　D

※　下線は抹消事項を示す。
（注1）＝受付年月日・受付番号　（注2）＝権利者その他の事項

この類型と同一ではないが，例えば，登記先例（昭38.3.14民甲726法務省民事局長回答・先例集追Ⅲ1130頁の82）は，詐害行為取消訴訟において勝訴した原告・債権者が，判決主文において取り消され抹消登記を命じられた抵当権設定登記の抹消をするに当たっては，「登記権利者」は土地所有名義人（債務者）でなければならないとし，原告・債権者は，この確定判決を「登記原因を証する書面及び代位原因を証する書面」として，不登法59条7号の規定により，本来の登記権利者である土地所有名義人（債務者）に代位して，抵当権設定登記の抹消登記申請をすることができるとしている。換言すると，このケースにおいて，原告・債権者は，不登法27条により自らを登記権利者としての同抹消登記申請はできないとしている。

この登記先例の考え方によれば， 類型 (3)-2 のケースは，前述した形で登記手続が進められるはずであって，Dは自らの登記名義を実現することができると考えられる。

抹消登記手続請求が一定の事実到来に係る場合も，移転登記に関する 類型 (3)-3 と同様の過程と意味による事実到来執行文付与を得て，ここで述べたと同様に債権者代位によって登記手続を行うことになると解される。

(4) 債務者側の特定承継
ア　移転登記手続請求のケース

類型 (4)-1　被告（乙）に対し，原告（甲）のために所有権移転登記手続を行うべきことを命じる判決が確定したが，その口頭弁論終結後に被告（乙）が不動産を第三者Sに譲渡し，その移転登記も経由した場合

第6　意思表示の擬制と承継人

　(ア)　学説・先例
　　この場合Sは，同一不動産について権利を取得した第三者であり，甲とSとは原則として対抗関係に立つことになる。したがって，甲とSとは対抗要件の具備によってその優劣が決せられる関係にあることから，Sは民執法23条1項3号に規定する承継人に該当せず，甲が既に得ている確定判決によってSに対する承継執行をできないと解される。同様のことは，不動産について口頭弁論終結後に所有権以外の物権の設定を受けた第三者についても妥当すると思われる——裁判例については，執行文研究下731頁以下に掲げられているものを参照——。

　(イ)　検　討
　　この類型においては，譲受人Sについて，同人を債務者とする承継執行文を付与することによって同人が意思表示を行ったものとみなすことはできないという

類型(4)—1　前提となる登記の記載				
順位	登記の目的	(注1)	原　　因	(注2)
1	所有権移転	略	平成×年×月×日売買	乙
2	所有権移転	略	平成★年★月★日	S

（注1）＝受付年月日・受付番号　　（注2）＝権利者その他の事項

のが一般的な理解である。学説は，多くはこの場合のSが民法177条に規定する第三者——登記の欠缺を主張する正当な利益を有する第三者——に該当しうることから，固有の防御方法を有するために民執法23条1項3号に規定する承継人に該当しない，又は執行力の拡張を受けないと解している。確かに，原告甲とSとは一般的には対抗関係にあるから，甲が得た確定判決によって「乙→S」の移転登記を抹消できるとすれば，実体法秩序に反する事態となる。

　また，「被告（乙）は，原告（甲）のために，所有権移転登記手続をせよ。」との確定判決について，仮に，Sに対する承継執行文を付与することによってS自身の意思表示がされたものとみなす（承継執行）として，そこで擬制されるSの意思表示とは具体的にどのような内容趣旨のものであろうか。例えば，①「Sは，甲のために，所有権移転登記の抹消登記手続を行う。」との意思表示が仮定できるが，これは移転登記手続の主文を抹消登記手続に変容させるものであっておよそ許容されるところではないと解される。また，②「Sは，甲のために，所有権移転登記手続を行う。」との意思表示も仮定できようが，これでは，「S→甲」の直接の移転登記手続を意味することになり登記制度の趣旨に反することになる。

　結果として，この類型の場合，次に述べる処分禁止の仮処分命令を得て，その登記まで経由した者でないと最終的に自己の登記名義を実現することができない事態ともなるのである。そうすると，甲は，改めてSを被告として同人名義の登記の抹消登記手続を求め，その判決によってその旨の登記申請を行い，次いで，「乙→甲」の移転登記申請を行うべきことになる。

イ　抹消登記手続請求のケース
　類型 (4)-2　被告（丁）に対し，原告（丙）のために所有権移転登記の抹消登記手続を行うべきことを命ずる判決が確定したが，その口頭弁論終結後に被告（丁）が不

2 意思表示の擬制と承継執行文各論

動産を第三者Rに譲渡し，その移転登記も経由した場合

(ア) 判例・登記先例

a 抹消登記原因が「**絶対的無効**」の場合

判決によって認められた登記原因の無効がいわゆる「絶対的無効」である場合には，原告丙は，第三者Rに対する承継執行文の付与を得て，丁の所有権取得登記を抹消する前提として，Rを登記義務者とする単独申請によって，Rの登記名義を抹消することができると解されているようである。ここで「絶対的無効」とは，例えば，登記原因である行為の不存在，錯誤又は無権代理である。この絶対的無効というのは，換言すれば「第三者保護規定」が存在しない無効類型であり，承継人と目される者がいわゆる「固有の防御方法」を有しないと考えられ，民執法23条1項3号に規定する承継人に該当すると考えられる場合である。

登記先例（昭32.5.6民甲738法務省民事局長通達・先例集追Ⅱ94頁）は，口頭弁論終結後に債務者から登記名義を取得したRのようなケースについて，**Rに対する承継執行文の付与を得て，丁名義の所有権取得登記の抹消の前提として，Rを登記義務者とする丙の単独申請によりR名義の登記の抹消登記手続を行うことができるとする。**そして，原告丙は，その後に，丁名義の登記の抹消申請を行うことになる。

なお，この類型についての承継執行又は承継執行文付与の是非についての判例は見あたらない。

類型(4)―2：登記先例に従って登記実行された状態

順位	登記の目的	（注1）	原　　因	（注2）
1	所有権移転	略	平成×年×月×日売買	丙
<u>2</u>	<u>所有権移転</u>	略	<u>平成★年★月★日売買</u>	<u>丁</u>
<u>3</u>	<u>所有権抹消</u>	略	<u>平成◇年◇月◇日売買</u>	<u>R</u>
4	2番3番所有権抹消	略	平成◎年◎月◎日判決	余白

※ 下線は抹消事項を示す。
（注1）＝受付年月日・受付番号　（注2）＝権利者その他の事項
（解説）　本文で紹介した登記先例（昭32.5.6民甲738民事局長通達）に従い登記を実行した場合の記載例である。

分析的に考えれば，第1に，Rを債務者とする承継執行文の付与された判決によって，R自らが自己名義の登記の抹消登記手続を行ったとみなされると考え，同登記が丙の単独申請によって抹消されることになるのであるが，それは，丙が登記記録上定まる登記権利者丁に代位して申請する性質を有するものと解される（判決が代位原因証書にもなる）。

そして，第2に，先の確定判決を登記原因証明情報として，丙を登記権利者，丁を登記義務者とする抹消登記申請を丙が単独でおこなうことになる。

ただ，建物所有権保存登記の抹消登記手続を内容とする前訴確定判決の口頭弁論終結後，建物を譲り受け所有権移転登記を経由した者に対して，前訴判決の債権者は，承継執行文の付与を得て譲受人名義の登記を抹消できることを理由中で述べるものがある（最判昭54.1.30判時918-67頁）——この請求は，譲受人に対する所有権確認及び真正名義回復を原因とする所有権移転登記手続請求であるところ，仮にその確定判決に承継執行文の付与を得て登記申請手続をしたとしても，譲受人の経由した所有権移転登記及びその前主の所有権保存登記が

第6　意思表示の擬制と承継人

抹消されるにとどまり，登記簿上原告の所有名義が実現されるものではないから，真正名義回復を原因とする所有権移転登記手続を請求する訴えの利益が認められるとしたものである。この判例は，前記登記先例の存在を前提にこのような理由を述べたものと推測される。——。

　b　無効につき第三者保護規定が存する場合

　　判決によって認められた登記原因の無効に関し，第三者保護規定が存在する場合，例えば，虚偽表示による無効，詐欺による意思表示の取消し，契約の解除にあっては，口頭弁論終結後に目的物を譲り受けても，この固有の防御方法が存在することから，民執法23条1項3号に規定する「承継人」に該当しない，又は執行力の拡張は受けないとの理解がされているようである。

　(a)　虚偽表示による無効

　　抹消登記請求のケースではないが，それに代わる真正名義回復を原因とする所有権移転登記手続請求のケースに関し，判例（最判昭48.6.21民集27-6-712頁）は，通謀虚偽表示による無効は善意の第三者に対抗することはできないからRの地位にある者（具体的には，競売事件の買受人）は所有権を取得するに至ったとし，そのことは，真正名義回復を原因とする移転登記手続を命じる確定判決の存在によっても左右されないとする。そして，Rは，その前主丁の丙に対する所有権移転登記手続義務を承継するものではないから，丙が確定判決につきRに対する承継執行文の付与を得て執行することは許されないとし，既に，丙が承継執行文の付与を得て，自己名義を回復するための所有権移転登記を経由している行為を違法として，同登記を無効であると宣言した。

　(b)　詐欺取消しによる無効

　　詐欺による取消しは善意の第三者に対抗することができないが（民96Ⅲ），ここでの第三者は訴訟の口頭弁論終結後に登場する者であることを考えれば，取消し後の第三者は対抗関係に立ち，対抗要件の有無によってその優劣が決せられることになる（大判昭17.9.3民集21-911頁）。この場合は，民法177条が規定する第三者の問題として解決されるべきであり，一般的には，Rに対し執行力は及ばず，同人に対する承継執行文を付与することはできないと解されている。

　(c)　契約解除

　　判例は，不動産売買契約が解除され，その所有権が売主に復帰した場合でも，売主はその登記をしなければ，解除後に買主から不動産を取得した第三者に対して所有権の取得を対抗することはできないとして，対抗関係に立つものと解している（最判昭35.11.29民集14-13-2869頁）。この場合も民法177条が規定する第三者の問題として解決されるべきで，一般的にはRに対する執行力は及ばないと解されている。

(イ)　検　討

(ア)aに掲げた登記先例は，物権的請求権に対応する義務は妨害物自体に付着したものであり，その妨害物を現在支配している者が負うことになるのであって，口頭弁論終結後に妨害物の支配権を特定承継した者は，この義務の負担者としての地位を前主から承継し——ここで述べる「妨害物の支配権」とは，本類型に即して述べれば，実体的に不実の登記であり，

登記の名義人としての地位にあることを意味する。——，それに関する既判力・執行力を受けるとの考えに基づくものと推測される。そして，既判力拡張における「形式説」と「実質説」との対立を前提に，承継事由が生じた者について，いわゆる「固有の防御方法」の存在することが考えられない場合には，執行力が拡張されるものと理解しているようにみえる。

しかし，既に繰り返し述べてきたように，確定判決によって命じられ，擬制されている意思表示は，「丁は，丙のために，その所有権移転登記の抹消登記手続を行う。」という意味内容のものである。それが，R

類型(4)—2 前提となる登記の記載

順位	登記の目的	(注1)	原　　因	(注2)
1	所有権移転	略	平成×年×月×日売買	丙
2	所有権移転	略	平成★年★月★日売買	丁
3	所有権抹消	略	平成▽年▽月▽日売買	R

(注1)＝受付年月日・受付番号　　(注2)＝権利者その他の事項

が丁から不動産を譲り受け，その移転登記を経由したこと自体を受けて，Rを承継人として同人に対する承継執行文を付与することによって，その付与の時点で同人が自己名義の登記についてその抹消登記手続を行う旨の意思表示を行ったとみなすことは，判決主文の意味内容を変容させることになり，許されない。そもそも，判決確定時に丁が前記のような意思表示を行ったものとして強制執行は完了しているのである。その後に，確定判決を転用して第三者の意思表示がされたと擬制することは論理的にも考えられない。擬制された意思表示に係る利益が現実に実現されないことはあり得ることであって，そのような事態に備えて，次項で述べる処分禁止の仮処分のような制度が用意されているのである。

結局，この場合，丙としては，丁を被告として得た確定判決について，Rに対する承継執行文の付与を得て，それによってR名義の登記の抹消登記申請をすることはできないものと解され，改めてRを被告としてその名義の登記の抹消登記請求訴訟を提起し，その勝訴確定判決を得なければならないというべきである。

(5) **処分禁止の仮処分に後れる登記**

処分禁止の仮処分の登記実行に後れて，所有権移転等の登記がされる場合がある。その場合の仮処分債権者の権利の実現方法について，その概要を述べる。結論的には，いわゆる承継執行や承継執行文付与は問題にならない（この点については，執行文研究下742頁以下参照）。

第6　意思表示の擬制と承継人

類型(5)-1　甲は乙を債務者として処分禁止仮処分命令を得て，処分禁止の登記を経由した。その後，被告（乙）に対し，原告（甲）のために所有権移転登記手続を行うべきことを命じる判決が確定した。ところが，その間，被告（乙）は当該不動産を第三者Sに譲渡し，その移転登記を経由した場合

類型(5)-1：前提となる登記の記載

順位	登記の目的	(注1)	原因	(注2)
1	所有権移転	略	平成×年×月×日売買	所有者　乙
2	処分禁止仮処分	略	平成★年★月★日白山地方裁判所仮処分命令	債権者　甲
3	所有権移転	略	平成▽年▽月▽日売買	所有者　S

（注1）＝受付年月日・受付番号　　（注2）＝権利者その他の事項
（解説）　このような「処分禁止仮処分」の登記のほか「差押え」，「仮差押え」の登記を一般に『処分制限の登記』と称する（不登法3）。処分制限の登記（順位2番）は，裁判所書記官からの嘱託によって実行される。

類型(5)-2　丙は丁を債務者として処分禁止仮処分命令を得て，処分禁止の登記を経由した。その後，被告（丁）に対し，原告（丙）のために所有権移転登記の抹消登記手続を行うべきことを命じる判決が確定した。ところが，その間，被告（丁）は不動産を第三者Rに譲渡し，その移転登記を経由した場合

類型(5)-2：前提となる登記の記載

順位	登記の目的	(注1)	原因	(注2)
1	所有権移転	略	平成×年×月×日売買	所有者　丙
2	所有権移転	略	平成〇年〇月〇日売買	所有者　丁
3	処分禁止仮処分	略	平成★年★月★日白山地方裁判所仮処分命令	債権者　丙
4	所有権移転	略	平成▽年▽月▽日売買	所有者　R

（注1）＝受付年月日・受付番号　　（注2）＝権利者その他の事項
（解説）　処分制限の登記実行後，それに反する登記事項も，このように登記記録上に記載される。

ア　民事保全法の規定の概要

　民保法58条1項は，処分禁止仮処分の登記（「処分禁止の登記」）後の登記に係る権利取得や処分制限は，仮処分債権者がその保全すべき登記請求権に係る登記をする場合には，その登記に係る権利の取得又は消滅と抵触する限度で，**仮処分債権者に対抗することができない**と規定する。そして，同条2項は，1項を承けて，仮処分債権者は処分禁止の登記に後れる登記を抹消することができるとしている。また，民保法59条1項は，その抹消の要件として，**あらかじめその登記の権利者に対して通知**しなければならないと規定する。また，不登法111条は，この民保法の規定を受けて，同様にその申請手続について規定している。

　また，不登法111条1項の規定により，仮処分債権者が仮処分債務者を登記義務者として

2 意思表示の擬制と承継執行文各論

所有権の登記を申請する場合には，仮処分債権者単独で，処分禁止の登記に後れる登記の抹消を申請することができる。

イ 仮処分の効力の実現方法

(ア) 同時申請における処分禁止の登記に後れる登記の抹消 類型(5)-1，類型(5)-2 ともに，その原告（甲又は丙）は，新たに登記名義を得たS又はRを訴訟当事者に引き入れる必要はなく，そのまま乙又は丁を被告とする訴訟を追行すれば足りる。そして，原告勝訴の確定判決を得れば，仮処分債権者である原告（甲又は丙）は，仮処分債務者（乙又は丁）を登記義務者とする「判決による登記」申請と**同時**に，仮処分に反する登記——本類型でいえばS又はRの所有権取得登記——の抹消登記を申請するときに限り，その単独申請でS又はR名義の登記を抹消することができる（民保法58 Ⅰ，Ⅱ，

類型(5)-1　処分禁止仮処分に後れる登記の抹消等

順位	登記の目的	(注1)	原因	(注2)
1	所有権移転	略	平成×年×月×日売買	所有者　乙
<u>2</u>	<u>処分禁止仮処分</u>	略	平成★年★月★日白山地方裁判所仮処分命令	債権者　甲
<u>3</u>	<u>所有権移転</u>	略	平成▽年▽月▽日売買	所有者　S
4	3番所有権抹消	略	仮処分による失効	余白
5	所有権移転	略	平成♠年♠月♠日売買	所有者　甲
6	2番仮処分登記抹消	余白	余白	仮処分の目的達成により平成♣年♣月♣日登記

※　下線は抹消事項を示す。
（注1）＝受付年月日・受付番号　（注2）＝権利者その他の事項
（解説）　仮処分の被保全権利に係る登記の申請（順位4番の登記）と仮処分に後れる第三者の登記の抹消登記の申請（順位3番の登記）とは同一の受付番号で登記される。
　　仮処分に後れる登記を抹消したときは，仮処分の登記は，登記官が職権で抹消する（不登法111Ⅲ）。

類型(5)-2　処分禁止仮処分に後れる登記の抹消等

順位	登記の目的	(注1)	原因	(注2)
1	所有権移転	略	平成×年×月×日売買	所有者　丙
<u>2</u>	<u>所有権移転</u>	略	平年○年○月○日代物弁済	債権者　丁
<u>3</u>	<u>処分禁止仮処分</u>	略	平成★年★月★日白山地方裁判所仮処分命令	債権者　丙
<u>4</u>	<u>所有権移転</u>	略	平成▽年▽月▽日売買	所有者　R
5	4番所有権抹消	略	仮処分による失効	余白
6	2番所有権抹消	略	平成♥年♥月♥日判決	余白
7	3番仮処分登記抹消	余白	余白	仮処分の目的達成により平成♣年♣月♣日登記

※　下線は抹消事項を示す。
（注1）＝受付年月日・受付番号　（注2）＝権利者その他の事項

第6　意思表示の擬制と承継人

不登法111Ⅰ，平2.11.8民三5000法務省民事局長通達・民事月報45-11-178，昭28.11.21民甲2164法務省民事局長通達・先例集下2119頁，最判昭35.7.14民集14-9-1755）。

(ｲ)　共同申請における処分禁止の登記に後れる登記の抹消

処分禁止の登記に後れる登記の抹消については，仮処分の本案によって得られた確定判決又は和解等の調書による単独申請と同時にその申請を行う必要はなく，仮処分債務者（乙又は丁）との共同申請による場合も，**それと同時に，仮処分債権者が単独申請することによって抹消することができる**（平2.11.8民三5000法務省民事局長通達・民事月報45-11-178，昭37.6.18民甲1562法務省民事局長通達・先例集追Ⅲ900頁）。

ウ　仮処分の効力の実現方法の理論的根拠

処分禁止仮処分の効力についてのこのような理解は，同じ保全処分である占有移転禁止仮処分の効力として認められる当事者恒定効（民保法62）とは異質なものとして理解されている。

【占有移転禁止仮処分の当事者恒定効】

民保法62条1項に規定する占有移転禁止仮処分が執行された後に，①その執行がされたことを知ってその物を占有した者——仮処分執行後に目的物を占有した者は，仮処分執行がされたことを知って占有したものと推定される（民保法62Ⅱ）。——及び②執行がされたことを知らないで仮処分債務者の占有を承継した者に対して，その本案判決の執行力が拡張される。換言すれば，本来判決にあっては口頭弁論終結後の承継人に対してその執行力が拡張されるところであるが（民執法23Ⅰ③），このような仮処分執行後の占有取得者に対しても本案判決の執行力が拡張されるものとし，いわば民執法23条の規定を拡張しているのである。その意味から，仮処分執行後の占有者に対して本案判決により強制執行を実施するにあたっては，同人に対する承継執行文の付与を得るべきことになる（詳細は，前記141頁以下，執行文研究下407頁以下参照）。

民事保全法並びにそれ以前からの判例及び登記先例は，処分禁止の仮処分に反して譲渡を受けた第三者について，本案判決の執行力を拡張するというのではなく，処分禁止の仮処分の効力を端的に「**実体的な対抗力**」の問題として捉え，**処分禁止の登記に後れる登記を抹消してしまうという構成を採用している**。民保法58条1項が，仮処分債権者が保全すべき登記請求権に係る登記を実現する場合，処分禁止の登記に後れてされた登記に係る権利の取得又は処分の制限は，「**その登記に係る権利の取得又は消滅と抵触する限度において，その債権者に対抗することができない。**」と規定する形式からも，**実体法的な効力**であることを認めることができる。

したがって，処分禁止の仮処分は，当事者恒定効の機能を発揮するといっても，それはあくまでも類似の機能として顕れるものであって，本案判決の執行力が拡張されるという本来の意味での当事者恒定効があるわけではない。

このように処分禁止の登記に後れる第三者名義の登記の抹消は，本案判決等の執行力の拡張として，その強制執行として実現される性質のものではない。したがって，この場合，処分禁止の登記に後れる登記の名義人である第三者を債務者とする承継執行文を付与する必要はないのである。そもそも，強制執行ではないのであるから，正確には承継執行文を付与す

べき基礎が欠けているというべきである。

執行文講義案(改訂再訂版)	
2015年12月	第1刷発行
2019年9月	第2刷発行
2022年10月	第3刷発行

監　修　　裁判所職員総合研修所

発行人　　松　本　英　司

発行所　一般財団法人　司　法　協　会

〒104-0045 東京都中央区築地1-4-5
第37興和ビル7階
出版事業部
電話 (03)5148-6529
FAX (03)5148-6531
http://www.jaj.or.jp

落丁・乱丁はお取替えいたします。　　印刷製本／星野精版印刷㈱(89)

ISBN978-4-906929-46-7　C3032　¥2858E